互联网金融系列教材

HULIANWANG JINRONG XILIE JIAOCAI

金融数据统计分析

JINRONG SHUJU TONGJI FENXI

主编◎何　岩

中国金融出版社

责任编辑：王效端　张菊香
责任校对：张志文
责任印制：陈晓川

图书在版编目（CIP）数据

金融数据统计分析（Jinrong Shuju Tongji Fenxi）/何岩主编 . —北京：中国金融出版社，2018.1

互联网金融系列教材

ISBN 978 – 7 – 5049 – 9306 – 9

Ⅰ.①金…　Ⅱ.①何…　Ⅲ.①金融统计—统计分析—教材　Ⅳ.①F830.2

中国版本图书馆 CIP 数据核字（2017）第 277865 号

出版
发行　**中国金融出版社**

社址　北京市丰台区益泽路 2 号
市场开发部　（010）63266347，63805472，63439533（传真）
网 上 书 店　http：//www.chinafph.com
　　　　　　（010）63286832，63365686（传真）
读者服务部　（010）66070833，62568380
邮编　100071
经销　新华书店
印刷　北京市松源印刷有限公司
尺寸　185 毫米 ×260 毫米
印张　12.5
字数　271 千
版次　2018 年 1 月第 1 版
印次　2018 年 1 月第 1 次印刷
定价　35.00 元
ISBN 978 – 7 – 5049 – 9306 – 9
如出现印装错误本社负责调换　联系电话（010）63263947

　　互联网的快速发展使得金融、电信、零售等行业从传统的线下销售转为线上推广。互联网金融的蓬勃发展，使得人们越来越重视数据及其价值。从业人员和研究者将目光越来越多地聚集在已有的海量数据和互联网金融行业中每天产生的大量金融数据上，这些数据如同一座含有丰富信息和知识宝藏的矿山，等待人们去发掘。目前，金融行业和互联网金融行业都急需大量的能够综合运用数学理论、信息技术并理解金融业务的金融数据分析人才。

　　本书主要面向高职院校学生和非数学专业人士，对读者的数学基础要求不高，力图使更多的人能够运用统计学知识和方法，借由 Excel 工具进行基本的数据分析。各章内容以应用为导向，从基本的金融数据出发，利用统计学的概念和方法来处理金融、商务和经济领域的各种问题。鉴于笔者行业经验不够丰富，部分章节选取的实例不能与互联网金融行业背景完全契合，深感歉意。建议读者在掌握相应章节的知识和方法后，以项目背景为切入点，收集更多的数据进行分析和讨论，在实践中理解金融数据分析的概念和方法。

　　全书分为七个项目，前六个项目是基本知识的学习和实践，每个项目由三个以上的实验环节构成。第七个项目是综合实训项目，融合所学的知识结合实际任务进行实践演练。项目以互联网金融发展的主题为背景，明确项目任务，使得读者能够带着问题从知识点中寻找答案，再通过操作示范掌握 Excel 软件环境下的问题解决过程，最后通过能力拓展开拓相关知识视野。项目一主要介绍量化投资和概率论的基本知识；项目二主要介绍 P2P 网贷的关键问题以及获取数据、清洗数据和描述数据的基本方法；项目三主要介绍移动互联网营销方式和营销数据的参数描述方法；项目四主要介绍第三方支付和平行数据的对比方法；项目五主要介绍互联网众筹和数据关联的描述；项目六主要介绍互联网金融的发展和趋势分析方法；项目七为综合实践。

作者

2017 年 11 月

目录

项目一

基 本 概 率

一、学习目标

◇ 理解投资与数据分析之间的关系
◇ 掌握投资分析中使用的概率知识
◇ 掌握资产收益率分布函数的使用方法
◇ 能够利用 Excel 完成概率的计算

二、项目背景　量化投资和概率论

量化投资之父詹姆斯·西蒙斯曾说："粒子的行动看似杂乱无章，实际上却存在着内在的规律。"量化投资研究就是用方程式来描述看似混乱的证券市场中隐藏的数学规律。

对于一般投资者，甚至是部分金融从业者来说，量化投资都是一门高深的技术，充斥着模型代码和算法假设，门槛非常高。其实，生活中的量化思想无处不在。以最常见的赌掷硬币为例，按照传统理论，正反面的概率各为 50%，赌的次数少的时候凭运气，次数多的时候基本就是输赢各半。但美国斯坦福大学的数学教授佩尔西·戴康尼斯发现，如果在掷硬币前把硬币的正面朝上，掷硬币后依然是正面朝上的概率不是 50%，而是 51%；同样，如果反面朝上，结果反面继续朝上的概率也不是 50%，而是 51%。所以只要参与人看到哪一面在掷硬币前朝上，就赌哪一面，短期不一定赢，但长期看肯定赢率在 51% 左右，这就是量化模型。

量化投资是将人们总结出的投资思想，利用现代统计学、数学方法，形成若干可运算测量的数学模型，并借助现代计算机技术在海量历史数据中对模型进行验证，以寻找到能够带来超额收益的多种"大概率"模型，然后再严格地按照这些策略所构建的数量化模型运算结果来指导投资。量化投资克服了投资者情绪波动的影响，使投资的稳定性大为增加，避免因市场极度狂热或悲观的情况而导致作出非理性的投资决策，以保证在控制风险的前提下实现收益最大化。

量化投资的原理一：将每次赚钱概率提高到 50% 以上。也许从每次投资来看，成功的概率略微超过 50% 并不是很出彩，但是很多次加起来，投资所靠的"运气"可能被变成风险有限的高额投资回报。

量化投资的原理二：如果每次交易赔钱的概率超过50%，但是每次赔的数量都很小，相对而言如果每次赚钱的概率虽然小于50%，但是赚的数目都很大的话，成功的概率也有可能超过50%。经过多次交易之后，只要盈利交易多于亏损交易，总体交易结果就是盈利的。对于这种情况，将交易进行分组，如果最大连续亏损次数为3次，则可以将6次交易分为一组，这样就可以看到每组赚钱概率提高到50%以上了。

下面对量化投资中常用的概念和方法进行介绍。

（一）资产收益率

资产收益率，也叫资产回报率（ROA），它是用来衡量每单位资产创造多少净利润的指标，也可以解释为企业利润额与企业平均资产的比率。其计算公式为

$$资产收益率 = 净利润 / 平均资产总额 \times 100\%$$
$$单期资产的收益率 = 资产价值(价格)的增值 / 期初资产价值(价格)$$
$$= [利息(股息)收益 + 资本利得] / 期初资产价值(价格)$$
$$= 利息(股息)收益率 + 资本利得收益率$$

资产收益率是反映企业资产综合利用效果的指标，也是衡量企业利用债权人和所有者权益总额所取得盈利的重要指标，资产收益率越高，说明企业资产的利用效率越高，利用资产创造的利润越多，整个企业的获利能力也就越强，企业经营管理水平越高；反之，资产收益越低，说明企业资产的利用效率不高，利用资产创造的利润越少，整个企业的获利能力也就越差，企业经营管理水平越低。

资产收益率是财务分析的一个重要比率，其主要意义表现在：

第一，资产收益率集中地体现了资金运动速度与资产利用效果之间的关系。从计算公式不难看出，资金运动速度快，必然资金占用额少而业务量大，表现为较少的资产投资能够获得较多的利润。通过资产收益率的分析，能使企业资产运用与利润实现很好的挂钩，使投资者对企业"所得"与"所费"间的比例妥当与否有清晰认识。

第二，在资产一定的情况下，利润的波动必然引起资产收益率的波动，因此利用资产收益率这一指标，可以分析企业盈利的稳定性和持久性，从而确定企业的经营风险。盈利的稳定性表明企业盈利水平变动的基本态势。有时，尽管企业的盈利水平很高，但是缺乏稳定性，这很可能就是经营状况欠佳的一种反映。

第三，资产收益率的高低反映了企业经营管理水平的高低和经济责任制的落实情况。企业经营管理水平的高低，经济责任落实的情况如何，直接反映在利润的高低和资产的运用状况上。通过资产收益率将利润与资产相比较，可以更好地反映企业经营情况。

对于投资者来说，资产收益率总是越高越好，资产收益率越高，说明企业运用资产获取利润的能力越强，反之则越弱。在实际评价某一特定企业的资产收益率时，首先，应与本企业前期水平相比，以确定该年度的盈利水平；其次，应将连续几年的资产收益率水平进行比较，以观察企业资产收益率的变动趋势；最后，还应将该企业的资产收益率水平同其他企业的资产收益率水平以及同行业的平均水平相比较，才能对

该企业的获利能力作出正确评价。

在实际工作中，由于工作角度和出发点不同，收益率可以有以下一些类型：

1. 实际收益率。实际收益率表示已经实现或者确定可以实现的资产收益率，表述为已实现或确定可以实现的利息（股息）收益率与资本利得收益率之和。当存在通货膨胀时，应扣除通货膨胀率的影响。

2. 预期收益率。预期收益率也称为期望收益率，是指在不确定的条件下，预测的某资产未来可能实现的收益率。计算公式为

$$E(R) = \sum_i P_i R_i$$

式中，P_i 是情况 i 可能发生的概率，R_i 是情况 i 发生时的收益率。

证券资产组合的预期收益率就是组成证券资产组合的各种资产收益率的加权平均数，其权数为各种资产在组合中的价值比例。即

$$E(R_p) = \sum_i W_i \cdot E(R_i)$$

式中，$E[R_i]$ 表示组合内第 i 项资产的预期收益率，W_i 表示第 i 项资产在整个组合中所占的价值比例。

3. 必要收益率。必要收益率也称为最低必要报酬率或最低要求的收益率，表示投资者对某资产合理要求的最低收益率。必要收益率由两部分构成，即无风险收益率和风险收益率

$$R = R_f + \beta(R_m - R_f)$$

式中，R_f 表示无风险收益率，通常以短期国债的利率近似代替；R_m 表示市场投资组合收益率，通常用股票价格收益指数收益率的平均值或所有股票的平均收益率来代替；β 表示该资产的系统性风险系数。

（1）无风险收益率。无风险收益率也称无风险利率，它是指无风险资产的收益率，它的大小由纯粹利率（资金的时间价值）和通货膨胀补贴两部分组成。无风险资产一般满足两个条件：一是不存在违约风险；二是不存在再投资收益率的不确定性。实际上，满足这两个条件的资产几乎是不存在的，一般用与所分析的资产的现金流量期限相同的国债来表示。因此，一般用国债的利率表示无风险利率，该国债应与所分析的资产的现金流量有相同的期限。

（2）风险收益率。风险收益率是指某资产持有者因承担该资产的风险而要求的超过无风险利率的额外收益。风险收益率衡量了投资者将资金从无风险资产转移到风险资产而要求得到的"额外补偿"，它的大小取决于以下两个因素：一是风险的大小；二是投资者对风险的偏好。

（二）货币的时间价值

金融专业里有一句话叫做"今天的一块钱不等于明天的一块钱"。一般来讲，投资的最主要特点是时间价值和风险。投资是对资本的利用，而资本是那些能够带来未来收益的价值，所以投资就是为了获得未来收益而对资本的利用过程。作为一种与未来收益相联系的价值，随着时间的推移，资本具有不断增值的能力，时间越长，从最终

结果看，增值的价值量越大。

资本的时间价值又被称为货币的时间价值，这是因为资本最初总是以货币的预付为起点、货币的回流为终点。

货币的时间价值最直接的表现就是利率，利率是货币价值增值能力的体现，利率越高，则货币的增值能力越大，反之则越小。利率的存在，使得不同时间点上的货币量之间可以进行价值量大小的比较。由于投资总是以某个时间点的货币预付为起点，而以其后某个时期或在某个期间内的货币回流为终点，因此要反映投资是否达到预期的效益，就必须将它们转化为某个特定时间的货币价值来进行比较。这种转化一般是以市场上货币的机会成本或平均利率为标准，或者是以投资者的预期毛利率为标准的。

要求回报率是投资人对于风险投资所要求的收益率，它是反映未来现金流风险的报酬，也称为人们愿意进行投资所必须赚得的必须收益。大部分投资者的目标是获得大的投资回报和承担小的投资风险。然而要求回报率并不是漫天要价的，它的决定基础是资金的供给和需求的水平，即价值规律。与经济学中需求和供给决定了商品价格一样，资金的需求和供给决定了资金的价格，而资金的价格就是利率。

要求回报率由无风险利率和风险溢价组成。无风险利率分为名义无风险利率和实际风险利率。假设银行存款利率为7%，这是否意味着资金可以每年增值7%呢？答案是否定的。因为如果每年的通货膨胀率为6%，则实际只能获得1%的收益率，所以7%称为名义无风险利率，1%称为实际无风险利率。

风险溢价是一个人在面对高低不同的风险，且清楚高风险高报酬、低风险低报酬的情况下，会如何因个人对风险的承受度而影响其是否要冒风险获得较高的报酬，或是只接受已经确定的收入，放弃冒风险可能得到的较高报酬。确定的收入与较高的报酬之间的差，即为风险溢价。从投资学的角度而言，风险溢价可以视为投资者对于高风险所要求的较高报酬。衡量风险时，通常的方法就是使用无风险利率即政府公债之利率来与其他高风险的投资比较。高于无风险利率的报酬，这部分即称为风险溢价。风险溢价有多种，以违约风险溢价为例，违约风险溢价是指债券发行者在规定时间内不能支付利息和本金的风险。债券信用等级越高，违约风险越小；债券信用等级越低，违约风险越大。违约风险越大，债券的到期收益率越高。违约风险溢价一般会被添加进无风险真实利率里，以补偿投资者对违约风险的承受。

当利息周期与计息周期不一致时，出现了名义利率和有效年利率的概念。利息周期指的是利率以多长时间为一个周期计算，例如，"年利率12%"的利息周期为一年。所有给出的利率都成为名义利率，例如"年利率12%"中名义利率为12%。如果名义利率中利息周期为一年，则名义利率也是有效年利率，但如果利息周期不是以一年为单位，则名义利率不是有效年利率。名义利率按不同的计息期调整后算得的利率为有效年利率（EAR）。

如果一年内计算复利次数为 n，名义利率为 r，则有效年利率为 $EAR = (1 + r/n)^n - 1$。如果是连续复利，则 $EAR = e^r - 1$。

（三）投资与随机变量

几乎在所有的投资决策中，都会用到随机变量，例如股票收益率和每股收益都是常见的随机变量的例子。下面分别介绍两个常见的概率应用。

二项期权定价模型是由考克斯（J. C. Cox）、罗斯（S. A. Ross）、鲁宾斯坦（M. Rubinstein）和夏普（Sharpe）等人提出的一种期权定价模型，主要用于计算美式期权的价值。二项期权定价模型假设股价波动只有向上和向下两个方向，且假设在整个考察期内，股价每次向上（或向下）波动的概率和幅度不变。模型将考察的存续期分为若干阶段，根据股价的历史波动率模拟出正股在整个存续期内所有可能的发展路径，并对每一路径上的每一节点计算权证行权收益和用贴现法计算出权证价格。以连续三天的股价变动为例，三天中，每天股价上升下降都是一个独立的事件，股价以常数概率 p 向上变动。如果股价向上变动，U 等于 1 加上向上变动带来的收益率。股票以常数概率 $1-p$ 向下变动，如果股价向下变动，D 等于 1 加上向下变动所带来的收益率。图 1-1 表示了连续三天股票变动的情况。从图 1-1 可以看到，在 $t=3$ 时股票价格有 4 个可能值：UUUS、UUDS、UDDS、DDDS。导致 UUDS 结果的序列有三个，分别是 UUD、UDU 和 DUU，这三个序列中都有两次上升和一次下降，所以概率都是 $p^2(1-p)$，所以得到 UUDS 结果的概率为 $3p^2(1-p)$。股票价格等于最后任一一个结果的概率都可以用二项分布给出。股票价格是二项随机变量的一个函数。

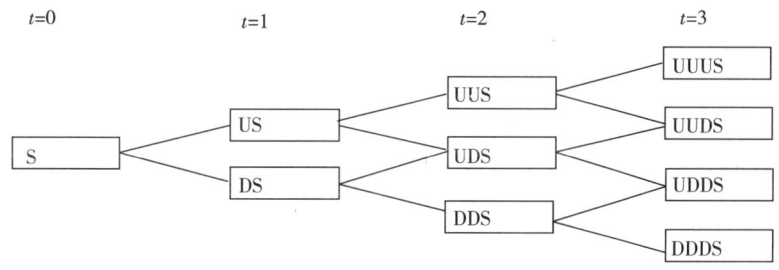

图 1-1 股价变动二叉树

在投资组合中，超亏风险是指资产组合的价值低于某个可以接受的最低值的风险。如果一个投资者能够忍受的最低收益率是 6%，则当投资的收益率低于 6% 时，他正面临超亏风险。所以所有投资组合将尽可能降低投资收益率低于可承担的最低收益率，即罗伊第一安全比率准则。用符号表示，投资者的目标是选择一个投资组合使得 $P(R_P < R_L)$，其中 R_P 是实际的投资收益率，R_L 是临界收益率。当投资组合收益率服从正态分布时，R_P 的期望是 $E(R_P)$，标准差为 σ_P，则安全第一准则下，最优投资组合将最大化安全比率：

$$SFR = \frac{E(R_P) - R_L}{\sigma_P}$$

例如，假设一个投资者的临界收益率为 2%，现在有两种投资组合的选择。投资组合 1 的预期收益率为 12%，标准差为 15%。投资组合 2 有 14% 的收益率和 16% 的标准差，则投资组合 1 的 *SFR* = （12 – 2）/15 = 0.667，投资组合 2 的 *SFR* = （14 – 2）/16 =0.75。投资组合 2 的安全比率优于投资组合 1。根据正态分布的计算，投资组合 2 收益率低于临界收益率 2% 的概率为 23%。

三、知识要点

在日常生活中，我们常常会遇到一些涉及可能性或发生机会等概念的事件。一个事件的可能性或一个事件的发生机会是与数学有关的。例如："从一个班 40 名学生中随意选出一人，这人会是男生吗？"

概率常用来量化对于某些不确定命题的想法，命题一般会是以下的形式："某个特定事件会发生吗？"，对应的想法则是："这个事件会发生的可能性是多少？"。确定的程度可以用 0 到 1 之间的数值来表示（0 表示不可能发生，1 表示一定会发生），这个数值就是概率。

有些事件是确定性事件。确定性事件包含必然事件和不可能事件。如太阳从东方升起，或者在标准大气压下，水在 100℃ 时会沸腾。这些事件称为必然事件。一个普通的骰子，掷出向上一面的数字是 7，这是不可能发生的，这种事件被称为不可能事件。

大量事件在一定条件下是否发生，是无法确定的。如明天的气温比今天低、掷骰子得到的点数为 2，又比如中东冲突可能会对油价有某种程度的影响，而油价对世界经济可能会有涟漪效应的影响。这些可能发生也可能不会发生的事件称为随机事件。

（一）概率

一个事件的概率值通常以一个介于 0 到 1 的实数来表示。一个不可能事件其概率值为 0，而确定事件其概率值则为 1。

设随机事件的样本空间为 Ω，Ω 的一个子集称为事件。对于 Ω 中的每一个事件 A，都有实函数 $P(A)$，$P(A)$ 为 Ω 中事件 A 的概率。概率满足如下条件：

非负性：$P(A) \geq 0$；

规范性：$P(\Omega) = 1$。

1. 古典概率和主观概率。概率有三种主要的含义，第一种是古典先验概率，即以有关过程的先验知识为基础的事件发生的可能性。例如掷骰子，每次投掷得到点数是不确定的，在 10 次投掷中，可能得到 2 点的次数是 7 次，但不能给出"掷骰子得到 2 点的概率是 0.7"的结论。根据先验知识，我们知道，掷骰子得到 1 点到 6 点的概率都是相同的，即 1/6。

第二种含义是古典经验概率，这类概率可以表示调查得知的支持某政策的居民比例，线上购买电子产品的比例等。它是利用过去历史资料计算得到的先验概率。模型要求满足两个条件：（1）试验的所有可能结果是有限的；（2）每一种可能结果出现的概率相等。若所有可能结果的总数为 n，随机事件 A 包括 m 个可能结果，则事件 A 发生的概率为 m/n。

当历史资料无从取得或资料不完全时，凭人们的主观经验来判断而得到的概率，称为主观概率，这是概率的第三种含义。例如，对于一个新产品，该产品的开发人员和市场营销人员对该产品赢得市场的可能性会有不同的判断。个人的过往经验、观点和立场影响人们赋予各种事件的概率值。主观概率对于决策尤为有用。

2. 多个事件的概率运算

（1）互斥事件。有些事件是互斥事件，即不可能同时发生的事件，例如掷骰子时，得到1个点和得到2个点是不可能同时发生的，它们是互斥事件。直观描述互斥事件在样本空间中的位置关系如图1-2所示。如果要计算投掷一次骰子得到1点或2点的概率，以 A 表示得到1点，以 B 表示得到2点，则得到1点或2点可表示为 $P(A \cup B)$。

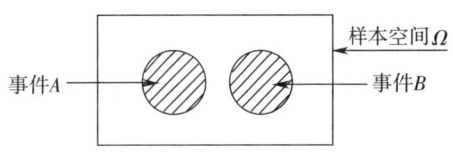

图1-2 互斥事件

对于数个两两互斥事件 $\{A_i\}_{i \in N}$，有 $\sum_{i=1}^{\infty} P(A_i) = P(\bigcup_{i=1}^{\infty} A_i)$。在掷骰子中，想计算得到1点或2点的概率，因为 A、B 是互斥事件，所以 $P(A \cup B) = P(A) + P(B) = \frac{1}{6} + \frac{1}{6} = \frac{1}{3}$。

（2）广义加法公式。对于任意两个事件 A 和事件 B，计算 A 或 B 发生的概率如图1-3所示。计算公式为

$$P(A \cup B) = P(A) + P(B) - P(A \cap B)$$

$$(1.1)$$

式中，$P(A \cap B)$ 表示事件 A 和事件 B 同时发生的概率，称为联合概率。

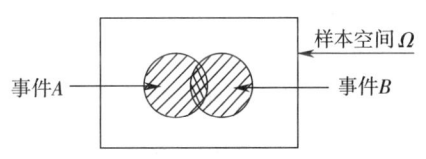

图1-3 任意事件的合并

例如，一家科技公司的人事部门对近两年离职人员的离职原因进行调查，被调查的人中有40%对工资不满意，30%是因为工作强度太大，有15%是对工资和工作强度都不满意。现在想知道离职员工中因为对工资不满意或者对工作强度不满意而离职的员工比例。

以 A 表示员工离职是因为对工资不满意，以 B 表示员工离职时因为对工作强度不满意，则要计算的对象为 $P(A \cup B)$。根据公式（1.1），有 $P(A \cup B) = P(A) + P(B) - P(A \cap B) = 0.4 + 0.3 - 0.15 = 0.55$。

3. 条件概率（Conditional Probability）。条件概率就是事件 A 在另外一个事件 B 已经发生条件下的发生概率。条件概率表示为 $P(A|B)$，读作"在 B 条件下 A 的概率"。A 与 B 之间不一定有因果或者时间顺序关系。A 可能会先于 B 发生，也可能相反，也可能二者同时发生。A 可能会导致 B 的发生，也可能相反，也可能二者之间根本就没有因果关系。

（1）条件概率的计算。设 A 与 B 为样本空间 Ω 中的两个事件，其中 $P(B) > 0$。那么在事件 B 发生的条件下，事件 A 发生的条件概率为

$$P(A|B) = \frac{P(A \cap B)}{P(B)} \tag{1.2}$$

条件概率有时候也称为后验概率。条件概率的图示见图 1-4。

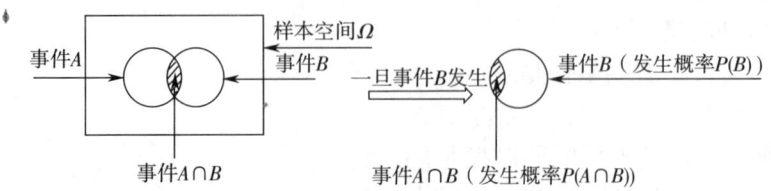

图 1-4 条件概率

（2）概率的乘法公式。要计算两个事件同时发生的概率，即 $P(A \cap B)$，根据条件概率公式（1.2），有

$$P(AB) = P(B)P(A|B) \tag{1.3}$$

$P(A \cap B)$ 通常表示为 $P(AB)$。若事件 A 与 B 相互独立，则有

$$P(AB) = P(A)P(B) \tag{1.4}$$

将公式（1.3）推广到 n 个事件，有

$$P(A_1 A_2 \cdots A_n) = P(A_1)P(A_2|A_1)P(A_3|A_1 A_2) \cdots P(A_n|A_1 A_2 \cdots A_{n-1}) \tag{1.5}$$

将公式（1.4）推广到 n 个相互独立的事件，有

$$P(A_1 A_2 \cdots A_n) = P(A_1)P(A_2) \cdots P(A_n) \tag{1.6}$$

4. 概率密度和累积分布。随机变量根据其取值特点分为离散型随机变量和连续刑随机变量。如果随机变量 X 只可能取有限个或者是可数无穷尽的值 $X = x_1, x_2, x_3, \cdots$，则称 X 为离散型随机变量。例如掷骰子中每掷一次，只能得到 1 点到 6 点中的某一个数值。如果随机变量 X 由全部实数或者由一部分区间组成，$X = \{x | a \le x \le b\}$，$-\infty < a < b < \infty$，则称 X 为连续型随机变量。连续随机变量的值是不可数及无穷尽的。

在数学中，连续型随机变量的概率密度函数是一个描述这个随机变量在某个确定的取值点附近的可能性的函数。当概率密度函数存在的时候，累积分布函数是随机变量的取值落在某个区域之内的概率，是概率密度函数的积分，一般以大写"PDF"（Probability Density Function）标记。对一维随机变量 X，如果它的概率密度函数为 $f_X(x)$，则它的累积分布函数是

$$F_X(a) = \int_{-\infty}^{a} f_X(x)\,\mathrm{d}x, \quad -\infty < a < +\infty \tag{1.7}$$

连续型随机变量的概率密度函数有如下性质：

$$\forall -\infty < x < \infty, f_X(x) \ge 0$$

$$\int_{-\infty}^{\infty} f_X(x)\,\mathrm{d}x = 1$$

$$\forall -\infty < a < b < \infty, P[a < X \le b] = F_X(b) - F_X(a) = \int_{a}^{b} f_X(x)\,\mathrm{d}x$$

如果概率密度函数 $f_X(x)$ 在一点 x 上连续，那么累积分布函数可导，并且它的导数：$F_X'(x) = f_X(x)$。

由于随机变量 X 的取值 $P[a < X \leqslant b]$ 只取决于概率密度函数的积分，所以概率密度函数在个别点上的取值并不会影响随机变量的表现。

　　连续型的随机变量取值在任意一点的概率都是 0。作为推论，连续型随机变量在区间上取值的概率与这个区间是开区间还是闭区间无关。要注意的是，概率 $P[X = a] = 0$，但 $\{X = a\}$ 并不是不可能事件。

　　最简单的概率密度函数是均匀分布的密度函数，如图 1-5 所示。对于一个取值在区间 $[a,b]$ 上的均匀分布函数 $I_{[a,b]}$，它的概率密度函数 $f_{I_{[a,b]}}(x) = \dfrac{1}{b - a} I_{[a,b]}$。

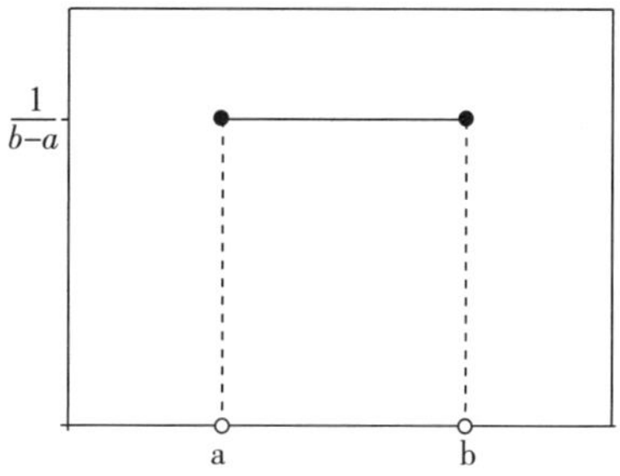

　　（二）几种概率分布

　　结合本书后续章节关注的概率知识，本节重点介绍二项分布和正态分布。

　　1. 二项分布。二项分布又叫贝努里分布，是一种具有广泛用途的离散型随机变量的概率分布。

图 1-5　均匀分布的概率密度

　　二项分布是指统计变量中只有性质不同的两项群体的概率分布。所谓两项群体，是按两种不同性质划分的统计变量，即各个变量都可归为两个不同性质中的一个，两个观测值是对立的。例如，对病人治疗结果的有效与无效，进入商店的客户购买还是不购买商品。

　　考虑只有两种可能结果的随机试验，当成功的概率是恒定的，且各次试验相互独立，这种试验在统计学上称为伯努利试验（Bernoulli Trial）。二项分布即重复 n 次的伯努利试验。

　　如果事件发生的概率是 p，则不发生的概率 $q = 1 - p$，n 次独立重复试验中发生 k 次的概率是

$$p(X = k) = C_n^k p^k (1 - p)^{n-k} \tag{1.8}$$

　　例如，有 10 道判断题，由于答题者完全不懂，只能靠猜测答题，那么他答对 6 题的概率是多少？

　　靠猜测回答问题，答对和答错的概率各占一半，回答正确概率 $p = 0.5$，回答错误的概率 $q = 1 - p = 0.5$，则答对 6 题的概率 $C_{10}^6 \times 0.5^6 \times (1 - 0.5)^4 = 0.205$，即有 20.5% 的可能性猜对 6 题。如果答对 8 题，则概率为 4.4%。

　　2. 正态分布（Normal Distribution）。正态分布是一个在数学、物理、工程及金融等领域都非常重要的概率分布。正态分布在自然界中随处可见，比如说人的身高和智力都服从正态分布。

　　若随机变量 X 服从一个位置参数为 μ、标准差为 σ 的概率分布，记为

$$X \sim N(\mu, \sigma^2) \tag{1.9}$$

　　则其概率密度函数为

$$f(x) = \frac{1}{\sigma \sqrt{2\pi}} e - \frac{(x - \mu)^2}{2\sigma^2} \tag{1.10}$$

标准差 σ 的平方 σ^2 称为方差。

正态分布的概率密度图如图1-6所示。正态分布的概率密度函数曲线呈钟形，因此人们又经常称之为钟形曲线。

累积分布函数是随机变数 X 小于或等于 x 的概率，连续随机变量的累积分布函数是概率密度函数从 $-\infty$ 到 x 的积分函数。正态分布的累积分布函数表示为

$$F(x;\mu,\sigma) = \frac{1}{\sigma\sqrt{2\pi}}\int_{-\infty}^{x} e^{\left(-\frac{(t-\mu)^2}{2\sigma^2}\right)}\mathrm{d}t$$

$$(1.11)$$

正态分布的累积分布函数图如图1-7所示。

正态分布有一个被称为"经验法则"的"68-95-99.7法则"，即约68.3%的数值分布在距离平均值有1个标准差之内的范围，约95.4%的数值分布在距离平均值有2个标准差之内的范围，以及约99.7%的数值分布在距离平均值有3个标准差之内的范围，如图1-8所示。因此也称正态分布的均值 μ 是"位置参数"，它决定了分布的中心位置，标准差 σ 是"尺度参数"，它决定了分布的幅度。

根据经验法则，在给出正态分布均值和标准差的条件下，可以快速作出估计。例如，在某次高中的数学考试中（满分为150分），考生成绩服从均值为100，标准差为10的正态分

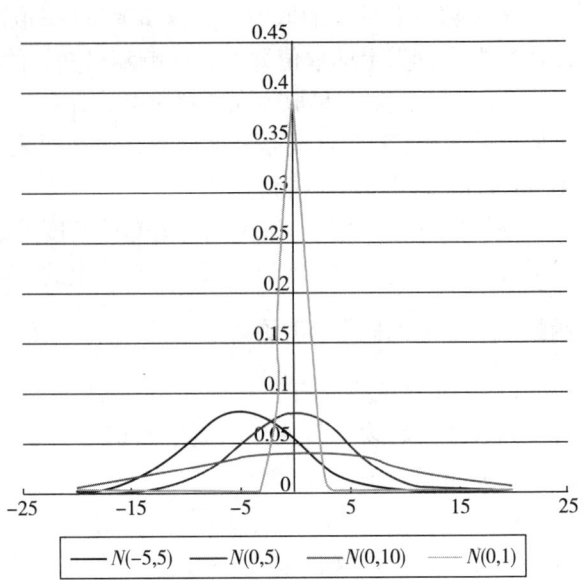

图1-6　正态分布概率密度图

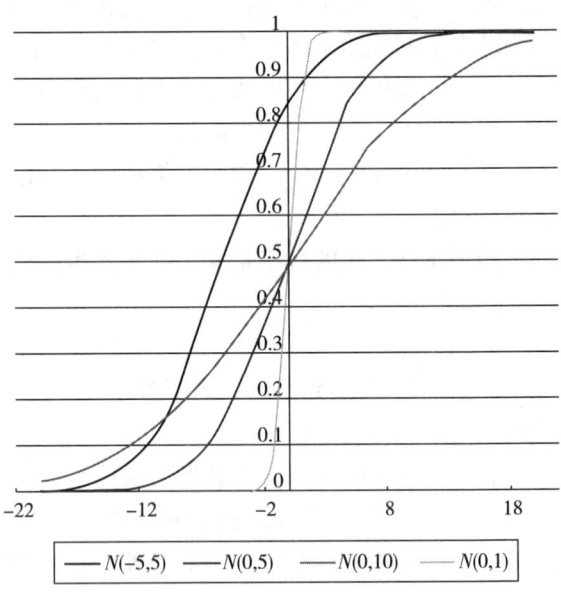

图1-7　正态分布的累计分布函数图

布。任意选取一位学生，他的考试成绩在80~120分的概率为多少？由于80~120在均值的正负两个标准差范围，所以可以马上给出"成绩在80~120分的概率为95.4%"这样的结论。

正态分布中，均值为0，标准差为1的分布称为标准正态分布，通常用 $Z \sim N(0,1)$ 表示标准正态分布。

3. 正态分布与其他分布之间的关系。正态分布有一个非常重要的性质：在特定条件下，

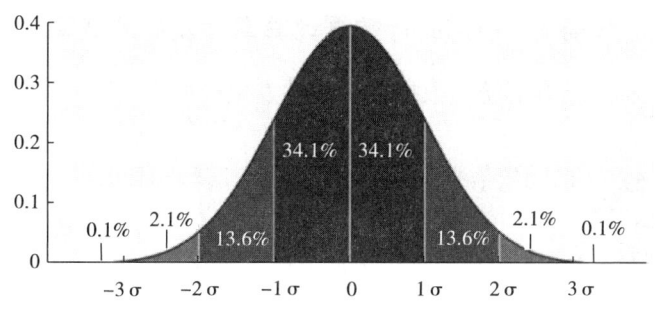

图 1 - 8　正态分布"经验法则"

大量统计独立的随机变量的平均值的分布趋于正态分布，这就是中心极限定理。中心极限定理的重要意义在于，根据这一定理的结论，其他概率分布可以用正态分布作为近似。

以人的智力都服从正态分布为例，除了由许多不同的基因调控以外，后天的营养、环境、健康，甚至偶然的意外，都有着各自的影响。在这种情况下，如果将每个因素看成一个基本事件，并且假定这些因素各自的影响都差不多，将这些因素综合考虑，根据中心极限定理，得到的结果就非常接近正态分布。

参数为 n 和 p 的二项分布，在 n 相当大而且 p 接近 0.5 时近似于正态分布。近似正态分布平均数为 $\mu = np$，且方差为 $\sigma^2 = np(1 - p)$。例如，样本数为 $n = 48$，$p = 0.25$ 的二项分布，趋近于均值为 12，标准差为 3 的正态分布，如图 1 - 9 所示。

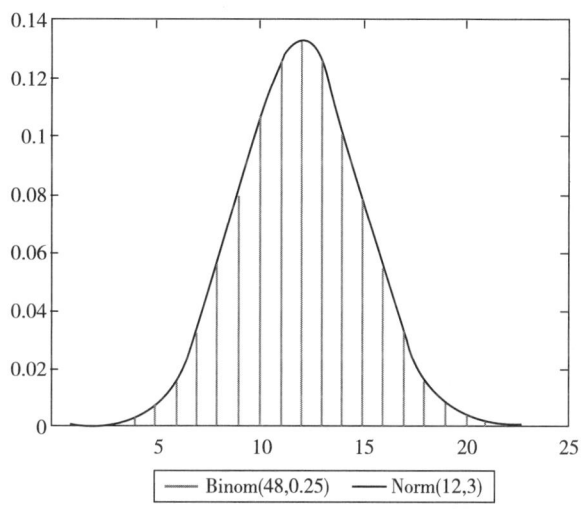

图 1 - 9　二项分布与正态分布

四、项目任务

【任务概览】

本项目通过完成几种应用情景中的数据表格，掌握二项分布、正态分布在 Excel 中的计算方法，理解正态分布的特点。

1. 利用已有的统计数据计算事件发生的概率。

2. 多事件概率的计算方法。

3. 选择合适的概率分布对数据进行概率计算。

4. 能够灵活运用 NORM. DIST( ) 函数和 NORM. INV( ) 函数计算正态分布。

任务1 根据统计数据计算事件发生的概率

【任务清单】根据已有的统计数据计算事件发生的概率。

【具体要求】

根据杭州通达汽车的销售数据，在过去的 300 天营业时间里，有 54 天销售量为 0，117 天为 1 辆，72 天为 2 辆，42 天为 3 辆，12 天为 4 辆，3 天为 5 辆。

（1）假设选择该公司一天的经营情况作分析，定义 x 为一天销售的汽车数量，$f(x)$ 表示销售 x 辆的概率，完成表格。

（2）绘制该公司一天汽车销售量的概率分布图。

（3）一天中汽车销售量大于或等于 3 辆的概率是多少？

【操作示范】

（1）根据 300 天营业时间的统计数据，以销售数量 $x = 0$ 为例，在 300 天中，有 54 天销售量为 0，所以销售数量为 0 的比例为 $\frac{54}{300} \times 100\% = 18\%$，类似地，分别计算出销售量为 1、2、3、4、5 的比例，计算过程如表 1−1 所示。

表 1−1　通达汽车行某天销售台数的概率

x	累计天数	$f(x)$
0	54	18%
1	117	39%
2	72	24%
3	42	14%
4	12	4%
5	3	1%

（2）根据销售数量 x 及其相应概率 $f(x)$，选中数据后，插入"带有平滑线和数据标志的散点图"，修改显示的图表标题，修改坐标轴最大值，删除图例项，得到如图 1−10 所示概率分布图。

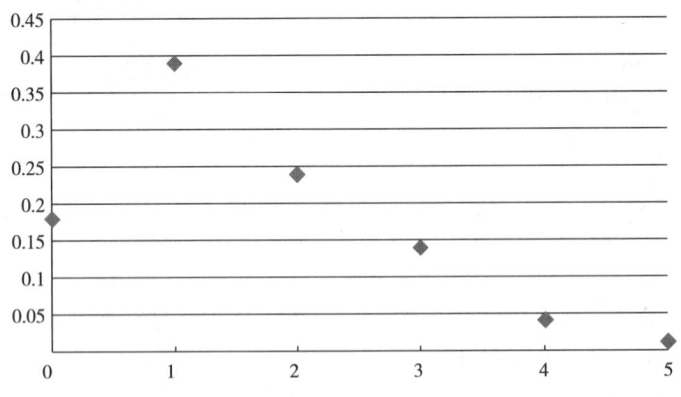

图 1−10　销售数量 x 的概率分布图

（3）一天中汽车销售量大于或等于 3 辆的情况分别有 $x = 3$、$x = 4$ 和 $x = 5$，以 A_1 表示销售量为 3 的事件，A_2 表示销售量为 4 的事件，A_3 表示销售量为 5 的事件，A_1、A_2、A_3 之间互斥，所以 $P(A_1 \cup A_2 \cup A_3) = P(A_1) + P(A_2) + P(A_3) = 0.14 + 0.04 + 0.01 = 0.19$，所以一天中汽车销售量大于或等于 3 辆的概率是 19%。

任务 2 条件概率计算

【任务清单】 条件概率的应用计算。

【具体要求】

一家计算机公司从两个供应商处购买同一种计算机配件，质量状况如表 1 – 2 所示。

表 1 – 2 供应商提供的配件数量

供应商	合格品个数	次品个数
甲	188	12
乙	192	8

从这 400 个配件中任取一个进行检查：

（1）取出的一个配件是合格品的概率是多少？

（2）取出的一个配件是供应商甲提供的配件的概率是多少？

（3）取出的一个配件是供应商甲提供的合格品的概率是多少？

（4）已知取出的一个是供应商甲提供的配件，它是合格品的概率是多少？

【操作示范】

根据给定的数据进行汇总，得到数据如表 1 – 3 所示。

表 1 – 3 对配件的统计数据

供应商	合格品个数	次品个数	合计
甲	188	12	200
乙	192	8	200
合计	380	20	400

（1）以 A 表示"取出的一个配件是合格品"事件，$P(A) = \dfrac{380}{400} \times 100\% = 95\%$。

（2）以 B 表示"取出的一个配件是供应商甲提供的配件"事件，则 $P(B) = \dfrac{200}{400} \times 100\% = 50\%$。

（3）"取出的一个配件是供应商甲提供的合格品"等价于事件 A 和事件 B 同时发生，即 $A \cap B$，概率为 $P(A \cap B) = \dfrac{188}{400} \times 100\% = 47\%$。

（4）在已知事件 B 的条件下求事件 A 发生的概率，即 $P(A|B)$，由条件概率公式（1.2），有 $P(A|B) = \dfrac{P(A \cap B)}{P(B)} = \dfrac{0.47}{0.50} \times 100\% = 94\%$。

任务 3 二项分布概率计算

【任务清单】 二项分布的计算过程。

【具体要求】

根据以往的经验，服装店经理估计每名顾客购买服装的概率是 0.30。

（1）假设用 x 表示购买服装的顾客人数，仍以 3 名顾客为销售对象，分别计算 $x = 0，1，2，3$ 时的概率（保留小数点后 3 位）。

（2）绘制概率分布图。

（3）如果进入商店的顾客有 10 人，恰好有 4 人购物的概率是多少？

【操作示范】

每名顾客购买服装的概率是 0.30，则每名顾客不购买服装的概率是 $1 - 0.30 = 0.70$。因为每位顾客只有"购买"和"不购买"两种可能，所以是二项分布。

（1）进店顾客有 3 人时，购买服装的顾客人数 $x = 0$、1、2、3 时的概率计算公式如表 1 - 4 所示。计算结果分别为 0.343、0.441、0.189 和 0.027。

表 1 - 4 　　　　　　　　　　顾客购买概率计算

x	$f(x)$	顾客购买概率	顾客不购买概率
0	= COMBIN(3, A2) × \$D\$2^(3 − A2) × \$C\$2^A2		
1	= COMBIN(3, A3) × \$D\$2^(3 − A3) × \$C\$2^A3		
2	= COMBIN(3, A4) × \$D\$2^(3 − A4) × \$C\$2^A4	0.3	0.7
3	= COMBIN(3, A5) × \$D\$2^(3 − A5) × \$C\$2^A5		

（2）选中事件及其相应概率数据区，插入"带有平滑线和数据标志的散点图"，修改显示的图表标题，修改坐标轴最大值和主要刻度单位，删除图例项，得到如图 1 - 11 所示概率分布图。

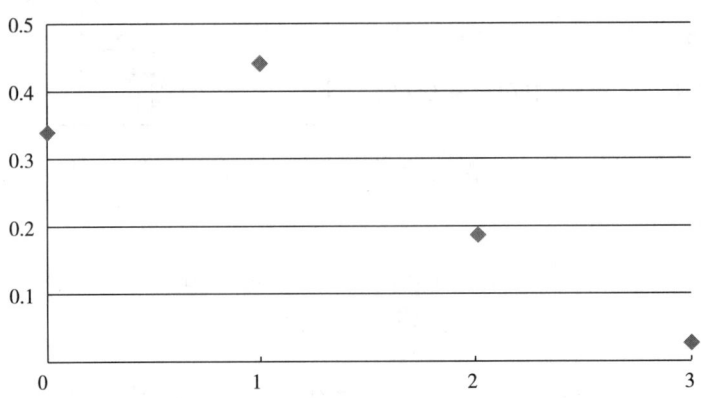

图 1 - 11　3 名顾客购买商品的概率分布图

（3）如果进入商店的顾客有 10 人，恰好有 4 人购物，带入二项分布公式有

$$p(X = 4) = C_{10}^4 0.3^4 (1 - 0.3)^6 = 0.2001。$$

任务 4　正态分布基础计算

【任务清单】正态分布的计算方法。

【具体要求】

在 Excel 中，完成下列的正态分布计算（均保留 4 位小数）。

（1）计算 $P(0 \leqslant z \leqslant 1.53)$。

（2）计算 $P(z > -2.18)$。

（3）找到点 z_0，使得 $P(z \leqslant z_0) = 0.3015$。

（4）找到点 z_0，使得 $P(-z_0 \leqslant z \leqslant z_0) = 0.92$。

（5）根据杭州市统计局统计数据，2015 年杭州市城镇居民人均月收入为 3 258.25 元。假设根据得到的数据统计表明收入服从正态分布，其标准差为 600 元，回答下列问题：

① 2015 年杭州市城镇居民收入在 3 000 ~ 4 000 元的概率是多少？

② 如果某人收入处于最高的 10% 范围的话，他的收入必须达到多少？

③ 随机选择一人，他的月收入低于 2 000 元的概率是多少？

【操作示范】

在 Excel 中，与正态分布有关的函数主要有 NORM. DIST( )、NORM. INV( )。

> NORM. DIST(x, mean, standard_dev, cumulative)：返回指定平均值和标准偏差的正态分布函数。
>
> X：必需。需要计算其分布的数值。
>
> Mean：必需。分布的算术平均值。
>
> Standard_dev：必需。分布的标准偏差。
>
> Cumulative：必需。决定函数形式的逻辑值。如果 Cumulative 为 TRUE，NORM. DIST 返回累积分布函数；如果为 FALSE，则返回概率密度函数。

> NORM. INV(probability, mean, standard_dev)：返回指定平均值和标准偏差的正态累积分布函数的反函数。
>
> Probability：必需。对应于正态分布的概率。
>
> Mean：必需。分布的算术平均值。
>
> Standard_dev：必需。分布的标准偏差。

例如，$X \sim N(5,10)$，计算 $P(x \leqslant 0.5)$。在 Excel 中，因为 NORM. DIST( ) 函数中需要的是均值、标准差，而 $N(5,10)$ 中 5 是均值，10 是标准差，所以需要输入公式为 NORM. DIST（0.5, 5, SQRT（10）, TRUE），计算得到 $P(x \leqslant 0.5) = 0.0773$。

在正态分布中，符号 z 表示随机变量服从标准正态分布，即均值为 0，标准差为 1 的正态分布。

（1）计算 $P(0 \leqslant z \leqslant 1.53)$。对于标准正态分布，在 Excel 中有函数 NORM. S. DIST( ) 和 NORM. S. INV( )，功能分别与 NORM. DIST( ) 函数和 NORM. INV( ) 函数类似，只是内置均值为 0，标准差为 1。由于 NORM. S. DIST（x, Cumulative）函数中 Cumulative = TRUE 时计算的是 $(-\infty, x)$ 的概率，所以计算 $0 \leqslant z \leqslant 1.53$ 的概率函数为：= NORM. S. DIST（1.53, TRUE）- NORM. S. DIST（0, TRUE），结果为 0.4370。

（2）计算 $P(z > -2.18)$。同样由于 NORM. S. DIST（x, Cumulative）函数中 Cumulative = TRUE 时计算的是 $(-\infty, x)$ 的概率，所以计算 $z > -2.18$ 的概率函数为：= 1 - NORM. S. DIST（-2.18, TRUE），结果为 0.9854。

（3）找到使得 $P(z \le z_0) = 0.3015$ 的点 z_0。利用函数 NORM. S. INV（probability）返回标准正态分布概率的反函数，所以计算点 z_0 的函数为：= NORM. S. INV（0.3015），得到 $z_0 = -0.5201$。

（4）找到使得 $P(-z_0 \le z \le z_0) = 0.92$ 的点 z_0。如图 1-12 所示，关于原点对称的 $x = -z_0$ 和 $x = z_0$，其概率值相等。要计算使得 $P(-z_0 \le z \le z_0) = 0.92$ 的点 z_0，可以先找到 $-z_0$ 点，$P(z \le -z_0) = (1-0.92)/2 = 0.04$。计算点 $-z_0$ 的函数为：= NORM. S. INV（0.04），得到 -1.7507，所以 $z_0 = 1.7507$。

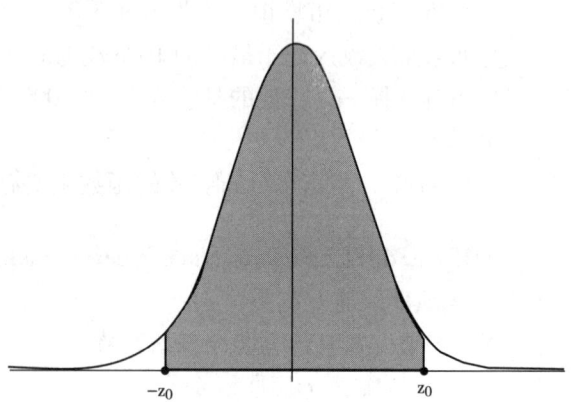

图 1-12　标准正态分布

（5）2015 年杭州市城镇居民人均月收入为 3 258.25 元，标准差为 600 元，则①计算 2015 年杭州市城镇居民收入在 3 000 ~ 4 000 元的概率式为：= NORM. DIST（4 000, 3 258.25, 600, TRUE）- NORM. DIST（3 000, 3 258.25, 600, TRUE），得到概率为 0.5584。② 如果某人收入处于最高的 10% 范围，表示为 $P(x > x_0) = 0.1$，利用 Excel 函数式 = NORM. INV（1 - 0.1, 3 258.25, 600），计算得到 $x_0 = 4027.18$，即某人的收入达到 4 027.18 元，他的收入处于杭州市城镇居民月收入的最高 10% 范围。③ 计算某人月收入低于 2 000 元的概率，Excel 函数式为 = NORM. DIST（2 000, 3 258.25, 600, TRUE），计算得到概率为 0.0180。

五、能力拓展：期权定价的二叉树法

二项期权定价模型假设股价波动只有向上和向下两个方向，且假设在整个考察期内，股价每次向上（或向下）波动的概率和幅度不变。模型将考察的存续期分为若干阶段，根据股价的历史波动率模拟出正股在整个存续期内所有可能的发展路径，并对每一路径上的每一节点计算权证行权收益和用贴现法计算出权证价格。对于美式权证，由于可以提前行权，每一节点上权证的理论价格应为权证行权收益和贴现计算出的权证价格两者较大者。

二项期权定价模型由约翰·考克斯（John Carrington Cox）、斯蒂芬·罗斯（Stephen A. Ross）、马克·鲁宾斯坦（Mark Rubinstein）和威廉·夏普（William F. Sharpe）等人提出，主要用于计算美式期权的价值。

二项期权定价模型的应用非常广泛，因为它能够在很多情况下使用，而其他模型往往只能针对特定的情况。广泛的应用性是因为二项期权定价模型基于标的资产在一段时间内的变化，而非一个时间点的价格。因此，二项期权定价模型可以用于可在任意时间行权的美式期权的定价，也可应用于可在一系列特定时间行权的百慕大期权的定价。因为它的简单性，二项期权定价模型已经被内置于众多软件中。

虽然计算要慢于 BSM 模型，但是二项期权定价模型更加准确，特别是应用于时间长且会有分红的股票期权。

期权的有效期可以分为 n 段时间间隔 t，假设在每个时间段内资产价格从开始的 S 运动到两个新值 uS 和 dS。图 1-13 分析了资产价格的二叉树情况。价格移动的幅度取决于标的资产价格的波动率 σ，和每一步的以年表示的时间长度 t。$u = e^{\sigma\sqrt{t}}$，$d = 1/u$。如果标的资产价格向上移动 u，再向下移动 d，那么价格又回到了移动之前。

在二项树的每一个最终节点上，即期权的到期日，期权的价格为它的内在价值，也就是执行价值。对于认购期权：$\max[(S_n - K), 0]$，对于认沽期权：$\max[(K - S_n), 0]$，其中 K 是期权的行权价格，S_n 是标的资产在第 n 期的价格。

接下来，要找出更早节点上期权的价值。在风险中性假设下，今天一个衍生品的公允

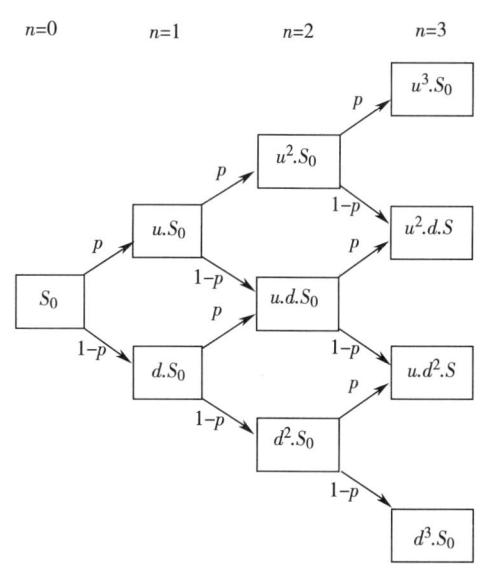

图 1-13 资产价格的二叉树

价格等于它以无风险利率来折现的未来收益的期望价值。因此，期望价值可由之后的两个节点计算得出，分别给价格向上运动赋予概率 $p = \dfrac{e^{(r-q)\Delta t} - d}{u - d}$，给价格向下运动赋予概率 $1 - p$，期权价值为 $C_{t-\Delta t, i} = e^{-r\Delta t}(pC_{t, t+1} + (1 - p)C_{t, i-1})$，其中 $C_{t, i}$ 是第 i 个节点在时间 t 的价值，q 是标的资产在期权到期前的股息收益率。

根据上述方法，求出来的即为二项树价值。它代表了给定价格变化的情况下，期权在特定时点的公允价值。根据期权类型的不同，判断每一个节点上期权提前执行的概率：如果期权能够执行，且行权价值高于二项树价值，那么节点价值为行权价值。

对于欧式期权，期权不能提前执行，二项树价值可应用于所有节点。对于美式期权，因为期权可以持有，也可在到期日前行权，所以在每个节点上，期权价值为 $\max$（二项树价值，行权价值）。

项目二

由数据找关键

一、学习目标

◇ 掌握数据采集的方法

◇ 掌握整理、清洗数据的方法

◇ 能够对数据进行有效的排序和分组

◇ 能够刻画数据的集中趋势、离散状态并用图形进行准确描述

二、项目背景　P2P 网贷

P2P 网贷（互联网金融点对点借贷平台）是互联网金融行业中的子类，是指在一个开放的网络平台上，借款人和贷款人平等参与，直接达成借款交易。在这个过程中，P2P 网贷平台通过提供信息揭示、信用审核等服务，取代了传统银行的中间人角色。但 P2P 网贷平台与银行有着本质的区别，即 P2P 平台不与贷款人和借款人发生直接的债权债务关系，而是提供一种纯中介性质的服务。

最早的 P2P 网贷平台诞生于 2005 年，是由 James Alexander 等在伦敦创立的 Zopa，截至 2014 年 3 月 11 日，通过该平台成交的借贷总金额已经达到 484 372 920 英镑。继 Zopa 之后，类似的 P2P 网贷平台，英国的 Rate Setter 和 Funding Circle，美国的 Prosper、Lending Club 和 Kiva，德国的 Smava 和 Auxmoney 相继成立并快速发展。我国最早的 P2P 网贷平台"拍拍贷"于 2007 年诞生。2011 年到 2012 年，P2P 网贷平台开始了快速发展，出现了上千家的 P2P 网贷平台，其中有相当成交量的活跃平台就有数百家。《2015 年中国 P2P 网贷指数运行快报》显示，2015 年全国 P2P 网贷成交额突破万亿元，达到 11 805.65 亿元，同比增长 258.62%；截至 2015 年 12 月末，历年全国 P2P 网贷成交额累计 16 312.15 亿元。

P2P 在中国以强势的姿态打破了原有的金融体系，它以一种全新的方式真正实现了资金的跨时空配置。相对于传统银行，P2P 网贷革命性的创新性体现为产生了或有可能产生全新的定价机制和风险控制机制。从金融业的本质来看，其提供的是金融服务，我们很容易把金融服务理解为资金服务，但事实上，金融服务是信息服务，是登记、结算、信用评估、风险识别与控制、定价，包括体现时间价值的无风险利率和风险溢价定价，本质都是信息的服务。P2P 网贷让我们看到，互联网在这方面似乎也能给出比传统金融更好的解决方案。P2P 网贷完全脱离了既有的金融体系，实现了资金到实体经济价值增值与分配的全过程，成为一个独立、完整、全新的商业模式。

（一）P2P 网贷的操作方式

1. 信息发布和交易撮合。信息发布与交易撮合是 P2P 网贷最基本的功能，就是在资金的需求方和供给方之间搭建起双方对接的平台，促成交易达成。普遍的操作流程是：首先，资金的需求方和供给方在网贷平台上注册；其次，资金需求方发布自己的资金用途、需求数量、借款期限、利率等信息；然后资金供给方根据披露的信息，选择自己认为风险与收益匹配的项目进行借款。在这个过程中，网贷平台是严格中立的第三方，只提供信息发布服务而不参与交易。典型的交易撮合界面提供项目名称、借款人信用等级、借款利率、借款金额、借款期限、投标进度状态等信息，投资者根据这些信息进行项目选择。

关于撮合交易，不同的平台可能采用不同的具体方式。一种方式是平台根据资金需求方的信用评估情况，指定借款利率后再由资金的供给方进行投标，满标即转入手续办理、资金划拨等后续流程，未满标则根据事先的约定，在到达最后时限后转入后续流程或宣布前期投标失效。这一方式的优点是清晰明了，利率固定，易于接受，但其缺点是风险评估和定价由平台实施，其风险评估与定价的能力是否足够存在很大的不确定性。

另外一种方式是资金需求方自己给出借款利率的范围，由资金的供给方进行投标，在投标结束时，利率低的部分投标有效。这一方式本身具有一定的风险定价形成机制，因而更加科学合理，但因利率可变，过程更为复杂。

传统的 P2P 平台只负责披露信息、撮合交易，不提供担保，也不赚取利差，平台靠收取手续费盈利。但 P2P 平台进入中国之后，运营模式发生了一定的变化。这种纯粹充当"牵线人"的平台少之又少。

国内的 P2P 网贷主要采用线下交易和线上线下结合的交易模式，类似于民间借贷，线上的网络平台负责提供信息，小额交易线上完成，超过一定数额则线下交易，一般借贷方需要有抵押品，从纯信用贷款到抵押贷款，大大降低了风险，不过线下交易受到区域制约。

2. P2P 平台的征信服务。国外的 P2P 网贷平台一般不提供征信服务，而是直接利用现有成熟的征信体系，与征信公司合作，获得资金需求方的资信评分并进行公开，以便资金的供给方据此权衡风险与收益。而国内因为征信体系不完善，所以大多数的 P2P 网贷平台都需要自己提供征信服务来解决对资金需求者的信任问题。现有的 P2P 网贷平台征信服务对个人资金需求者一般有身份认证性质的手机认证、视频认证、身份证认证等，还有财务状况方面的房产证认证、车辆行驶证认证等。对公司资金需求者，则包括公司文件认证、财务状况认证、经营场所认证等。通过征信服务，P2P 网贷平台可以收取相应的服务费，但平台仅对其认证内容的真实性负责，并不代表对借款人信用或借款人项目风险的认定。由于征信业的不成熟，目前 P2P 征信基本等于零，有效性存在很大问题。

3. 风险资金池。在借贷形成后，坏账的形成是没有办法完全避免的。因而一些网贷平台采用了风险资金池的做法，即每一笔借款都提取一定比例的资金放入风险资金池，当有坏账出现的时候，就使用风险资金池的资金先行支付。

风险资金池的构想与银行的坏账拨备如出一辙，但在 P2P 模式下，该资金的所有权有一些模糊，其合理的收取比例也没有定量的依据。风险资金池也可理解为平台所有资金提供者互保的保险机制。风险资金池的提取比例理论上应该与坏账率相一致，但在 P2P 平台经营时间不长、缺乏统计数据的情况下，只能进行估算。另外，对风险资金池资金的管理和应用也应有细化的规定。风险资金池的缺点是削弱了资金提供者在选择资金需求者和项目时对风险的关注度。

4. 第三方担保。自从 2015 年以来，P2P 投资者们的安全意识不断提升，为了"增信"，开始引入第三方担保公司。P2P 网贷平台通过与第三方担保公司合作，在达成借贷交易时，按比例支付给第三方担保公司担保费用，担保公司相应承担对这一交易的担保责任，在借款人无法正常还款时，由担保方负责还款。

然而，网贷平台引入第三方担保并非就高枕无忧。相反，担保也衍生出一系列问题。例如，P2P 网贷平台和担保公司出资人为同一人或关联公司，违背第三方宗旨。一旦平台出现问题或倒闭时，担保公司根本起不了担保作用，第三方担保形同虚设。即便担保公司为真正的第三方担保，如果平台出现资金偿还问题或是倒闭，担保的数额超出支付能力，担保公司未必能够兜底，投资者亦将面临违约风险。根据相关规定，担保公司杠杆率不得超出 10 倍，目前众多担保公司的担保额度不为外界所知，但业内普遍猜测，其实际担保远超 10 倍杠杆。

5. 信息披露。信息披露是构成对平台运营风险评估最重要的一个方面，只有平台公司的投资者关系、经营管理团队、业务流程、交易流程、交易统计数据等能够被公众看到，才能杜绝违规操作。然而，现实的情况是，P2P 网贷平台的信息披露程度参差不齐，披露最少的公司甚至平台只是使用其品牌名称，公司名称等信息都没有，业务相关的信息只有理财产品销售界面。这样的网贷平台公司就是一座巨大的冰山，看得见的只是其中一角，看不见的部分是什么样子，谁也说不清楚，风险非常大。具备金融常识的人都应该对这样的平台敬而远之，但在我国实际的情况还是营销为王，这样的平台反而有些是发展非常迅猛的。

信息披露好的平台则在前述的投资者关系、经营管理团队、业务流程、交易流程、交易统计数据等方面都有清晰的披露。比如人人贷，建立了类似上市公司的定期发布报表的制度。这样的平台，其进行违规操作、集聚金融风险的可能性大大降低。

（二）目前中国的 P2P 网贷存在的问题

1. 小平台鱼目混杂。近年来网贷平台数量呈现高速增长态势，数量众多的网贷平台中，小规模的网贷平台占据大部分，在所有倒闭或出逃的网贷平台中，小平台也占多数。小平台高速增长的一个重要原因就是目前网贷平台的设立缺少准入的门槛，小平台由于专业团队缺乏、运营管理经验不足、资本支持不够，很容易走向破产。

2. P2P 网络贷款平台日常监管缺乏。有数据显示，为数不少的 P2P 网贷公司将债权包装成理财产品，通过网络向社会公众销售，年收益率远远高于正常的收益率，社会公众资金直接进入公司账户或法定代表人个人账户。P2P 网络贷款平台由单纯的"资金供需撮合"逐步演变为吸收存款、发放贷款的机构。按照《最高人民法院关于审理非法集资刑事案件具体应用法律若干问题的解释》规定，非法吸收或者变相吸收公众存款，若能及时清退所吸收资金，可免于刑事处罚。可见对 P2P 网络贷款平台的监管限于事后案件监管。而对其批准设立、业务经营范围许可、资金风险控制没有明确，日常监管方面处于空白。

3. 征信系统的严重缺乏。征信有助于降低 P2P 网贷的风险，P2P 网贷和征信联姻是我国 P2P 网贷行业健康发展的核心一步。P2P 征信的破解点在于政府落实征信系统的建设，提高金融监管能力，加强经济执法的效力。然而我国的个人征信体系还处于初级阶段，没有一个统一的信息查询和审核系统，P2P 网贷平台都无法接入征信系统，这使得 P2P 平台的贷款质量和效率存在着严重的威胁。例如，经常会出现借款人拿抵押物重复抵押，在不同的平台申请贷款的情况。

4. 信息披露和平台安全存在问题。P2P 网贷系统与银行系统的准确性、稳定性、安全性、高性能的要求是一样的，甚至要求要比银行还高。网贷系统的安全是保证 P2P 网贷平台正常运营的首要基础。然而，目前众多的 P2P 网贷平台系统多存在漏洞，并不能及时修补和提升安全性。据网贷之家统计，2015 年共出现了 677 家 P2P 问题平台。其中，85% 以上的问题平台因黑客攻击漏洞导致倒闭、跑路。2015 年底 P2P 平台"芝麻金融"被曝出因黑客袭击造成超过 8 000 名投资者的信息被泄露。这些数据包括用户姓名、身份证号、手机号、邮箱、银行卡信息等，只需用人民币充值兑换积分，即可在论坛上将这些数据全部下载。

（三）投资者面对 P2P 网贷

P2P 网贷平台正处于鱼目混杂的格局，进入门槛低，审批手续比较简单。伴随着网贷平台的井喷式发展，出现了越来越多的问题平台、跑路平台。在 P2P 网贷监管还没有到位、纯靠"自律"的情况下，面对 10% 以上年化收益率、低门槛、高保障的诱惑，为了财富保值增值，网贷投资者必须擦亮双眼。

如何选择优质的 P2P 网贷平台？评价一家网贷平台，要从多方面出发，成交量并不是唯一的参考因素，收益率、债券流动性、透明度、投资标的分散度、用户评价、媒体报道等都是评价的重要因素。

三、知识要点

（一）数据分析的准备工作

1. 数据的来源。进行数据分析遇到的第一个问题就是：数据从何处来？在社会经济统计中，所需要的数据与资料主要来源于统计调查。在当前以互联网和二进制为媒介的数字化世界中，数据还可以来源于网络，如各统计局发布在公网中的数据、网络爬虫获得的网站交易信息等。无论数据从哪里来，必须满足数据采集的要求：准确性、及时性、完整性和系统性。其中，系统性指数据资料应配套，要能从不同侧面反映所研究总体的特征，这样才能为科学的判断和决策提供依据。

下面介绍几种常见的数据来源渠道。

（1）普遍调查。普遍调查简称普查，是专门组织的一次性的全面调查。其中我们最熟悉的全国人口普查就是典型的例子。

普查的组织方式有两种：建立专门的普查机构；利用调查单位的原始记录和核算资料，发放调查表，由登记单位填报。

（2）典型调查。典型调查是专门组织的一种非全面调查，即选择有代表性的典型单位进行深入细致的调查。通过对典型单位深入细致的调查，可以发现新情况、新问题，探测事物发展变化的趋势，形成科学的预见。通过典型调查中的数据对比，研究造成它们之间差别的原因，总结经验教训，研究对策，促进事物的转化和发展。典型调查可用来研究事务的变化规律。典型调查的资料可用来补充和验证全面统计的数字，推论和测算有关现象的总体。

（3）抽样调查。抽样调查是数据分析过程中数据来源的典型形式。

抽样就是从全体之中抽取一部分个体作为样本，借着对样本的观察，再对全体作出推论。

例如，我们想知道学生们对某一项考试的反应如何，某个地区七岁到十二岁的小孩在除夕夜平均每人收了多少压岁钱，罐头生产商想要知道生产的这一批罐头大约有多少符合食品安全标准。理论上，我们当然可以不厌其烦地针对所有成员一个一个观察以取得数据，但在实际上这很不容易做到，而且有些情况下不能做到，比如检查罐头是否符合标准，总不能每个罐头都打开检查。这种情形非得进行抽样检验不可。

如何进行抽样呢？假设某个地区七岁到十二岁的小孩共有240万人，如果我们要抽取1 000人来调查有关他们的压岁钱收入和支出情形，怎么抽才会得到尽可能准确的结论呢？用常识来判断，总要有一些城里人，一些乡下人，要有男孩，也要有女孩，要有富裕家庭的孩子，也要有贫困家庭的子女。

抽样有一套完整的理论体系，我们将在下一章介绍抽样的方法和原理。

抽样调查最常见的形式是问卷调查。问卷调查是以书面提出问题的方式收集资料的一种研究方法。研究者将所要研究的问题编制成问题表格，以邮寄、当面作答或者追踪访问的方式填答，从而了解被调查者对某一现象或问题的看法和意见，所以又称问题表格法。问卷法的运用，关键在于编制问卷，选择被试和结果分析。

（4）网络数据。网络数据目前是数据分析中重要且主要的来源。与其他方法相比，网络数据具有及时性、共享性、可靠性和客观性的特点，而且获取便捷、成本低。

网络爬虫是一个自动提取网页的程序，它为搜索引擎从互联网上下载网页，是搜索引擎的重要组成部分。爬虫的主要目的是将互联网上的网页下载到本地形成一个或联网内容的镜像备份。

网络爬虫工作原理如图2-1所示。网络爬虫像一只蜘蛛沿着蛛网爬行，从网站某一个页面（通常是首页）开始，读取网页的内容，找到在网页中的其他链接地址，然后通过这些链接地址寻找下一个网页，这样一直循环下去，直到把这个网站所有的网页都抓取完为止。

2. 数据的清洗。数据清洗是指发现并纠正数据文件中可识别的错误，包括检查数

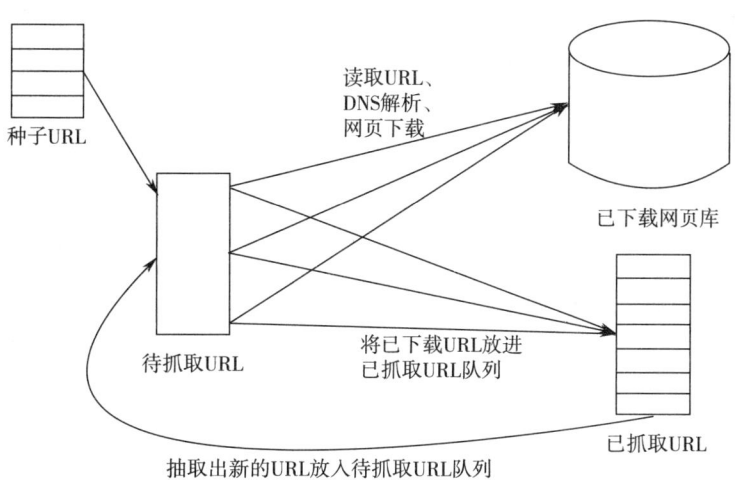

图 2-1　网络爬虫的工作原理

据一致性，处理无效值和缺失值等。与问卷审核不同，录入后的数据清理一般是由计算机而不是人工完成。

哪些数据需要清洗呢？主要包括三类：

残缺数据，即应该存在却缺失的信息。例如，进货单中供应商的名字，出货单中客户的区域信息等。对于这一类残缺数据，必须补全。

错误数据。错误数据的种类很多，例如体重是负数，输入数据值时采用了全角的数值输入，日期越界，等等。这类错误一方面需要在数据输入的过程中进行严格检查，另一方面，需要健全数据系统，保证数据在经过系统的判断后存储到数据系统中。

重复数据。相同关键字数据重复出现多次，需要将重复的数据记录标出并进行整理。

在数据清洗过程中，主要进行两类处理：一致性检查和无效值（缺失值）处理。

一致性检查（Consistency Check）是根据每个变量的合理取值范围和相互关系，检查数据是否合乎要求，发现超出正常范围、逻辑上不合理或者相互矛盾的数据。例如，许多调查对象说自己开车上班，又报告没有汽车；或者调查对象报告自己是某品牌的重度购买者和使用者，但同时又在熟悉程度量表上给了很低的分值。发现不一致时，要列出问卷序号、记录序号、变量名称、错误类别等，便于进一步核对和纠正。

由于调查、编码和录入误差，数据中可能存在一些无效值和缺失值，需要给予适当的处理。常用的处理方法有估算、整例删除、变量删除和成对删除。

估算（Estimation），就是用某个变量的样本均值、中位数或众数代替无效值和缺失值。这种办法简单，但没有充分考虑数据中已有的信息，误差可能较大。

整例删除（Casewise Deletion），就是剔除含有缺失值的样本。由于很多问卷都可能存在缺失值，这种做法的结果可能导致有效样本量大大减少，无法充分利用已经收集到的数据。因此，整例删除只适合关键变量缺失，或者含有无效值或缺失值的样本比重很小的情况。

变量删除（Variable Deletion）。如果某一变量的无效值和缺失值很多，而且该变量对于所研究的问题不是特别重要，则可以考虑将该变量删除。这种做法减少了供分析用的变量数目，但没有改变样本量。

成对删除（Pairwise Deletion），就是用一个特殊码代表无效值和缺失值，同时保留数据集中的全部变量和样本。这是一种保守的处理方法，最大限度地保留了数据集中的可用信息。

（二）数据的排序和分组

数据的排序是将一组数据按照大小、高低、优劣等顺序进行依次排列的过程。依据数据在经过排序之后的有序序列中的位置确定的测度成为"顺序统计量"。数据经过排序，有助于了解数据大致的分布状态，包括数据的取值范围、最大值、最小值等。数据排序是数据分组前期准备。

数据分组是将数据按照某一特征分为不同的组别的过程。分组过程突出了分组标志这一特征，例如，对全国职工的工资收入数据进行分组，可以按照地区作为分组标志，则凸显了各地区之间工资收入的差异，但如果按照工作岗位进行分组，则表示的是不同职业之间的差异。

计算机中的数据可以分为数值型数据和非数值型数据，其中数值型数据就是常说的"数"（例如整数、实数等），而非数值型数据与一般的"数"不同，不能表示数值的大小，只表示字符或者图形等信息。数据的分组可以对非数值型数据分组，也可以对数值型数据分组。

1. 非数值型数据的分组。非数值型数据的分组也称为分类，例如根据职工的性别将全体职工分为男、女两组，根据职工的学历将职工分为初中、高中、本科、硕士、博士五组。

通常来讲，反映事物自然属性的非数值型数据的分组一般比较简单，例如上面的两个例子。反映社会经济属性的非数值型数据的分组一般比较复杂，通常是在人们对事物的数量特征进行深入分析之后形成的"质"的划分。例如，企业对生产的产品的等级评定，通常表述为一等品、二等品，或是合格、不合格，然而这种等级是建立在多项数据的基础之上构成的质量评定标准，例如粮食被划分为一等品还是二等品，是通过大小、质量、光泽、存储的时间长度、产地等指标得出的结论。

对于非数值型数据的分组，可以用表格表示，也可以通过图表进行展示。例如图 2-2 的销售数据，如果根据"类别名称"对数据进行分类，可以分

类别名称	产品名称	订购日期	数量	单价
谷类/麦片	黄豆	2014-09-21	130	￥33.25
饮料	运动饮料	2014-04-21	130	￥18.00
饮料	浓缩咖啡	2014-07-07	120	￥7.75
特制品	猪肉干	2014-05-03	120	￥53.00
肉/家禽	盐水鸭	2014-03-09	120	￥32.80
海鲜	虾子	2014-02-09	120	￥9.65
调味品	海鲜酱	2013-11-26	120	￥28.50
点心	牛肉干	2013-09-09	120	￥43.90
肉/家禽	鸭肉	2013-07-08	120	￥19.20
肉/家禽	鸭肉	2013-05-18	120	￥19.20
日用品	光明奶酪	2014-08-30	110	￥55.00
饮料	汽水	2014-07-07	110	￥4.50
海鲜	雪鱼	2014-03-10	110	￥9.50
饮料	牛奶	2014-09-03	100	￥19.00
日用品	光明奶酪	2014-09-03	100	￥55.00
日用品	花奶酪	2014-07-07	100	￥34.00
海鲜	蟹	2014-06-15	100	￥31.00
日用品	德国奶酪	2014-02-09	100	￥38.00

图 2-2　销售数据

别统计各类的产品数量、销售量、平均售价等。

分类后的数据如图 2 - 3 所示。

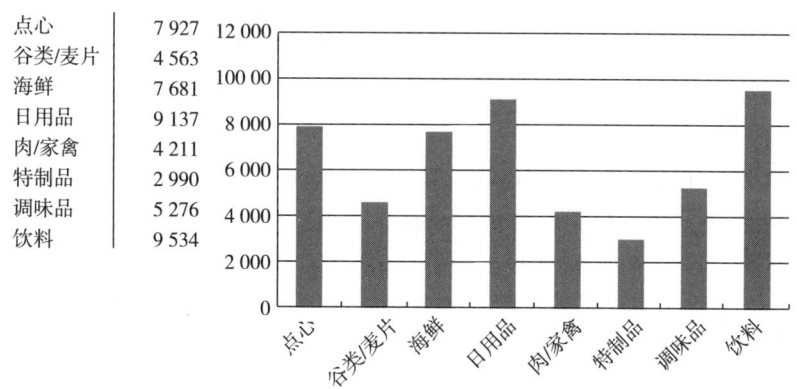

点心	7 927
谷类/麦片	4 563
海鲜	7 681
日用品	9 137
肉/家禽	4 211
特制品	2 990
调味品	5 276
饮料	9 534

图 2 - 3 数据的分类情况

2. 数值型数据的分组。数值型数据可以是整数、实数等，对数值型数据的分组是把数据分配在不同取值区间的过程。每一个取值区间是一个分组。组距是同一分组的上限与下限之间的绝对距离。一般有：组距 = 上限 - 下限。

根据各组的组距是否相同，数值型数据分为等距分组和异距分组。

等距分组是各组组距全部相等，各组中分到的数据量的多少不会受到组距大小的影响，便于直接比较各组数量的多少。

异距分组是各组组距不尽相等的分组方法，主要是考虑到各组之间数据的数量差距过大，一些分组中的数据过多或多少，会影响数据分布状态的分析，所以采用缩小组距或扩大组距的方法，来拆分数据过多的分组或合并数据过少的分组。

相比异距分组的方法，更多采用的是等距分组法。

等距分组主要包括 5 个步骤，即确定数值的取值范围、确定组数、计算组距、确定组限和分配数据。

（1）计算取值范围。取值范围是所有数据中最大值和最小值之间的差距，反映了该组数据取值的变动幅度，一般用 R 表示。

$$R = \max|X| - \min|X| \tag{2.1}$$

式中，X 表示分组对象的全体数据。

（2）确定组数。一组数据分多少组合适呢？一般与数据本身的特点及数据的多少有关。由于分组的目的之一是观察数据分布的特征，因此组数的多少应适中。如组数太少，数据的分布就会过于集中，组数太多，数据的分布就会过于分散，这都不便于观察数据分布的特征和规律。组数的确定应以能够显示数据的分布特征和规律为目的。

在实际分组时，可以按斯特奇斯（Sturges）提出的经验公式来确定组数，组数一般用 K 表示。

$$K = 1 + \lg n/\lg 2 \tag{2.2}$$

式中，n 是分组对象全体数据的个数，对结果用四舍五入的办法取整数即为组数。但是，经验公式计算出来的组数只是一个参考数值，组距的确定还需要根据研究对象的实际情况，适当增加或减少组数。例如，根据年龄对人群分组时，不管人数有多少，常常用幼儿、儿童、少年、青年、中年和老年来进行分组。

（3）计算组距。当组数确定后，组距就随之确定了。组距通常用 d 表示。

$$d = R/K \tag{2.3}$$

为便于计算，组距宜取 5 或 10 的倍数。

（4）确定组限。规定各组中数值的下限和上限。确定组限需要遵循"不重不漏"的原则。"不重"是指一项数据只能分在其中的某一组，不能在其他组中重复出现；"不漏"是指组别能够穷尽，即在所分的全部组别中每项数据都能分在其中的某一组，不能遗漏。

为解决"不重"的问题，统计分组时习惯上规定"上组限不在内"，即当相邻两组的上下限重叠时，恰好等于某一组上限的变量值不算在本组内，而计算在下一组内。例如，在对成绩进行分组时，80 分通常被分在"良好"组而不是"中等"组。

对于两个边界组，第一组的下限应低于最小变量值，最后一组的上限应高于最大变量值。如果全部数据中的最大值和最小值与其他数据相差悬殊，为避免出现空白组（即没有变量值的组）或个别极端值被漏掉，第一组和最后一组可以采取"小于"及"大于等于"这样的开口组。

（5）分配数据。将分组数据按照各自数值的大小分配到各个组中。一般先按照分组标志对原始数据进行排序，然后根据各组的组限水平，将经过排序之后的有序数据进行分段，归入到各个组中。

（三）数据的图形描述

统计图是借助图形描述数据的一种直观、有效的方式。在对数据进行了集中趋势、离散程度、偏态和峰度的分析后，往往需要通过图形将数据信息形象地展示出来。

对于不同类型的数据，需要选择相匹配的图形进行展示，常用的图形有柱状图、条形图、折线图和直方图等。

1. 柱状图和条形图。各种统计图表中，柱状图和条形图在数据分析中经常用到，条形图和柱形图是用长方形的长度为变量的表达图形的统计报告图，由一系列高度不等的纵向条纹表示数据分布的情况，用来比较两个或以上的值。只能表示不同对象相对于一个自变量的差异，通常用于较小的数据集分析。例如，参加公务员考试的学生需要对公务员招考进行了解，包括不同的学历在上年报考和招考的数量，数据如表 2-1 所示。对于这些数据，自变

表 2-1 公务员考试上年报考和招考的数量

招考学历	招考人数	报考人数
博士	37	809
硕士及以上	997	75 503
硕士	608	43 120
本科及以上	8 823	685 598
本科或硕士	668	93 339
本科	5 769	35 501
大专及以上	1 118	52 652
大专或本科	1 092	51 285
大专	426	9 769

量是"招考学历"，比较的对象是不同学历对应的招考人数和报考人数。如果以柱状图表示，则如图2-4所示，图2-5采用条形图显示。

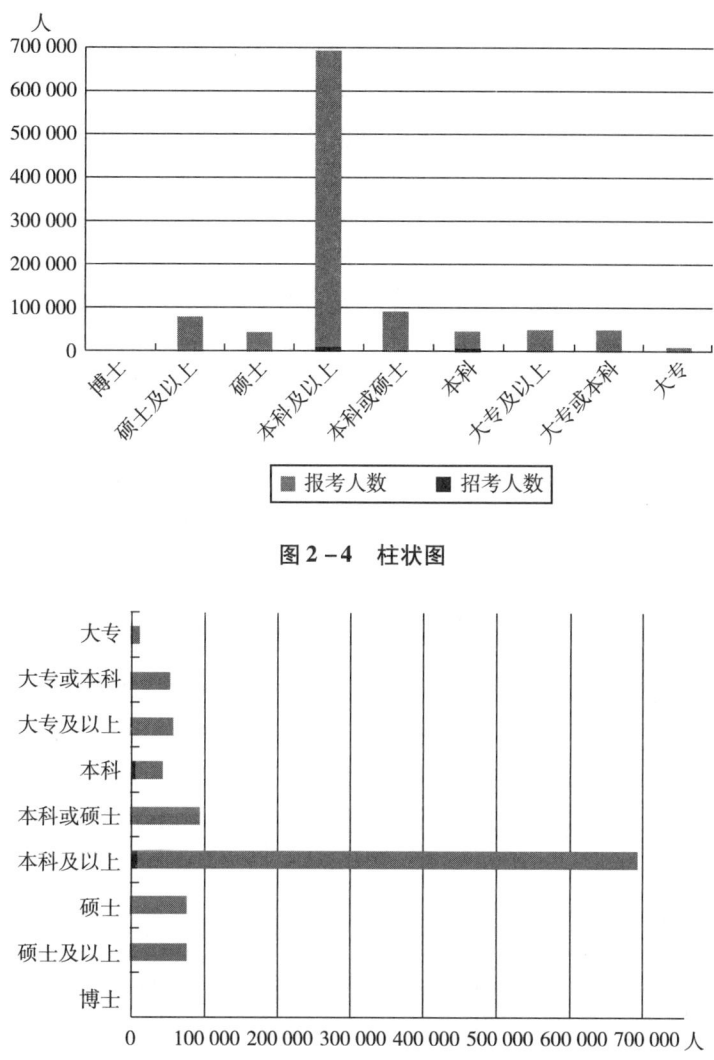

图2-4　柱状图

图2-5　条形图

柱状图和条形图之间的区别在于它们的取向。柱形图面向垂直方向，条形图面向水平方向。尽管两者差别很小，但在不同的情形下，两者表现的能力有所差别。

（1）条形图的使用情形。数据标签较长：因为柱状图在类别轴上空间有限，如果数据标签比较长，类别轴就可能看起来很凌乱。当然可以将标签倾斜或者旋转来减少杂乱感，但往往视觉效果一般。

大量数据集：对于10～20个数据集，还可以很轻松地用柱状图显示，但是，对于更大数量的数据集，横向排列数据柱的柱状图就无法满足要求了，这时，如果想更好地利用空间，最好的方式就是一个一个向下排列数据柱。

（2）柱状图的使用情形。柱形图有利于数据的比较性展示，尤其是数据集中有负值的，则通常使用柱形图。

2. 折线图。折线图是用直线段将各数据点连接起来而组成的图形，以折线方式显示数据的变化趋势。折线图可以显示随时间（根据常用比例设置）而变化的连续数据，因此非常适用于显示在相等时间间隔下数据的趋势。在折线图中，类别数据沿水平轴均匀分布，所有值数据沿垂直轴均匀分布。

在折线图中，数据是递增还是递减、增减的速率、增减的规律（周期性、螺旋性等）、峰值等特征都可以清晰地反映出来。所以，折线图常用来分析数据随时间的变化趋势，也可用来分析多组数据随时间变化的相互作用和相互影响。例如，可用来分析某类商品或是某几类相关的商品随时间变化的销售情况，从而进一步预测未来的销售情况。在折线图中，一般水平轴（X 轴）用来表示时间的推移，并且间隔相同；而垂直轴（Y 轴）代表不同时刻的数据的大小。

在股票市场上，折线图是最简单的图形，是逐日将股票（或指数）的收市价用线连接起来，用来表示股市大致上的趋势，图 2 - 6 是 2016 年 7 月 22 日的上证指数曲线图。

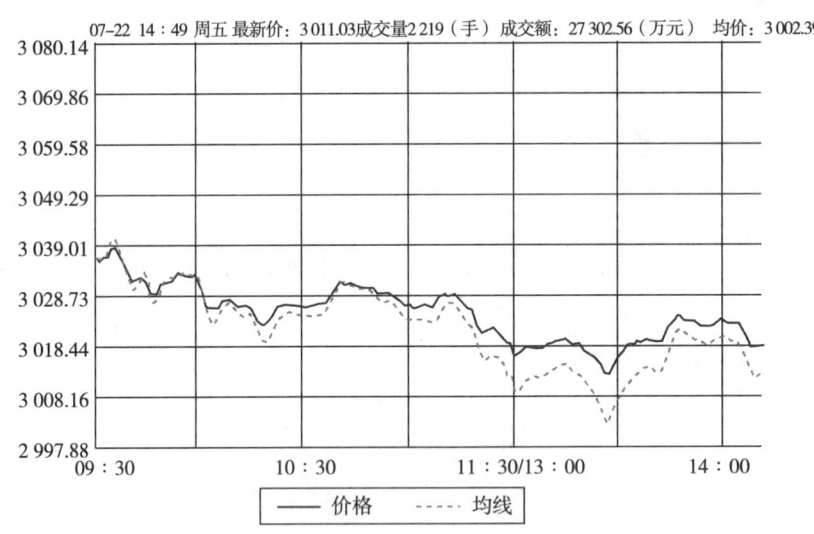

图 2 - 6　上证指数曲线图

折线图用于显示随时间或有序类别而变化的趋势，可能显示数据点以表示单个数据值，也可能不显示这些数据点。在有很多数据点并且它们的显示顺序很重要时，折线图尤其有用。如果有很多类别或者数值是近似的，则应该使用不带数据标记的折线图。

3. 直方图（Histogram）。直方图是将所收集的数据值分成几个相等的区间作为横轴，将各区间内数据值所出现的次数累计作为纵坐标量的一系列连接起来的直方型矩形图。

（1）直方图与柱状图的区别。直方图与柱状图的区别在于，直方图是用面积而非高度来表示数量。柱状图是用条形的长度表示各类别频数的多少，其宽度仅表示类别。直方图是用面积表示各组频数的多少，矩形的高度表示每一组的频数或频率，宽度则表示各组的组距，因此其高度与宽度均有意义。此外，由于分组数据具有连续性，直方图的各矩形通常是连续排列，而柱状图则是分开排列。从功能上看，柱状图主要用于展示分类数据，而直方

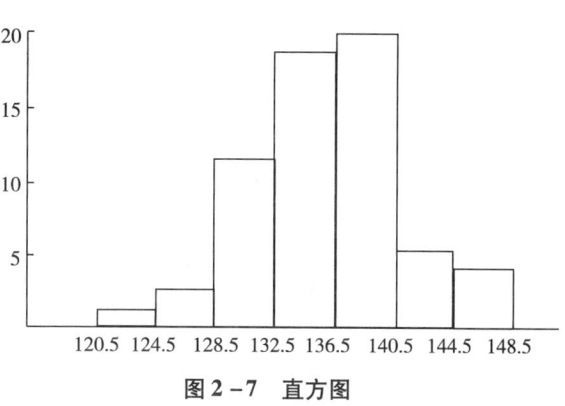

图 2 - 7　直方图

图则主要用于展示数据型数据，直方图如图 2 - 7 所示。

（2）绘制直方图的步骤

①收集和记录数据。确定数据的最大值和最小值。

②决定分组的数目。

③设定各组的组距。

④计算各组的界限位。

⑤统计各组数据出现频数，作频数分布表。

⑥作直方图。以组距为底长，以频数为高，作各组的矩形图。

（3）直方图的形状。

正常的直方图图形形状是中间高、两边低，左右近似对称，它表示数据处于基本稳定的状态，如图 2 - 8 所示。

异常的直方图种类较多，比较常见的有孤岛型、双峰型、折齿型、偏峰型、平顶型等。

孤岛型：在直方图旁边有孤立的小岛出现，当这种情况出现时，过程中有异常原因。如：原料发生变化，不熟练的新工人替人加班，测量有误等，都会造成孤岛型分布，应急时查明原因、采取措施，如图 2 - 9 所示。

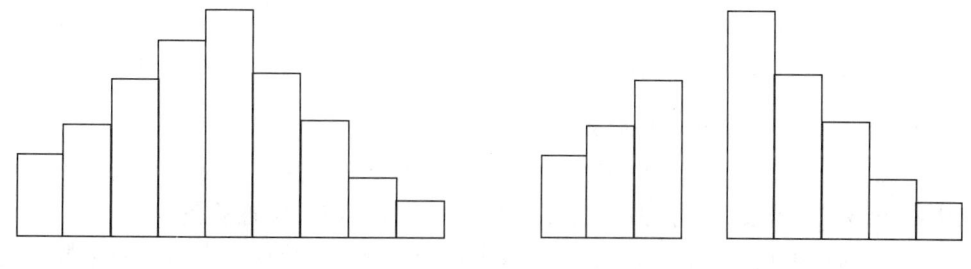

图 2 - 8　正常直方图　　　　　　　图 2 - 9　孤岛型直方图

双峰型：分布中心附近的频数较少，左右各出现一个山峰形状。造成这种结果的原因可能是观测值来自于两个总体，所以产生两个分布，有两个中心点。这种情况下，通常的处理方式是将两类数据分开，分别构造直方图，如图 2 - 10 所示。

折齿型：当直方图出现凹凸不平的形状，这是由于作图时数据分组太多，测量仪器误差过大或观测数据不准确等造成的，此时应重新收集数据和整理数据，如图2－11所示。

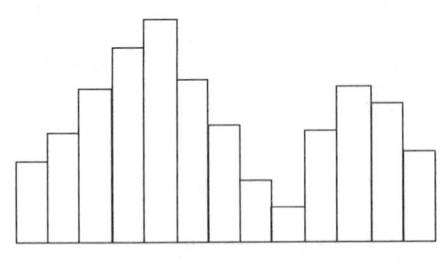

图2－10　双峰型直方图

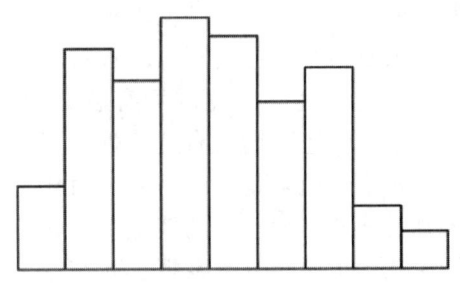

图2－11　折齿型直方图

偏峰型：图的顶峰有时偏向左侧、有时偏向右侧。由于某种原因使下限受到限制时，容易发生偏左型。如：用标准值控制下限，疵点数接近于0或由于工作习惯都会造成偏左型。类似地，由于某种原因使上限受到限制时，容易发生偏右型。如：用标准值控制上限，精度接近百分百或由于工作习惯都会造成偏右型。图2－12是偏右型直方图。

平顶型：当直方图没有突出的顶峰，呈平顶型（见图2－13）。形成这种情况一般有三种原因：与双峰型类似，由于多个总体、多总分布混在一起；由于生产过程中某种缓慢的倾向在起作用，如工具的磨损、操作着的疲劳等；评价标准在某个区间中均匀变化。

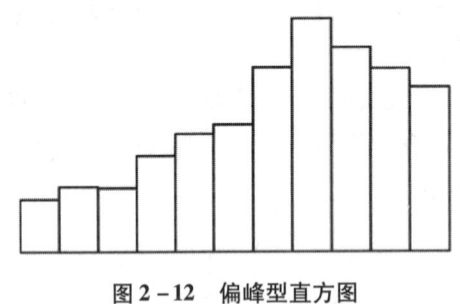

图2－12　偏峰型直方图

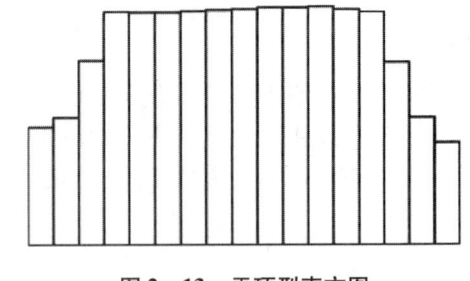

图2－13　平顶型直方图

（四）数据的集中趋势和离散程度

分析数据的分布状态有集中趋势和离散程度两个主要特征。集中趋势描述的是数据向中心值靠拢的程度，而离散程度描述了观测值偏离中心位置的趋势。

1. 数据的集中趋势。集中趋势（Central Tendency）在统计学中是指一组数据向某一中心值靠拢的程度，它反映了一组数据中心点的位置所在。反映数据集中趋势的几个常用代表值有均值、中位数和众数，分别描述数据的数值平均和位置平均。

（1）均值。均值（又称算术均值，Mean，Arithmetic mean）：数据组中所有数值的总和除以该组数值的个数。指的就是数值的中间点。许多统计分析都使用均值作为标准参考点。

$$\overline{x} = \frac{1}{n} \sum_{i=1}^{n} x_i \tag{2.4}$$

例如，银行五位客户的等待时间（以分钟计）为：3、2、4、1 和 2。平均等待时间为：$\frac{3 + 2 + 4 + 1 + 2}{5} = 2.4 \text{min}$，即一个客户平均要等待 2.4 分钟才能获得服务。

均值在计算过程中使用的是全部的数据信息，当数据呈对称分布或者接近对称分布时，应选择均值作为集中趋势的代表值。但均值对极端值很敏感。当极值比较大的时候，会使得均值对数据组集中趋势的代表性减弱。

（2）中位数。将数据按大小顺序排列起来，形成一个数列，居于数列中间位置的那个数据就是中位数。有一半观测值位于中位数之上，另一半观测值位于其下。它通过对数据排序并找出观测值数 $(N + 1)/2$ 来确定。如果有偶数个观测值，中位数表示为观测值数 $N/2$ 和 $N/2 + 1$ 之间的值。例如，有序列 7，9，10，12，13，14，17，18，19，对于此顺序数据，中位数为 13。

中值对极值不敏感。当数据组中存在一个或多个极值的时候，相比均值，中值能够更好地反映数据组的集中趋势量数。

（3）众数。众数是一组观测值中出现频率最高的值。众数可以与均值和中位数一起，作为数据分布的总体特性描述。均值和中位数都需要计算，而找出众数只需计数每个值在数据集中出现的次数即可。在对数据的众数进行统计时，有时会出现不止一个众数的情形，具有一个、两个、三个众数的数据集合分别称为单峰的（Unimodal）、双峰的（Bimodal）和三峰的（Trimodal）。一般地，具有两个或更多众数的数据集是多峰的（Multimodal）。在另一种极端情况下，如果每个数据值仅出现一次，则它没有众数。

众数是位置代表值，不受极端值的影响，适合于作为分类数据的集中趋势测度值。

（4）均值、中位数和众数之间的关系。通过均值、中位数和众数在图形中的位置，可以分析数据的倾斜程度。

在具有完全对称的数据分布的单峰频率曲线中，均值、中位数和众数都是相同的中心值，如图 2 - 14 - a 所示。在大部分实际应用中，数据都是不对称的。它们可能是正倾斜的，其中众数出现在小于中位数的值上（见图 2 - 14 - b）；或者是负倾斜的，其中众数出现在大于中位数的值上（见图 2 - 14 - c）。

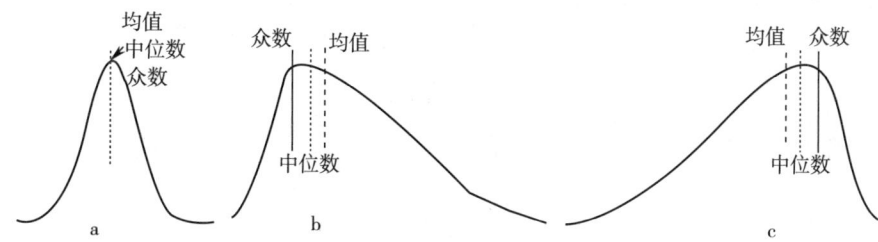

图 2 - 14　偏斜数据与均值中位数和众数之间的关系

2. 数据的离散程度。仅仅用集中趋势来描述数据的分布特征是不够的，只有把集中趋势和离散程度结合起来，才能全面地认识事物。我们经常会碰到平均数相同的两组数据其离散程度可以是不同的。一组数据的分布可能比较集中，差异较小，则平均数的代表性较好。另一组数据可能比较分散，差异较大，则平均数的代表性就较差。例如，经济增速如果能够持续地以一个比较高的稳定的速度发展，那么这个速度就是比较好的一个速度，就是我们所说的又好又快发展。那么如果一会大涨大落，某一年一下增长20%，下一年突然下降10%，这对经济的损害非常大。

描述一组计量资料离散程度的常用指标有极差、方差、标准差和离散系数等，其中方差和标准差最常用。

（1）极差。极差是描述数据离散程度最简单的测度值，是样本数据中两个极端值之差，也称为全距。即取值范围 R。数据越分散，极差越大。

极差计算简单又容易理解，但它只是利用了数据两端的信息，容易受极端值的影响，并且没有充分利用数列的信息，不能准确反映全部变量值的实际离散程度。

在实际工作中，极差可以用于检查产品质量的稳定性和进行质量控制。在正常的生产条件下，产品质量稳定，极差在一定范围内波动，若极差超过给定的范围，就说明有不正常情况产生。

（2）方差与标准差。描述离散程度，最常用的指标是方差和标准差，它们利用了样本的全部信息去描述数据取值分散性。

方差（Variance）是一组数据的各数据值与其均值的离差平方的算数平均数，是测度离散程度的主要指标，用 σ^2 表示。标准差（Standard Variance）是方差的算数平方根，又叫均方差，用 σ 表示。方差和标准差的计算公式如下。

$$\sigma^2 = \frac{\sum_{i=1}^{N} (x_i - \bar{x})^2}{N} \tag{2.5}$$

$$\sigma = \sqrt{\sigma^2} = \sqrt{\frac{\sum_{i=1}^{N} (x_i - \bar{x})^2}{N}} \tag{2.6}$$

式中，N 是全体数据的个数。

在统计中，我们通常用 σ^2 和 σ 分别表示总体的方差和标准差。当总体中的个体数很大，希望通过抽样，用样本标准差来估计总体的标准差时，就需要计算样本的方差和标准差。样本的方差和标准差分别用 s^2 和 s 表示，计算公式如下。

$$s^2 = \frac{\sum_{i=1}^{n} (x_i - \bar{x})^2}{n-1} \tag{2.7}$$

$$s = \sqrt{s^2} = \sqrt{\frac{\sum_{i=1}^{n} (x_i - \bar{x})^2}{n-1}} \tag{2.8}$$

式中，n 是样本数据的个数。

由定义可知，方差和标准差所反映的是一组数据对其均值为代表的中心的某种偏离程度。标准差（或方差）较小的分布一定是比较集中在均值附近的，反之则是比较分散的。方差和标准差采用平方的方法来避免正负离差相互抵消为零的问题，更便于数学上的处理。在实际问题中，方差和标准差经常用来衡量离散程度。

（3）离散系数。当进行两个或多个资料变异程度的比较时，如果度量单位与平均数相同，可以直接利用标准差来比较。如果单位或平均数不同时，比较其变异程度就不能采用标准差。

离散系数是测定总体中各单位标志值变异的相对量指标，以消除不同对象之间在计量单位、平均水平等方面的不可比因素。常用的离散系数主要是标准差离散系数 CV（Coefficient of Variance）。

$$CV = \sigma / \overline{x} \tag{2.9}$$

在对比情况下，离散系数较大的，其分布情况差异也大。

3. 数据的偏态和峰度。集中趋势和离散程度是关于数据分布的基本测度，在给出数据的描述过程中，往往还需要进一步描述数据分布的形态，例如是对称的还是向左向右偏斜的，数据的分布是扁平的还是尖耸的。这就需要对数据分布的偏态和峰度进行度量。

（1）偏度。偏度衡量数据的不对称性。衡量偏度的指标称为偏态系数。偏态系数的值可以为正、负或者是零。

当偏态系数为 0 时，表示数值相对均匀地分布在平均值的两侧。偏态系数为负（负偏态），则意味着在数据分左侧的尾部比右侧的长，绝大多数的值（包括中位数在内）位于平均值的右侧。偏态系数为正（正偏态）就意味着数据分在右侧的尾部比左侧的长，绝大多数的值（但不一定包括中位数）位于平均值的左侧。图 2-15 显示了两种偏态图形。

偏态系数的绝对值越小，则表示数据的偏倚程度越小，反之则越大。

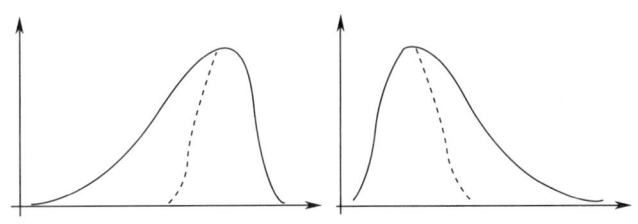

图 2-15　负偏态和正偏态

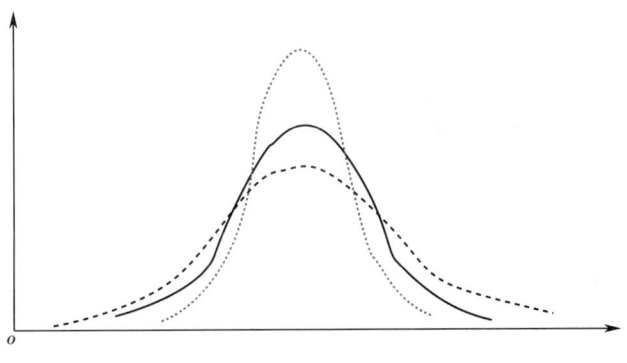

图 2-16　不同峰度的分布

（2）峰度。峰度指数据分布平峰还是尖峰的程度，是度量数据分布的平坦度的测度。尾部大的数据分布，其峰度值较大，如图 2-16 所示。

峰度系数的取值为 3 时，表示数据的峰度与标准正态分布一致；峰度系数小于 3 时，表示数据为平峰分布，峰度系数大于 3 时，表示数据为尖峰分布。

四、项目任务

【任务概览】

本项目从数据收集开始，包含数据的采集方法、数据的整理和清洗、数据的基本描述和绘图。

1. 要求学习者面向实体客户和网络信息分别设计调查问卷，利用网络爬虫实现数据采集。

2. 利用 Excel 的筛选、数据透视、字段分割和二维数据一维化的方法实现数据的整理和清洗。

3. 对数据的集中趋势、离散程度、偏态、峰度进行描述。

4. 利用正确的方法对数据进行分组，并采用合理的图形展示方法。

任务 1　调查问卷评价

【任务清单】

针对所示的"春秋航空网络航班调查"问卷，对照调查问卷的要素填写问卷设计评定单（见表 2 - 2）。

春秋航空网络航班调查

Q1：您的姓名：

Q2：您的出生日期：　　年　　月　　日

Q3：性别：○男○女

Q4：个人月收入：

○2 000 元及以下

○2 001 ~ 3 000 元

○3 001 ~ 5 000 元

○5 001 ~ 8 000 元

○8 001 ~ 12 000 元

○12 001 ~ 20 000 元

○20 000 元以上

Q5：过去的两年内，您出行最多的三个国内目的地城市是：

城市一_____

城市二_____

城市三_____

Q6：过去的两年内，您最常选用的航空公司是：_____

Q7：联系方式：_____

Q8：您出行首选方式是飞机吗？

○几乎都选飞机（80% ~ 100%）

○较多（60% ~ 80%）

○一半一半（40% ~ 60%）

○较少（20% ~ 40%）

○很少选飞机（20% 以下）

Q9：近两年内平均每年乘坐飞机的次数：

○少于 5 次/年

○6 - 10 次/年

○11 - 20 次/年

○多于 20 次/年

Q10：过去的两年内，您乘坐飞机的主要目的是：

○商务

○个人旅行

○家庭旅行

○其他

Q11：您习惯在客舱内用什么设备接入局域网？（选一项）

○个人携带的笔记本

○个人携带平板电脑

○航空公司提供的平板电脑

Q12：除了手机外，你最常使用哪种电子设备？

○安卓系统的平板电脑

○苹果公司的平板电脑

○Windows 系统的平板电脑

○Windows 系统的笔记本

○苹果公司的笔记本

○其他

Q13：在乘机过程中您最希望享受以下哪方面的服务？（请排序）

目的地介绍及配套服务购买

网站自由浏览

实时通信（收发邮件、线上聊天）

书籍阅读

商城购物

电影/音乐/热门剧

游戏

即时新闻

产品秒杀

Q14：在空中提供局域网服务（非接入互联网）的情况下，你会在以下服务中倾向哪些服务？（请排序）

目的地介绍及配套服务购买

书籍阅读

商城购物

电影/音乐/热门剧

游戏

即时新闻

与客舱内其他乘客聊天

产品秒杀

Q15：你是否会为了能够接入互联网，用于浏览网站或收发邮件等而付费？

○20 元/航班

○30 元/航班

○里程积分兑换

○收费我就不用了

Q16：若您暂时没有任何电子设备，你是否愿意租赁航空公司提供的平板设备？愿意支付的

价格？

○不愿意租赁

○10 元以下/航班

○15 元以下/航班

○只接受积分兑换

○我认为合理的价格

Q17：您希望在飞机上购买到以下哪类商品？

○从不在飞机上买东西

○旅行用品（洗漱包、旅行箱等）

○商旅服务产品（目的地门票、酒店、交通）

○航空公司纪念品

○其他

Q18：在飞机上购买商品时，消费的金额大约：

○从不在飞机上买东西

○100 元以内

○1 000 元以内

○5 000 元以内

○5 000 元以上

Q19：若你在飞行中看到心仪的商品希望购买时，你最希望的付费方式？（任选 2 项）

□航空公司积分兑换

□信用卡支付

□现金

Q20：如果你在空中选购了商品，你最希望的商品交付方式是什么？（任选 2 项）

□空中立刻给我

□出舱门时交付给我

□在机场指定地点交付

□快递至我要求的地址

Q21：在飞机上如果可以点播最新的电影、电视剧或综艺等，您是否愿意付费？如果愿意，您愿意支付多少范围的费用？

○5～15 元/航班

○15～25 元/航班

○25～30 元/航班

○只接受里程积分兑换

○收费我就不用了

Q22：出行前，您是否会提前订好目的地酒店？

○上飞机前提前预订

○下飞机后目的地预订

○不预订，入住时直接办理

Q23：你是否会在飞行中因为看到更心仪的酒店或旅游服务而改变你已选定的酒店？

○会

○不会

○不好说

Q24：通常，在您从目的地回程时，会带什么礼物回家？（选2项）

□不带礼品回家

□当地特产

□航空公司纪念品

□孩子的玩具

□免税品

□其他

Q25：您是否会在乘机时购买保险，希望购买以下哪种保险？

○从不购买

○航空意外险

○航空延误险

Q26：若航空公司开始提供机上各类服务销售，你最希望得到空中或地面的个性化服务是什么？

表2－2 调查问卷设计评定单

编号	项目	评定		备注
1	问卷要素完整性	完整	不完整	
2	问卷项目围绕同一主题	是	否	
3	问卷调查项目设置合理性	合理	不合理	
4	问卷长度是否合理	是	否	
5	问卷的态度是否中立	是	否	
6	问卷的开发式问题简单、易回答	是	否	
7	各问题是单一的	是	否	
8	问题的表述是否具体	是	否	
9	问题的表述语言是否通俗、准确	是	否	
10	各问题的答案是否相同层次的、互斥的、完整的	是	否	

【操作示范】

问卷调查是以书面提出问题的方式收集资料的一种研究方法。研究者将所要研究的问题编制成问题表格，以邮寄、当面作答或者追踪访问方式填答，从而了解被调查者对某一现象或问题的看法和意见。

问卷调查是否成功，首要取决于调查表的设计。问卷设计必须围绕调查目的和调查对象来设计调查内容，然后在此基础上规划调查项目。

1. 问卷的一般结构。问卷一般由卷首语、问题与回答方式、编码和其他资料四个部分组成。

卷首语：是问卷调查的自我介绍，卷首语的内容应该包括：调查的目的、意义和主要内容，选择被调查者的途径和方法，对被调查者的希望和要求，填写问卷的说明，回复问卷的方式和时间，调查的匿名和保密原则，以及调查者的名称等。为了能引起被调查者的重视和兴趣，争取他们的合作和支持，卷首语的语气要谦虚、诚恳、平易近人，文字要简明、通俗、有可读性。卷首语一般放在问卷第一页的上面，也可单独作为一封信放在问卷的前面。

问题和回答方式：问卷的主要组成部分，一般包括调查询问的问题、回答问题的方式，以及对回答方式的指导和说明等。

编码：就是把问卷中询问的问题和被调查者的回答，全部转变成为 A，B，C 等代号或数字，以便运用计算机对调查问卷进行数据处理。

其他资料：包括问卷名称、被访问者的地址或单位、访问员姓名、访问开始时间和结束时间、访问完成情况、审核员姓名和审核意见等。这些资料是对问卷进行审核和分析的重要依据。

此外，有的自填式问卷还有一个结束语。结束语可以是简短的几句话，对被调查者的合作表示真诚的感谢，也可稍长一点，顺便征询一下对问卷设计和问卷调查的看法。

2. 设计问题的原则。要提高问卷回复率、有效率和回答质量，设计问题应遵循以下原则：

客观性原则，即设计的问题必须符合客观实际情况。

必要性原则，即必须围绕调查课题和研究假设设计最必要的问题。

可能性原则，即必须符合被调查者回答问题的能力。凡是超越被调查者理解能力、记忆能力、计算能力、回答能力的问题，都不应该提出。

自愿性原则，即必须考虑被调查者是否自愿真实回答问题。凡被调查者不可能自愿真实回答的问题，都不应该正面提出。

3. 问卷问题回答的类型。回答有三种基本类型，即开放型回答、封闭型回答和混合型回答。

开放型回答：对问题的回答不提供任何具体答案，而由被调查者自由填写。开放型回答的最大优点是灵活性大、适应性强，特别是适合于回答那些答案类型很多，或答案比较复杂，或事先无法确定各种可能答案的问题。但开放型回答的标准化程度低，整理和分析比较困难，会出现许多一般化的、不准确的、无价值的信息，就有可能降低问卷的回复率和有效率。

封闭型回答：将问题的几种主要答案、甚至一切可能的答案全部列出，然后由被调查者选择。封闭型回答有许多优点，它的答案是预先设计的、标准化的，它不仅有利于被调查者正确理解和回答问题，节约回答时间，提高问卷的回复率和有效率，而且有利于对回答进行统计和定量研究。但封闭型回答的设计比较困难，很难设计得完整、周全，而且回答方式比较机械，难以适应复杂的情况。被调查者在填写过程中可能会任意填写，降低了回答的真实性和可靠性。

混合型回答：封闭型回答与开放型回答的结合，它实质上是半封闭、半开放的回答类型。这种回答方式综合了开放型回答和封闭型回答的优点，同时避免了两者的缺点，具有非常广泛的用途。

4. 问卷设计应注意的问题。问卷格式应清晰，长度适中。问卷格式的重要性不亚于问题本身的重要性，不适当的格式会造成答案的遗漏、混淆，甚至会导致被调查者拒绝回答问题。问卷应该整齐清楚,开放式问题后的空白要留得尽可能大些。多个问题不要写在一行。问卷的长度并不是仅指问卷所占的页数,而是要根据调查形式的不同,估计被调查者完成问卷的时间长度。一般来讲,如果是电话问卷调查,调查的时间不宜超过 3 分钟,如果是当面问卷填写,则问卷回答时间一般在 1 分钟左右,问卷过长会引起被调查者的反感和拒绝。

问题的设置要合理。一般问题按照复杂程度由简到繁、先易后难排列,最好以有趣的问题开头,使人看了头几个问题后愿意填写整个问卷。而且,不要把相似性质或类别的问题混杂在一起。

问题的表述要具体、通俗。问题的内容要具体,不要提抽象、笼统的问题,不要把两个或两个以上的问题合在一起提。表述问题的语言要准确,不要使用模棱两可、含混不清或容易产生歧义的语言或概念。同时语言应该尽可能简单明确,不要冗长和啰嗦。表述问题的态度要客观,不要有诱导性或倾向性语言。

封闭式问题的答案设计要完整。对于封闭式问题,答案必须与询问问题具有相关关系,而且一个问题的答案是穷尽一切可能的,或起码是一切主要的答案。答案之间是互相排斥的。

根据以上问卷调查的规范和注意事项,评价本章"春秋航空网络航班调查"问卷,如表 2 - 3 所示。

表 2 - 3　　　　　　　　调查问卷设计评定单回答参考

编号	项目	评定	备注
1	问卷要素完整性	完整　√不完整	缺乏卷首语
2	问卷项目围绕同一主题	√是　否	问卷主要围绕搭乘飞机过程中的消费可能性进行
3	问卷调查项目设置合理性	√合理　不合理	题目从简单到复杂
4	问卷长度是否合理	是　√否	过长,一般应在 1 分钟左右的时间内完成问卷
5	问卷的态度是中立的	√是　否	没有倾向性和诱导性的问题
6	问卷的开发式问题简单、易回答	√是　否	开放式问题是客观的,用户可以根据自己的情况清楚回答
7	各问题是单一的	√是　否	没有多个问题混合在一起
8	问题的表述具体	√是　否	每个问题具体、不抽象
9	问题的表述语言通俗、准确	√是　否	语言表述准确,没有出现过于专业化的词语
10	各问题的答案是相同层次的、互斥的、完整的	√是　否	围绕同一问题给出同层的互斥答案

任务2　从网站爬取数据

【任务清单】选取一种网络爬虫工具，获取天猫商品信息。

【具体要求】

互联网上有各种各样的网络爬虫工具，选取其中的任一种，输入淘宝天猫（或其他）网址，获得网站上的商品信息。

工具建议：

GooSeeker：http://www.gooseeker.com/

Scrapy：https://github.com/scrapy/scrapy

Heritrix：https://sourceforge.net/projects/archive‐crawler/

【操作示范】

网络爬虫，即 Web Spider，是一种"自动化浏览网页"的程序，可以自动采集所有其能够访问到的页面内容。

如果不能够使用编程语言 Python、Java 或 C＋＋独立设计网络爬虫，也可以通过已有的网络爬虫工具获取网站数据。2015 年 10 月"36 大数据"网站发布了一篇"33 款可用来抓数据的开源爬虫软件工具"，介绍了多种利用不同编程语言设计的网络爬虫工具，但实际上，多数的爬虫工具已经不再更新。

我们以深圳市天据电子商务有限公司的 GooSeeker 为例，介绍该类网络爬虫工具的使用方法。

集搜客由服务器和客户端两部分组成，服务器用来存储规则和线索（待抓网址），MS 谋数台是用来制作网页抓取规则的，DS 打数机就是用来采集网页数据的。官网：http://www.gooseeker.com/。集搜客网页抓取软件是基于火狐浏览器开发的，爬虫版本要与火狐版本配套才能正常使用。

从软件官网下载安装后，打开火狐浏览器，点击工具菜单栏，就会看到 MS 谋数台和 DS 打数机，或者是点击工具条右边的 MS 图标和 DS 图标。如果没看到，可以点击"工具"菜单下的"MS 谋数台"和"DS 打数机"显示，如图 2－17 所示。

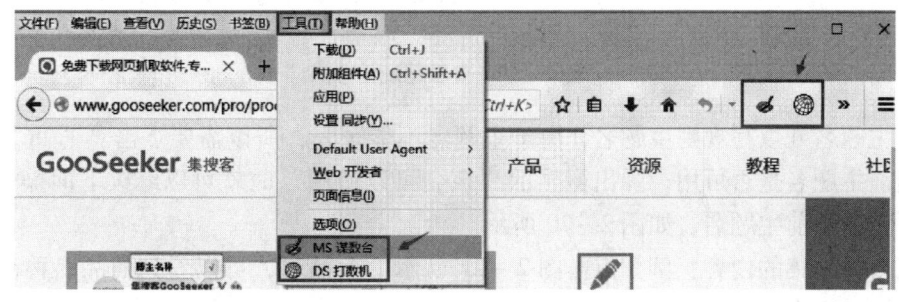

图 2－17　添加了 MS 谋数台和 DS 打数机的火狐浏览器

第一次运行 MS 谋数台/DS 打数机时，要登录才能正常使用，如图 2–18 所示。注意：没有账号的请先在官网注册一个账号，并且要通过邮箱验证才能正常使用。

注册后，打开 MS 谋数台，在网址处粘贴需要采集数据的样例网址，按回车键等待页面加载。页面

图 2–18　GooSeeker 登录界面

加载完成后，下方浏览器将显示已经加载的页面，并且窗口右侧的"页面地址"也显示地址信息，如图 2–19 所示。

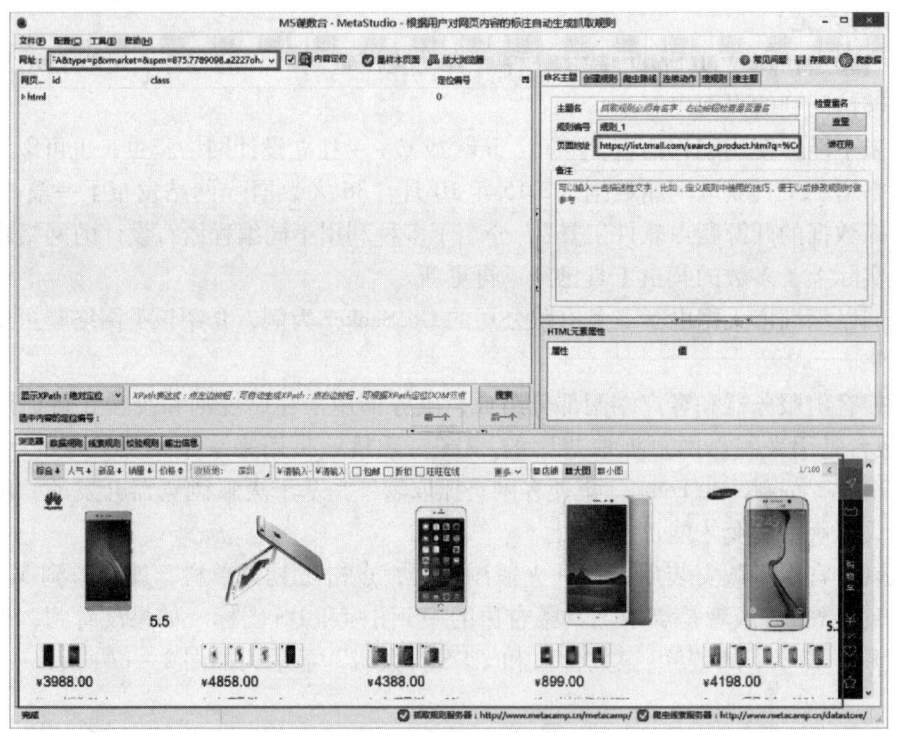

图 2–19　查看地址信息

在主题名处填写规则主题名，由于主题名不能重复，所以需要点击"查重"按钮查看当前主题名是否可用，弹出窗显示"该名可以使用"时就可以继续下面操作，否则需要更改当前主题名，如图 2–20 所示。

点击要采集的内容，例如点击图 2–21 所示的商品名，可以看到商品名称变成黄底，表示被选中的信息。

再次点击，在弹出的对话框中输入抓取对象的名称，如图 2–22 所示输入名称为"商品名"。在输入第一个抓取对象的名称时，会弹出"创建整理箱"对话框，要求输

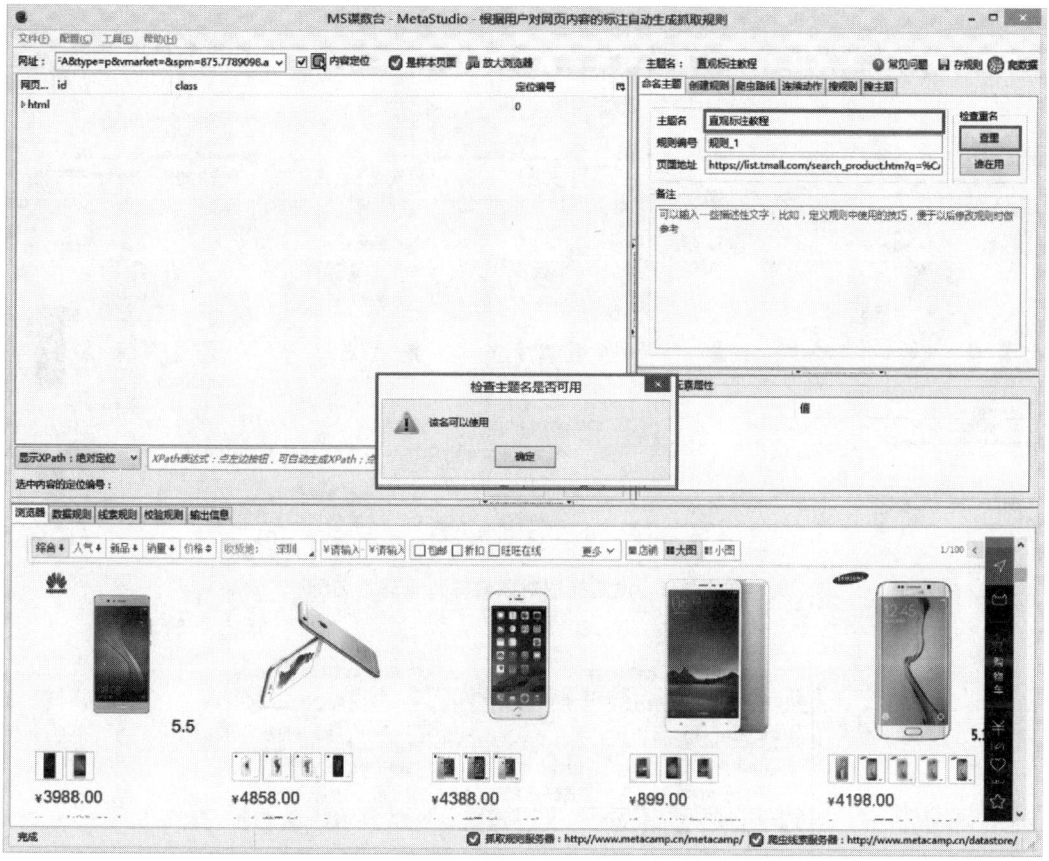

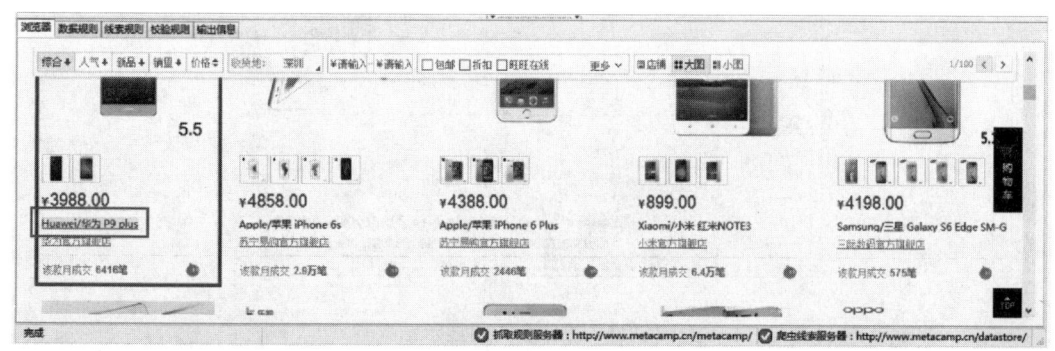

图 2－20　输入主题名

图 2－21　选择采集对象

入整理箱的名称，如图 2－22 所示，设置整理箱名称为"列表"。

当抓取对象和整理箱名称设定好后，可以在窗口右侧的工作台页面看到已经建立的整理箱内容，如图 2－23 所示。

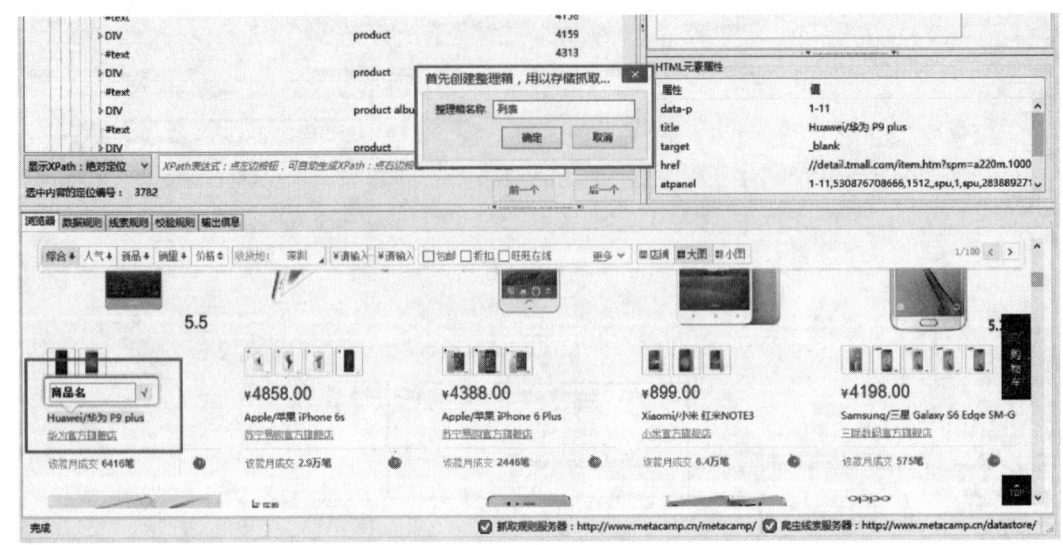

图2-22 设定抓取对象名称和整理箱名称

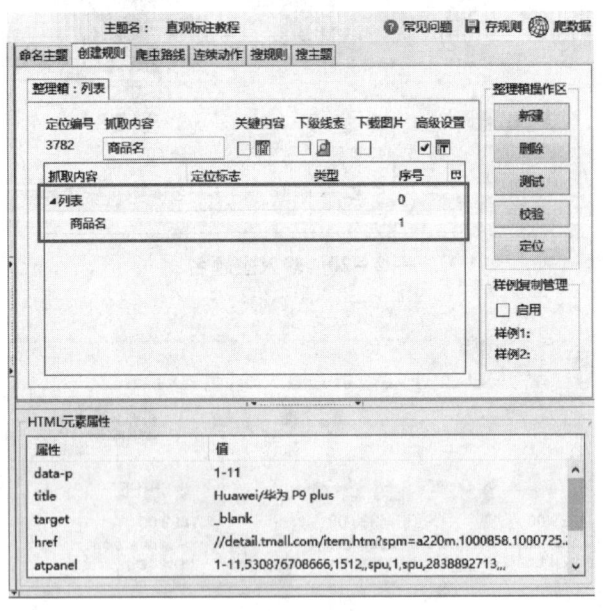

图2-23 工作台页面显示结果

重复设定抓取对象，将"价钱"和"店铺"也添加到整理箱中。再点击勾选"关键内容"，给爬虫执行采集提供判断标志，如图2-24所示。

再点击工作台页面的"测试"按钮，可以看到下方输出信息会显示采集内容，如图2-25所示。

要把整个页面上结构相同的商品信息都采集下来，就需要做样例复制。在创建规

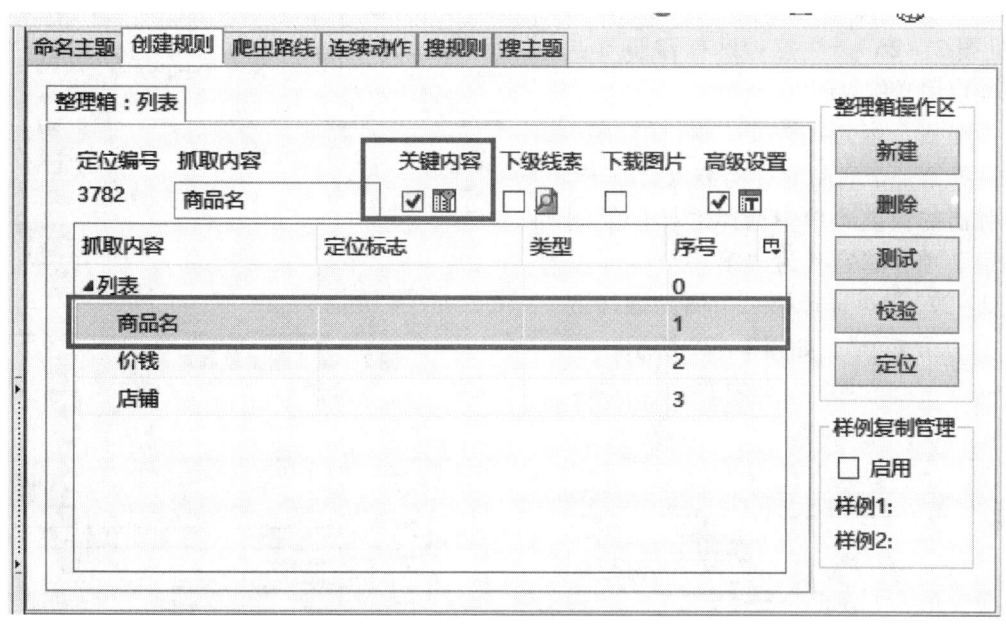

图 2-24 设定测试条件

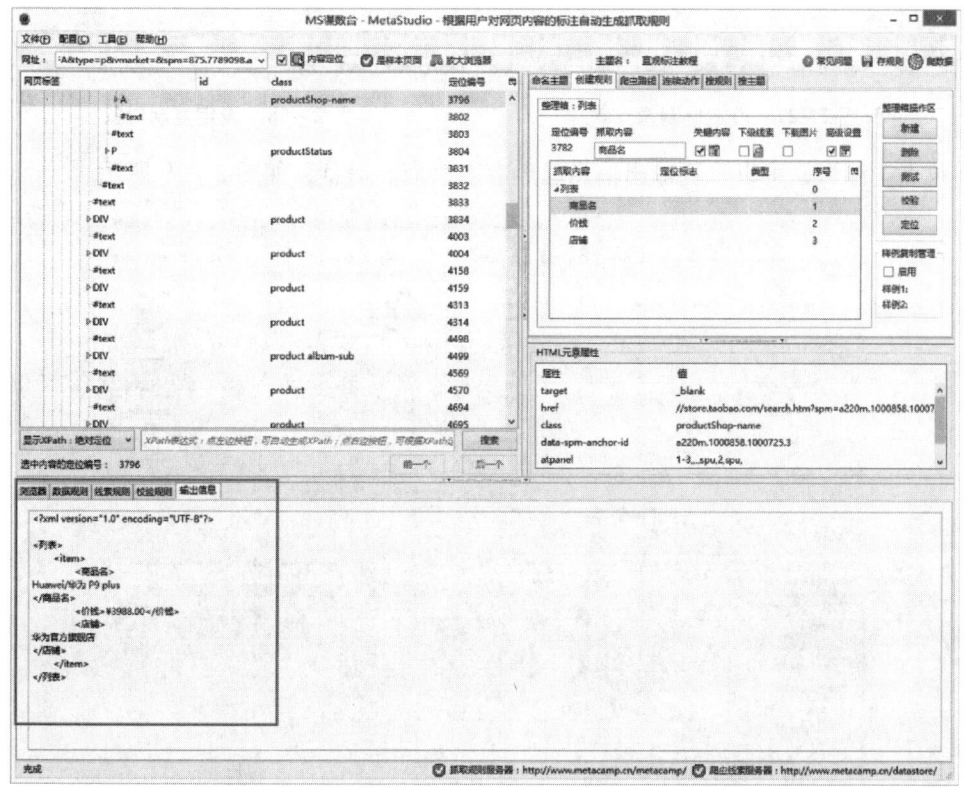

图 2-25 抓取单个对象

则工作台，勾选"启用"样例复制
（见图 2－26）。注意：只有容器节点
才能启用样例复制。

在整个窗口的左侧"网页标签"
中选择第一个商品的样例节点，右击，
在弹出的快捷菜单中选择"样例复制
映射"项，选定其为"第一个"（见
图 2－27）。再选择第二个商品做样例
作为"第二个"，如图 2－28 所示。

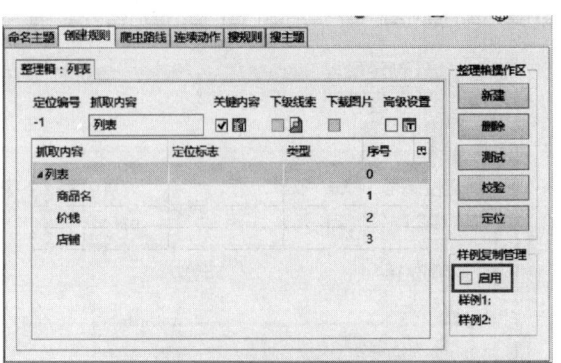

图 2－26　创建复制规则

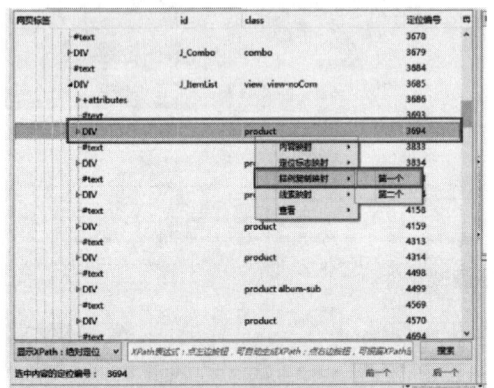

图 2－27　设定复制源

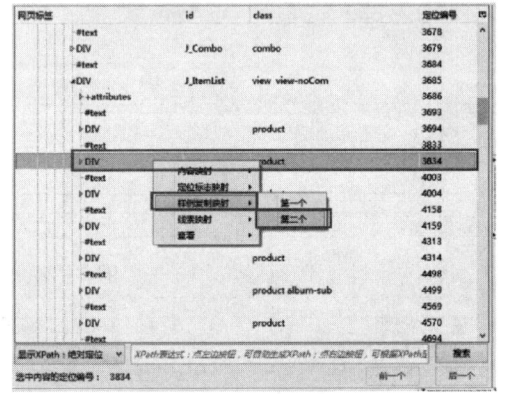

图 2－28　设定复制对象

再点击测试，可以看到输出信息已经有多个商品信息，如图 2－29 所示。

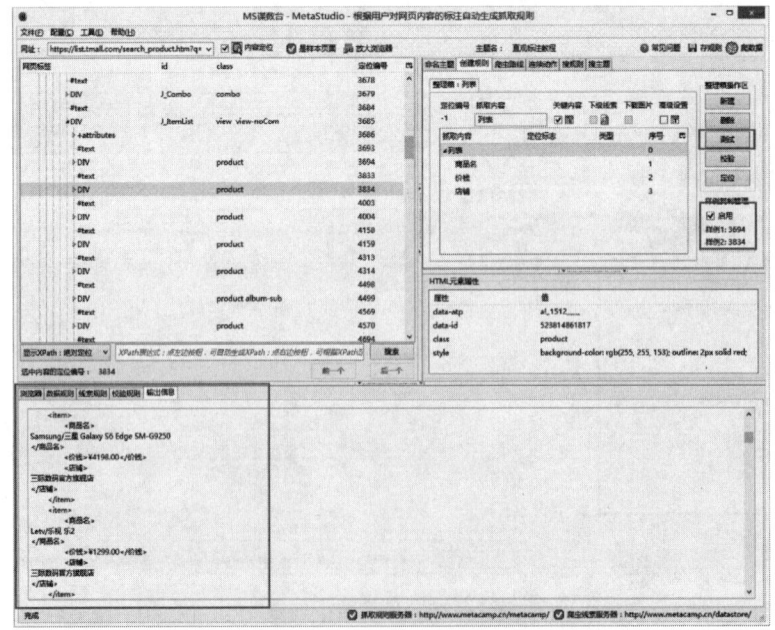

图 2－29　获取多个数据源信息

接下来点击整个窗口右上方"存规则"，再点击"爬数据"，可以看到 DS 打数机在运行采集数据，如图 2－30 所示。数据以 XML 格式默认存放在 C 盘用户文件夹的 DataScraperWorks 中，每采集一个网页，就会得到一个 xml 数据文件，如果是连续翻页采集，那么每翻一页都会生成一个 xml 文件，通过把 xml 转为 Excel，可以合并到一个 Excel 文件中，以供进一步的处理。

图 2－30　打数机显示抓取的信息

　　对于 xml 转为 Excel，可以登录集搜客官网，利用会员中心的规则管理或数据管理就可以转 Excel 格式。官网提供 1 万条数据的免费转换。也可以通过在 Office 中加载 XML 转 Excel 的宏命令，实现格式的转换。

任务 3　数据清洗

【任务清单】

利用 Excel 完成数据的清洗操作，数据对象：Chap2 数据 . xlsx。

1. 实现单元格内容的快速分列；
2. 快速补全数据；
3. 删除或标记数据表中的重复数据；
4. 将多张数据表中的数据进行合并。

【具体要求】

1. 实现单元格内容的快速分列。将图 2－31 中数据转变为图 2－32 所示数据。

2. 快速补全数据。在收集到的数据表中，往往会出现多个单元格被合并的情况，例如"销售数据"表中"公司名称"被合并到一起，如图 2－33 所示。然而这种合并在数据分析过程中会带来很多不便，我们希望数据是每行独立的。这就需要将同一值快速地补全到各个对应的单元格中，规范数据，如图 2－34 所示。

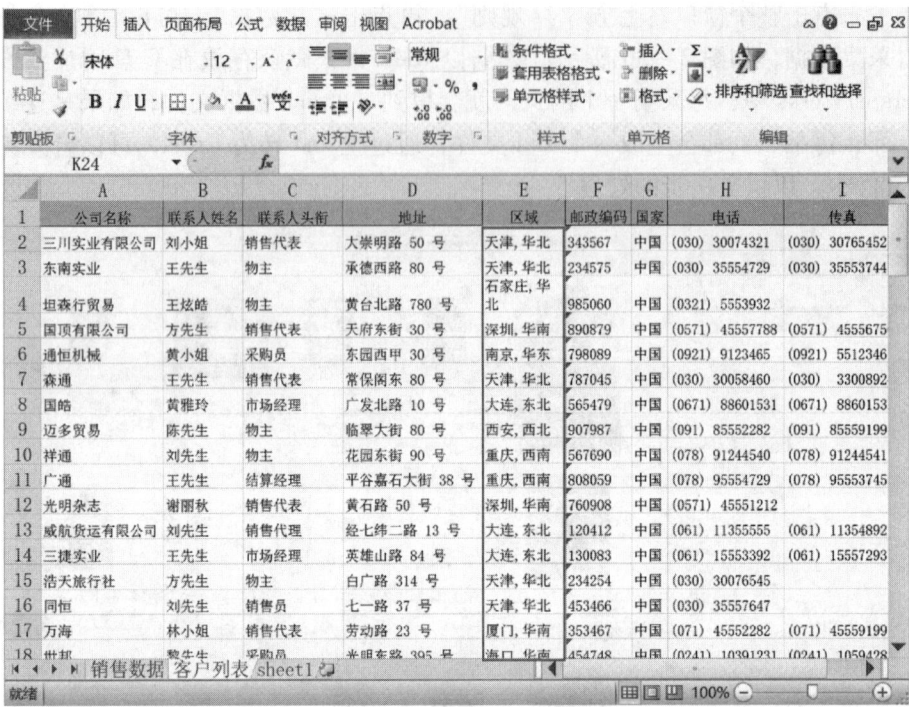

图 2-31 待"分列"数据

图 2-32 "分列"后数据

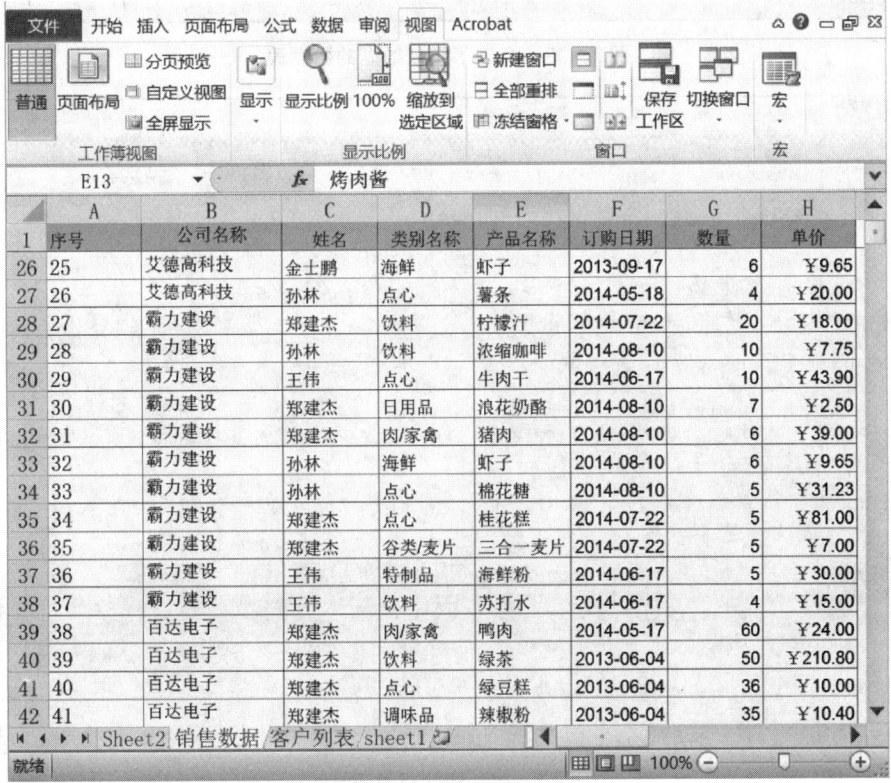

图2-33 待补全的数据示例

图2-34 补全的数据示例

3. 删除或标记数据表中的重复数据。先对"客户列表"的重复记录进行标记，再删除，如图 2-35 和图 2-36 所示。

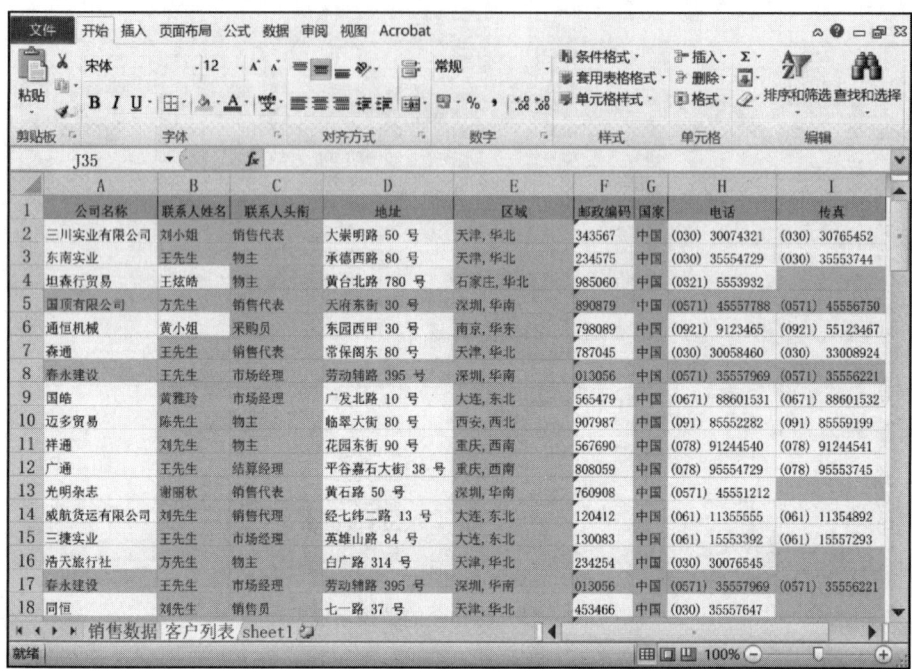

图 2-35 标注了重复数据的数据表

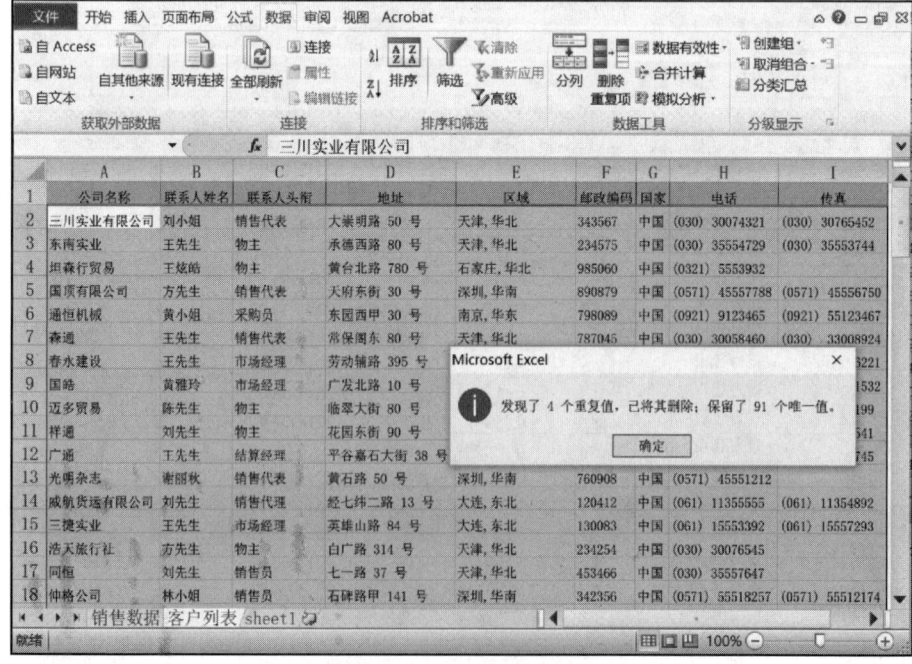

图 2-36 删除重复记录

4. 将多张数据表中的数据进行合并。从"客户列表"中将"区域"增加至"销售数据"表中,如图2-37所示。

	A	B	C	D	E	F	G	H	I
1	序号	公司名称	姓名	类别名称	产品名称	订购日期	数量	单价	区域
23	22	艾德高科技	赵军	日用品	大众奶酪	2014-06-23	10	￥21.00	天津,华北
24	23	艾德高科技	张颖	特制品	猪肉干	2014-05-14	10	￥53.00	天津,华北
25	24	艾德高科技	张颖	肉/家禽	鸡肉	2014-05-14	7	￥7.45	天津,华北
26	25	艾德高科技	金士鹏	海鲜	虾子	2013-09-17	6	￥9.65	天津,华北
27	26	艾德高科技	孙林	点心	薯条	2014-05-18	4	￥20.00	天津,华北
28	27	霸力建设	郑建杰	饮料	柠檬汁	2014-07-22	20	￥18.00	重庆,西南
29	28	霸力建设	孙林	饮料	浓缩咖啡	2014-08-10	10	￥7.75	重庆,西南
30	29	霸力建设	王伟	点心	牛肉干	2014-06-17	10	￥43.90	重庆,西南
31	30	霸力建设	郑建杰	日用品	浪花奶酪	2014-08-10	7	￥2.50	重庆,西南
32	31	霸力建设	郑建杰	肉/家禽	猪肉	2014-08-10	6	￥39.00	重庆,西南
33	32	霸力建设	孙林	海鲜	虾子	2014-08-10	6	￥9.65	重庆,西南
34	33	霸力建设	孙林	点心	棉花糖	2014-08-10	5	￥31.23	重庆,西南
35	34	霸力建设	郑建杰	点心	桂花糕	2014-07-22	5	￥81.00	重庆,西南
36	35	霸力建设	郑建杰	谷类/麦片	三合一麦片	2014-07-22	5	￥7.00	重庆,西南
37	36	霸力建设	王伟	特制品	海鲜粉	2014-06-17	5	￥30.00	重庆,西南
38	37	霸力建设	王伟	饮料	苏打水	2014-06-17	4	￥15.00	重庆,西南
39	38	百达电子	郑建杰	肉/家禽	鸭肉	2014-05-17	60	￥24.00	天津,华北

图2-37　在销售数据中增加客户所在区域

【操作示范】

获得的数据中常常会出现多个数据段在同一单元格、不合理的合并单元格、记录重复出现、多个数据表格之间数据有相关性等情况。面对这些数据,需要在数据分析之前对其进行规范化处理。

1. 实现单元格内容的快速分列。原数据中"区域"字段既包含城市又包含地区,需要将其分割为两个字段,一个为"城市",一个为"地区",以便于数据的汇总、分类和分析。

在对数据进行分列之前,首先需要对数据进行分析,找出规律,例如本例中城市和地区之间多以","分隔,所以以此为分隔符进行分列操作。

右击F列,选择插入,插入一个空白列,目的是存放分列的数据,如果不插入空白列,将会把原始F列数据覆盖,如图2-38所示。

选中E列,点击"数据"选项卡下的"分列",打开"文本分列向导",如图2-39所示。

图 2-38　插入空白数据列

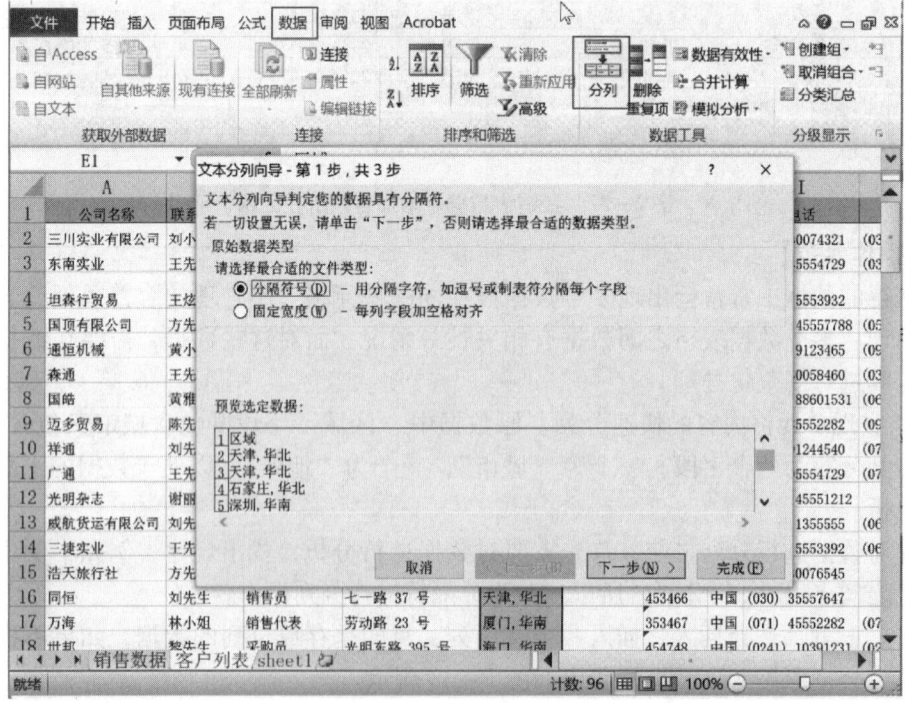

图 2-39　"分列"工具按钮

在"文本分列向导"的第一步骤中选择"分隔符号",在第二步骤中选择"逗号",并可以从下方的"数据预览"窗口查看数据即将分列的情况,如图2-40所示。

第三步设置数据的格式,点击"完成",则弹出"是否替换目标单元格"对话框,选择"确定",则得到分列的数据,城市在E列,地区在F列,如图2-41所示。最后命名列的名称为"城市"和"地区"。

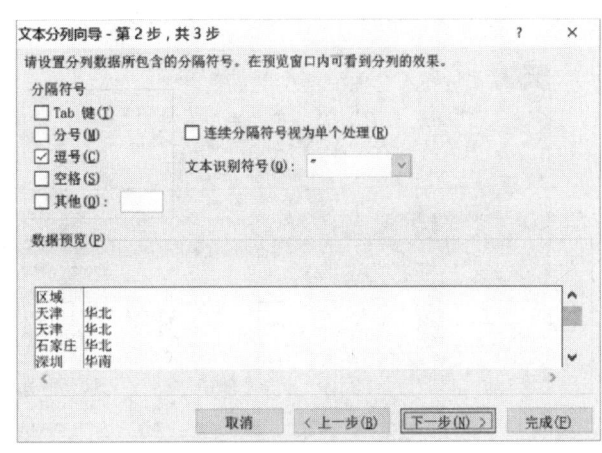

图2-40　文本分列向导

图2-41　分列后的数据

2. 快速补全数据。快速补全数据的关键在于将合并单元格的数据复制到其下方的单元格中,直到下一个数据值出现。

首先选中包含合并数据的列,点击"开始"选项卡中的"合并单元格"按钮取消合并单元格的"合并",如图 2-42 所示。

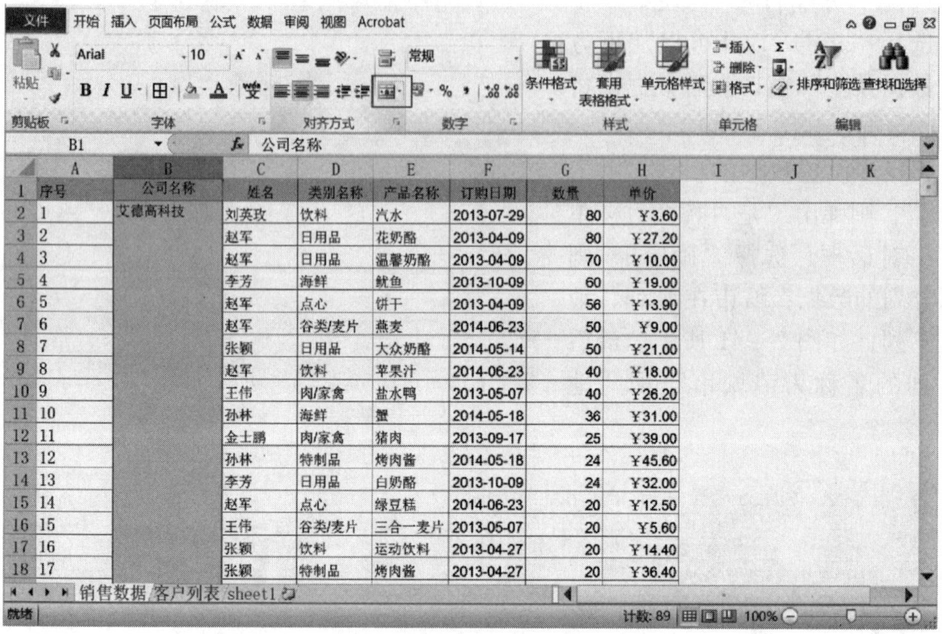

图 2-42　取消合并单元格的合并

在保持该列选中的前提下,点击"开始"选项卡中的"查找和选择"下的"定位条件",如图 2-43 所示。

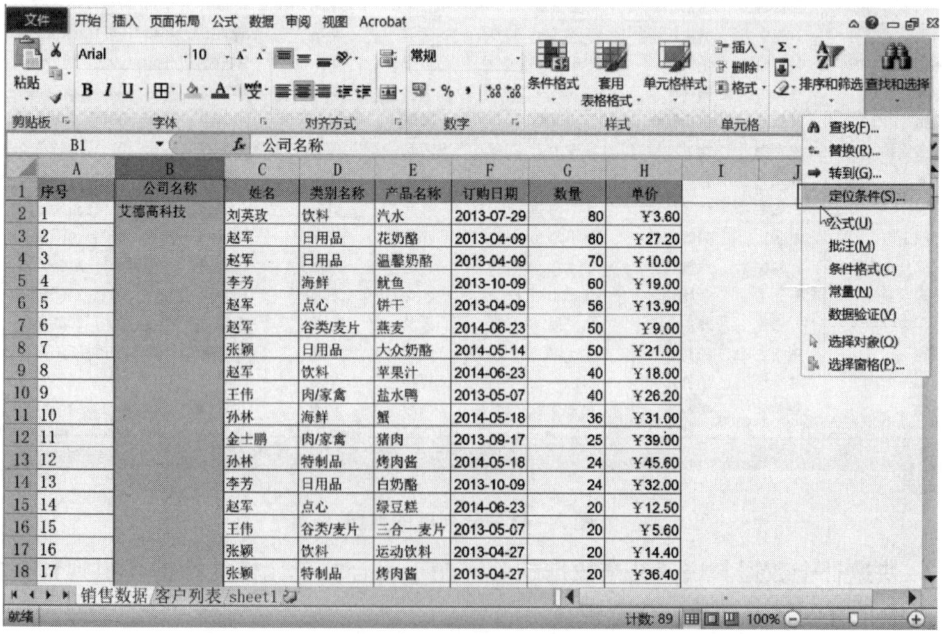

图 2-43　选择"定位条件"

在打开的"定位条件"对话框中选中"空值",如图2-44所示。

点击确定后,保持当前单元格所在位置,并在当前单元格的内容框中输入"=B2",如图2-45所示。

最后按Ctrl+Enter,快速填充。这是至关重要的一步,如果没有使用Ctrl+Enter,则需要从"定位"开始重复操作。快速填充后的数据如图2-46所示。

3. 删除或标记数据表中的重复数据。对于采集到的数据,通常先要确定数据表中是否有重复数据,则可以用标记的方式进行查看,再确定是否要删除或其他处理。

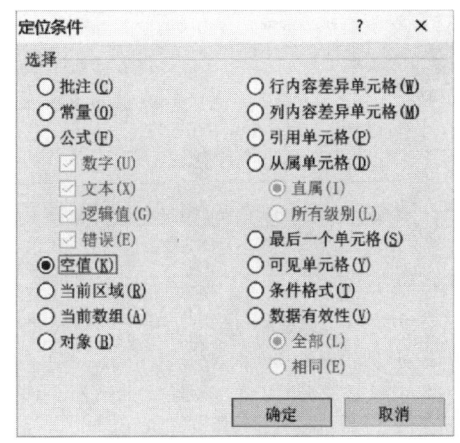

图2-44　定位条件对话框

图2-45　当前单元格内容

标记重复数据是采用"条件格式"进行设定。在选中所有数据后,点击"开始"选项卡的"条件格式"按钮,再选择"突出显示单元格规则"下的"重复值",如图2-47所示。在弹出的对话框中选择默认设置即可。

重复值的标记把字段中所有的重复数据项均标记出来,通常希望删除的是完全重复的记录,例如春永建设、国顶有限公司等有多条完全重复的记录,需要将其删除。

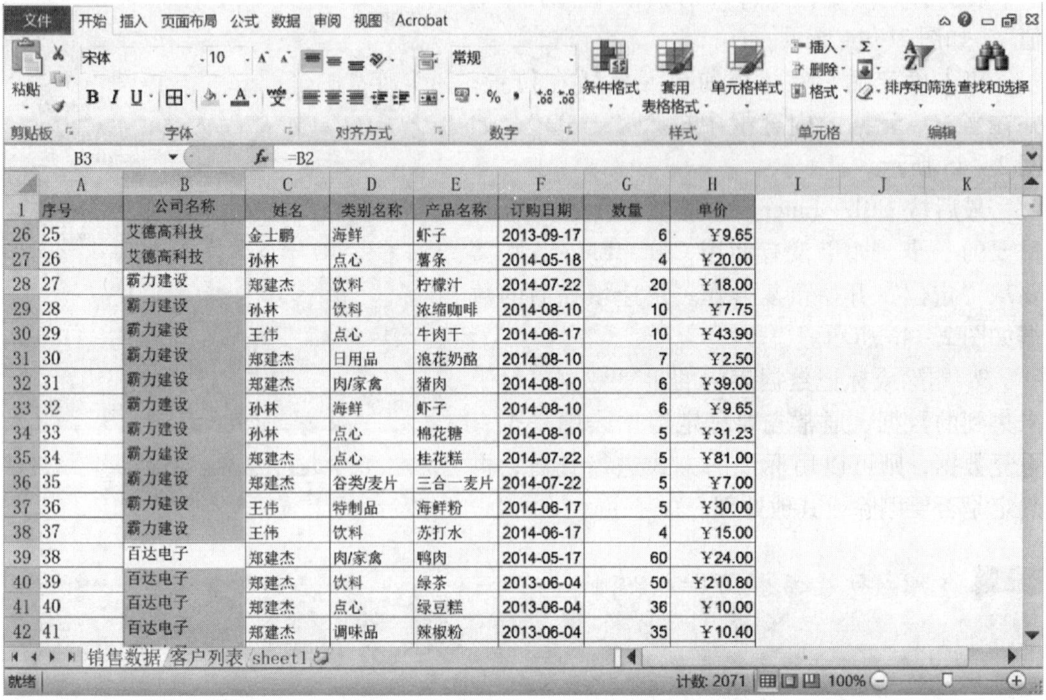

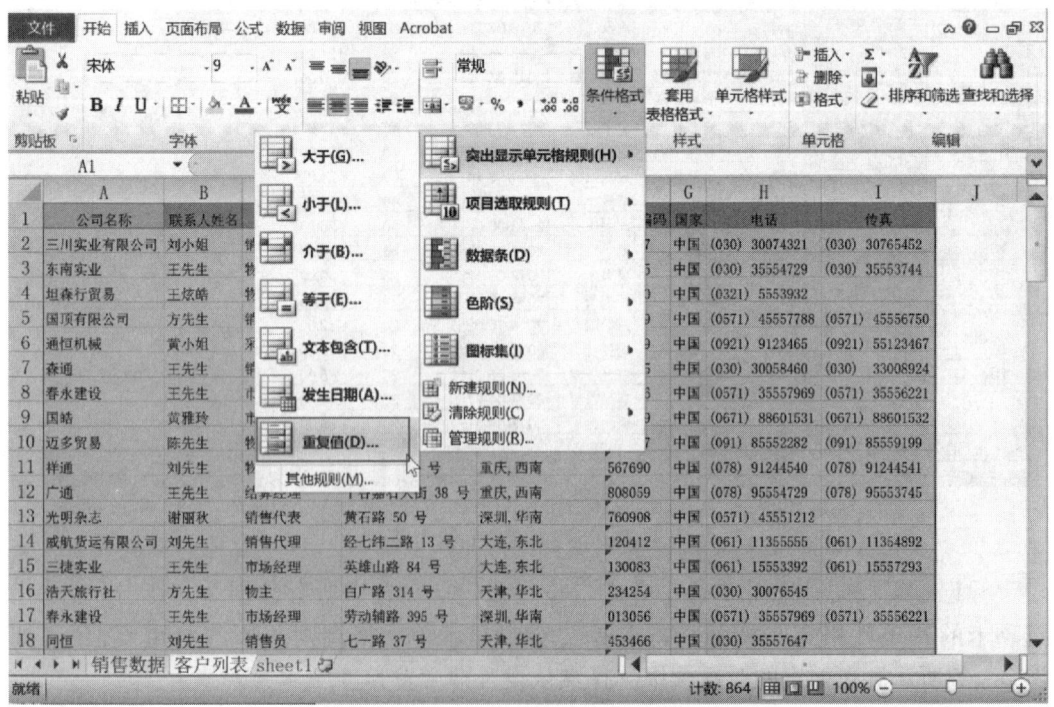

图 2 - 46 补充完整的数据

图 2 - 47 条件格式标记重复值

删除重复记录时，选择"数据"选项卡中的"删除重复项"按钮，在打开的对话框中设定查询重复的列，如果把所有的数据列选中，则表示删除完全重复的多条数据，如图 2-48 所示。点击"确定"，则提示发现了多少重复值，保留了多少唯一值。

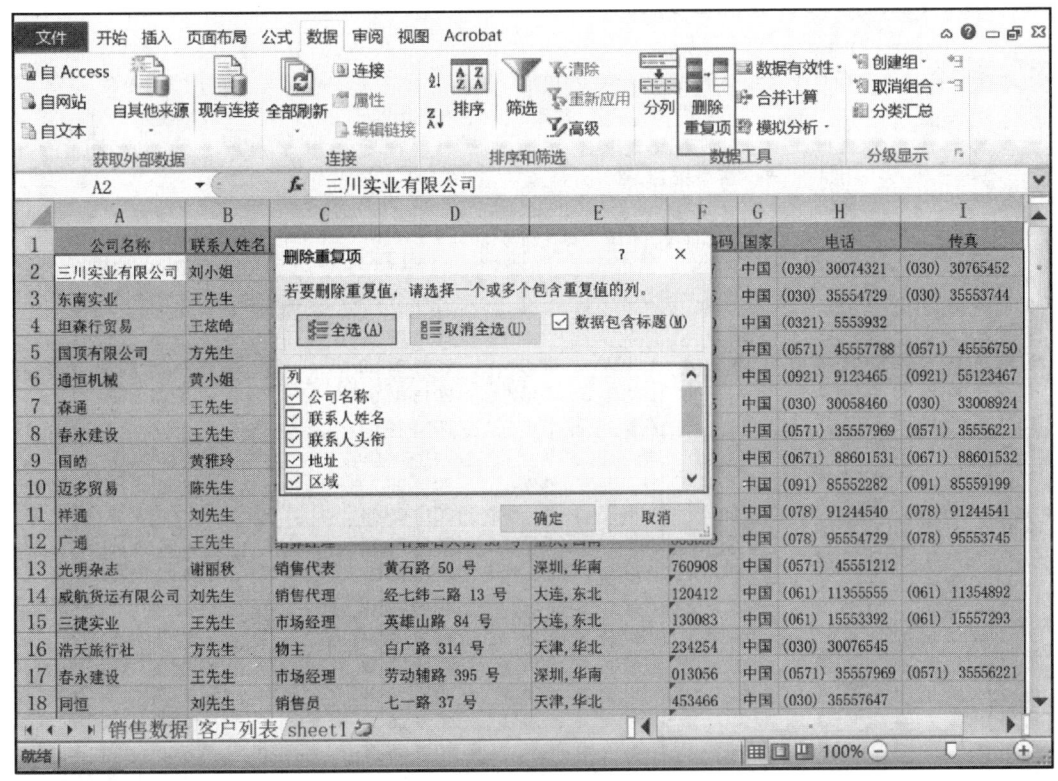

图 2-48　删除重复数据项

4. 将多张数据表中的数据进行合并。根据共同的字段将两张数据表中数据合并，首先要选定两张数据表中重复的字段，例如本题目中的"公司名称"，然后利用 VLOOKUP 函数进行合并。

> VLOOKUP 函数的语法为：
> VLOOKUP(lookup_value, table_array, col_index_num, range_lookup)
> 其中：
> lookup_value：要查找的值
> table_array：要查找的区域
> col_index_num：返回数据在查找区域的第几列
> range_lookup：模糊匹配或精确匹配（通常都采用精确匹配）。

具体操作过程如下。

选中"销售数据"表中的 I1 单元格，输入"区域"，在 I2 单元格输入公式" =

VLOOKUP（B2，客户列表！A：I，5，FALSE）"，其中"B2"表示两张表的重复字段，"客户列表！A：I"表示从"客户列表"数据表中查询的数据范围，"5"表示从"客户列表"数据表获取的字段对象，"FALSE"表示精确匹配。输入公式后确定并填充，为所有数据区获取相匹配的数据。如图2-49所示。

图2-49　数据合并公式

任务4　数据的组别

【任务清单】

利用 Excel 对非数值型数据和数值型数据进行排序分组，并用图形描述。数据对象：Chap2 数据 . xlsx。

1. 对非数值型数据进行分类，汇总该类别相应数据个数，绘制柱状图或条形图进行比较；

2. 对数值型数据进行分组，并绘制直方图观察数据分布情况。

【具体要求】

1. 对非数值型数据的描述。"销售数据"表中商品类别共有 8 种，分别是点心、谷类/麦片、海鲜、日用品、肉/家禽、特制品、调味品和饮料。数据按照"类别名称"

进行排序，并根据各类数据的个数绘制柱状图或条形图，比较不同种类的商品销售量之间的差别，结果如图 2 – 50 所示。

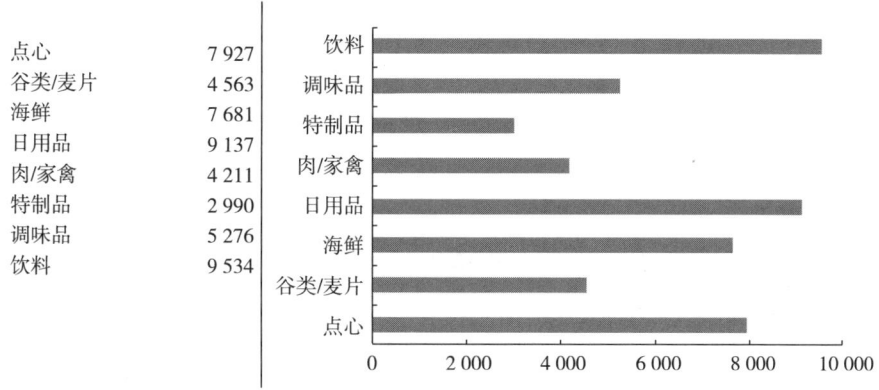

图 2 – 50　数据汇总和图表示意图

2. 对数值型数据的分类描述。对"销售数据"表中各商品的销售数量进行分组，并用直方图进行表示，描述直方图的类型，如图 2 – 51 所示。

【操作示范】

1. 对非数值型数据的描述。

非数值型数据的分组一般比较简单，例如文字描述的商品类别、职工的性别、学生的出生年月等，非数值型数据多表示对象的自然属性。

对非数值型数据的分组刻画在 Excel 中有多种方式，下面分别采用分类汇总、数据透视表两种方法对非数值型数据进行分组表示。

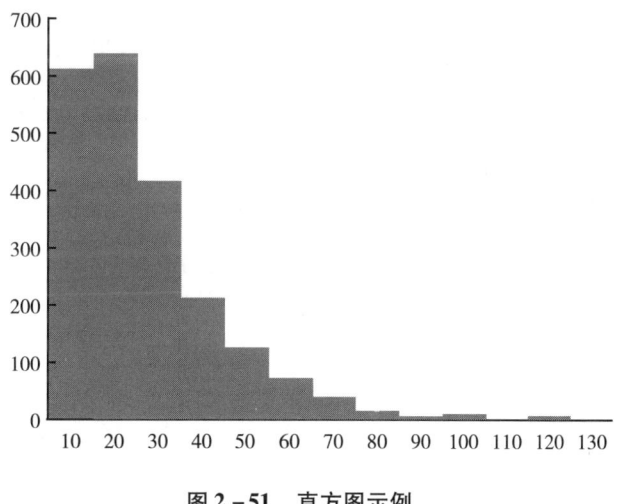

图 2 – 51　直方图示例

（1）分类汇总法。分类汇总的前提是对数据进行排序，所以对"销售数据"表中数据，首先要将合并的单元格内容进行去合并、并快速补全内容（参看任务 3），如果数据表中有合并单元格，则在对整个数据表进行排序时，会出现"此操作要求合并单元格具有相同大小"的提示对话框。

Excel 的数据排序要求当前单元格在数据区中，建议不选择数据域，排序过程会自动识别数据区域。如果要选择，一定注意选择所有的数据字段，否则行之间的数据会混乱。

点击"开始"选项卡中的"排序和筛选"的下拉按钮，选择"自定义排序"（见

图2-52），在弹出的"排序"对话框中选择"类别名称"，点击"确定"按钮（见图2-53）。数据将按照中文序列升序排序（见如图2-54）。

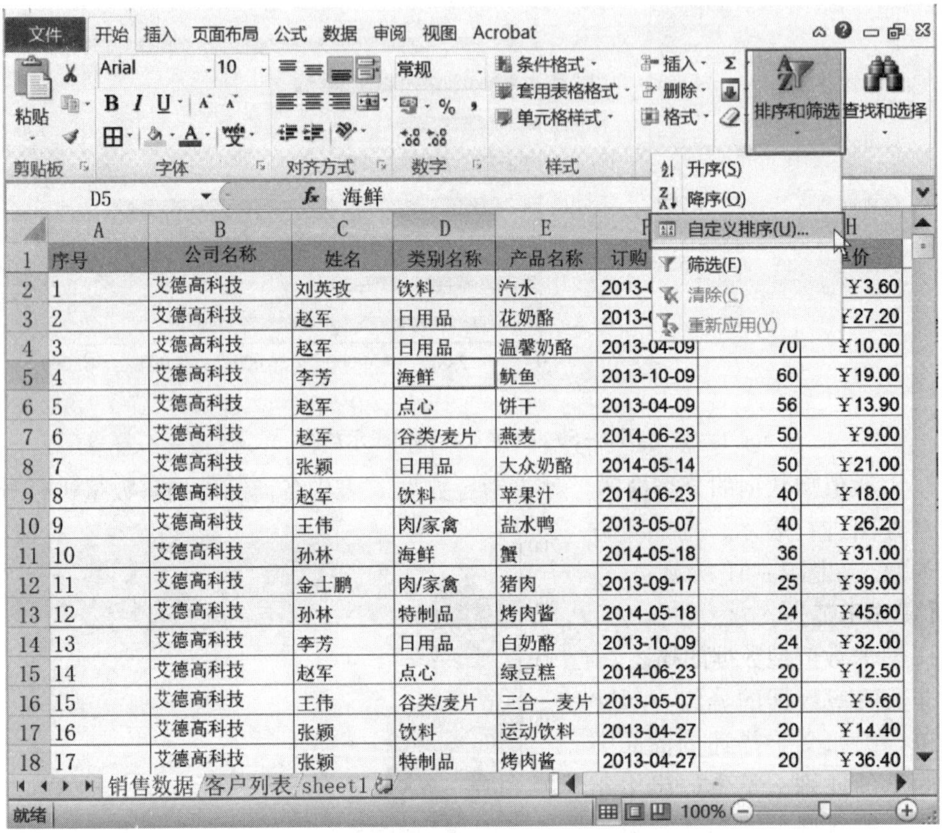

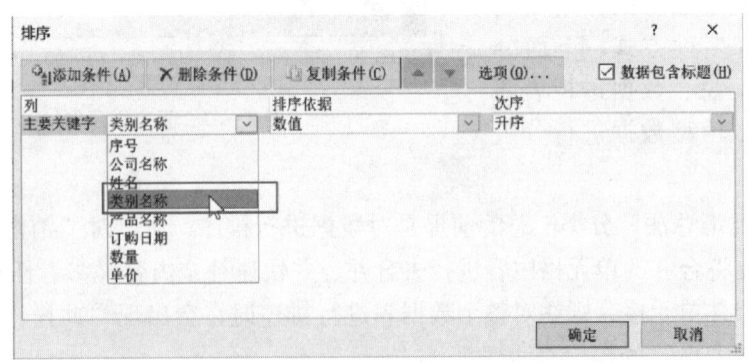

图2-52 数据排序

图2-53 排序对话框

再选择"数据"选项卡，点击"分类汇总"，弹出"分类汇总"对话框，在其中选择"分类字段"为"类别名称"，"汇总方式"为"求和"，"选定汇总项"勾选

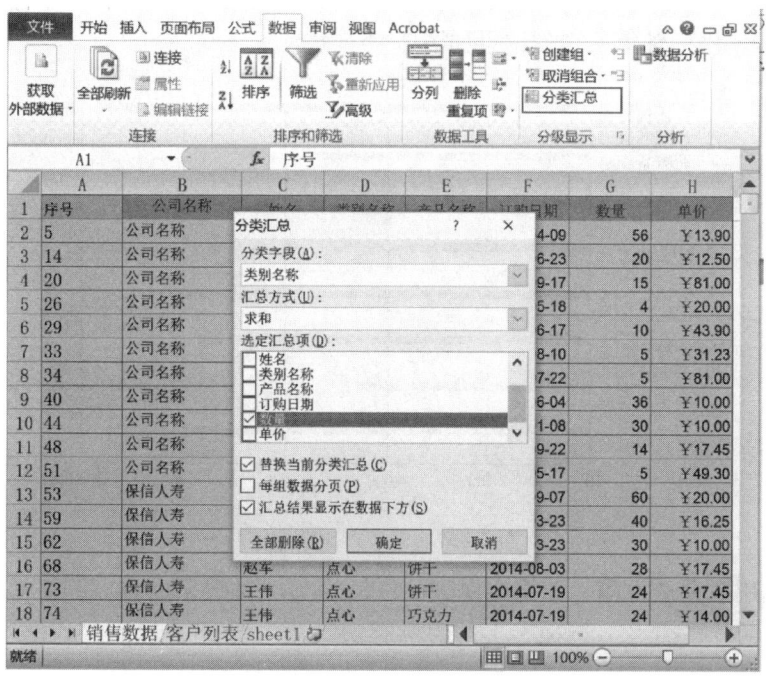

图 2-54 排序后数据

"数量"（见图 2-55）。点击"确定"，则得到数据的分类汇总表示。从左侧的显示级别中选择"2"，则显示各类的销售数量合计值（见图 2-56）。

图 2-55 对数据进行分类汇总

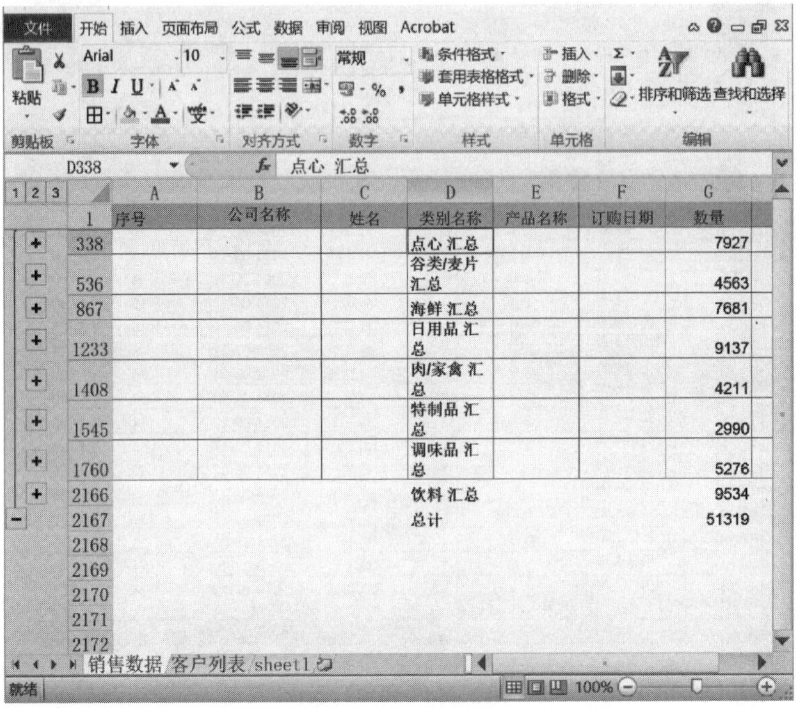

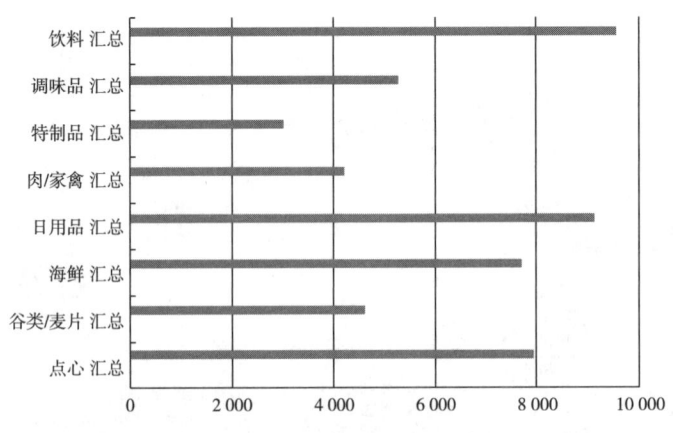

图 2 – 56 数据的汇总结果

选择除了"总计"行外的各类数据，点击"插入"选项卡，选择"柱状图"下的"二维柱形图"，可以得到各类的数据比较柱状图。因为各类名称较长，可更改为"条形图"，并调整坐标轴值，得到结果如图 2 – 57 所示。

图 2 – 57 图表对比数据值

（2）利用数据透视图。数据透视表可以轻松实现对数据的排序和汇总工作。操作过程如下。点击"插入"选项卡下的"数据透视表"按钮，选择"数据透视表"，如图 2 – 58 所示。

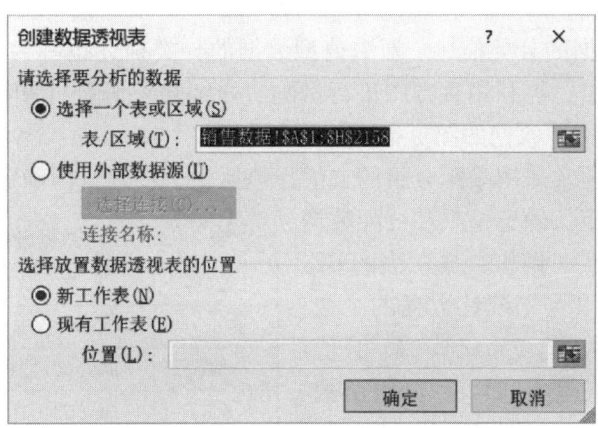

图 2-58　插入数据透视表

在打开的"创建数据透视表"对话框中，如果默认选择的表区域不正确，则需要重新选择，透视表放置位置选择为"新工作表"，如图 2-59 所示。

图 2-59　创建数据透视表对话框

在新表中，将分类的字段拖动到"行标签"下，将汇总的对象拖动到"数值"下，则在左侧的数据区可以看到汇总的结果（见图 2-60）。再根据汇总数据制作柱状图或条形图。

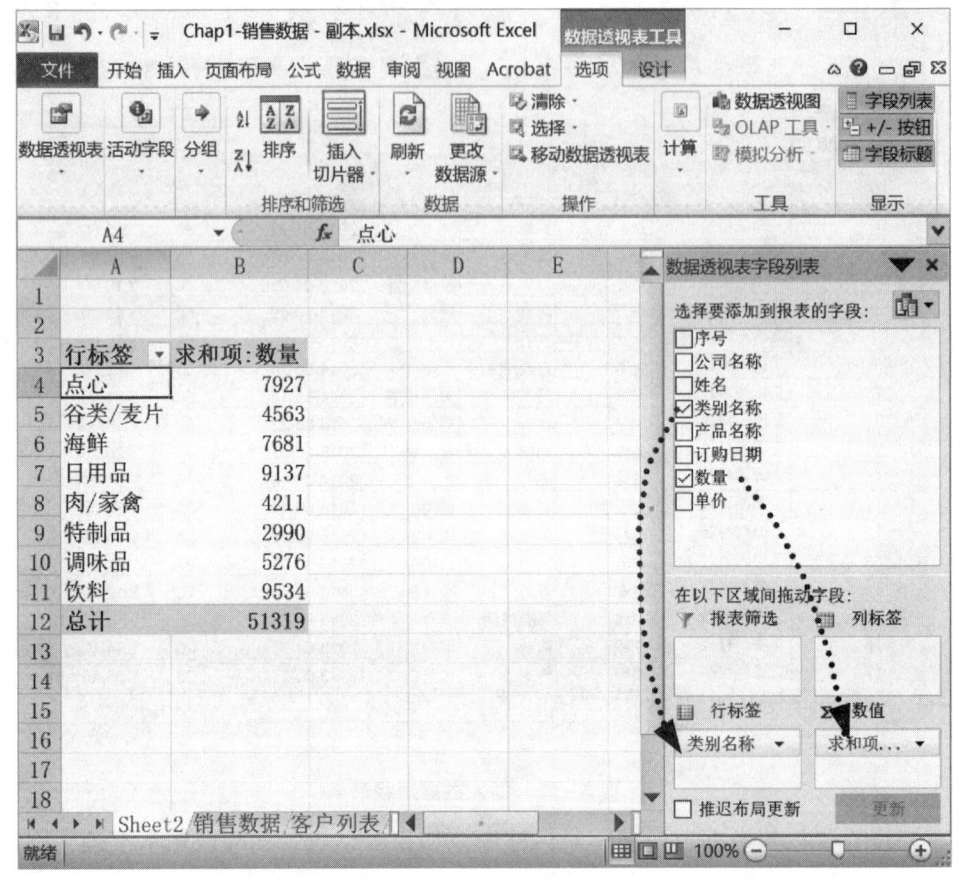

图 2-60　数据透视表字段关系

2. 对数值型数据的分类描述。对数值型数据的分类描述也称为频数分析,需要将数值型数据进行分组,再利用直方图进行刻画。详细知识请看【知识要点】中【数据的排序和分组】以及【数据的图形描述】中的内容。

对数据的分组通常采用等距分组的方法,包括 5 个步骤,即确定数值的取值范围、确定组数、计算组距、确定组限和分配数据。

要分组的数据在"销售数据"表的 G2 到 G2158 区域,所以首先统计数据的个数(n)、数据的最大值(max)、最小值(min)、数据的取值范围(R)、分组个数(K)、组距(d),并根据数值对分组个数和组距进行适当调整。详细公式和结果如表 2-4 所示。

根据组距和最大值最小值,确定各组

表 2-4　　数据分组计算

计算项目	计算公式
n	$= COUNT(G2:G2158)$
max	$= max(G2:G2158)$
min	$= min(G2:G2158)$
R	$= max(G2:G2158) - min(G2:2158)$
K	$= 1 + LOG10(K2)/LOG10(2)$
d	$= K5/K6$

边界，第一组的下限应低于最小变量值，最后一组的上限应高于最大变量值。得到分组结果如表2-5所示。

接下来将数据分配到各个区间中，统计各区间包含的数据个数。在Excel中，可以通过"数据分析"中的"直方图"完成。点击"数据"选项卡下的"数据分析"按钮（如果该选项卡下没有该按钮，可以通过"文件"菜单的"选项"下的"加载项"旁"转到"按钮加载"分析工具库"），在打开的"数据分析"对话框中选择"直方图"，如图2-61所示。

在接下来打开的"直方图"对话框中选择"数量"数据区域作为"输入区域"，"接收区域"选择已经确定的各组上界，"输出区域"选择当前工作表的任意空白单元

表2-5　　　　各组组限

组下界	组上界
0	10
10	20
20	30
30	40
40	50
50	60
60	70
70	80
80	90
90	100
100	110
110	120
120	130

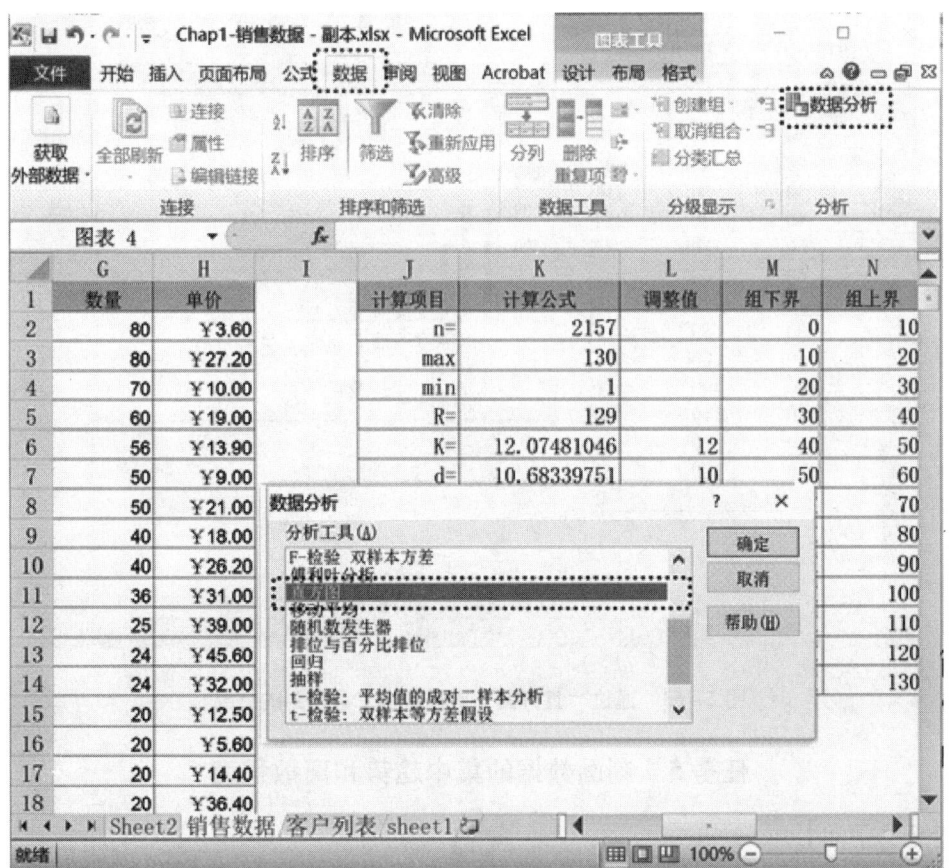

图2-61　数据分析工具直方图

格，勾选"图表输出"（见图 2 –
62）。点击"确定"后，得到各区
间的数据个数和图表表示，如
图 2 – 63 所示。但该图表不是规范
的直方图，需要进行格式调整和修
饰，得到示例图形。

通过数据的直方图可以看出，
该直方图是偏峰的，并且是正偏
态，数据多集中在 0 ~ 40 的区域，
说明多数被订购的商品是价格低于
40 元的。

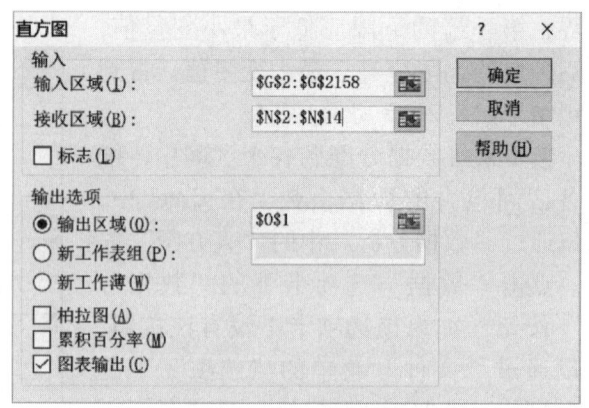

图 2 – 62　直方图数据设定

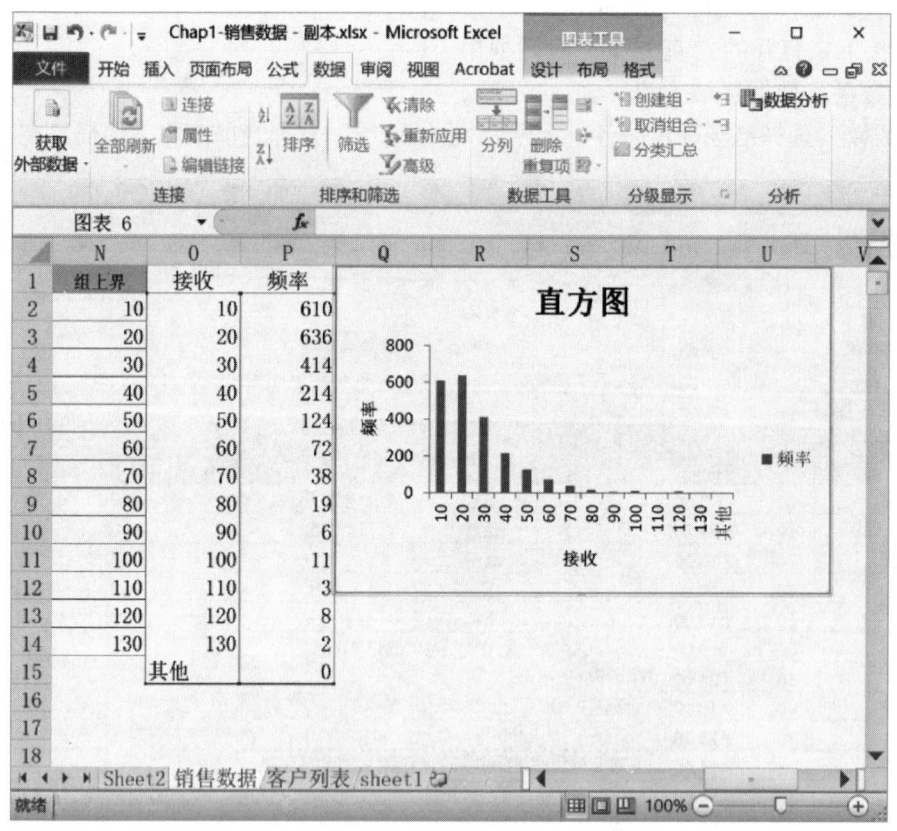

图 2 – 63　通过"直方图"数据分析工具得到的结果

任务 5　刻画数据的集中趋势和离散程度

【任务清单】

对数据的集中趋势和离散程度进行分析，并说明数据分布的偏态和峰度。数据对

象：Chap2 数据 . xlsx。

【具体要求】

针对"销售数据"表中的"数量"值，计算数据的集中趋势代表值：均值、中位数和众数。再计算描述数据离散程度的量：极差、标准差和方差。计算表示数据分布的偏态和峰度的系数值。

【操作示范】

在 Excel 中，对于数据集中趋势和离散程度，可以分别使用函数实现，对应关系如表 2 − 6 所示。

表 2 − 6   Excel 中计算集中趋势和离散程度值的函数

值	函数名称	函数语法
均值	AVERAGE	AVERAGE（number1，number2，…）
中位数	MEDIAN	MEDIAN（number1，number2，…）
众数	MODE	MODE（number1，number2，…）
标准差	STDEV. S	STDEV. S（number1，number2，…）
方差	VAR. S	VAR. S（number1，number2，…）
偏度	SKEW	SKEW（number1，number2，…）；如果 SKEW 函数参数中的数据点个数少于 3 个，或样本标准差为 0，则该函数将会返回错误值#DIV/0！
峰度	KURT	KURT（number1，number2，…）；如果数据点的个数少于 4 个，或样本标准偏差等于 0，则该函数将会返回#DIV/0 错误值

在上面数值中，对于标准差和方差，因为是仅计算样本的标准差和方差，而不是用其作为总体的表示值，所以不用 STDEV. P 和 VAR. P。

离散系数没有单独的公式，需要根据离散系数的计算公式进行计算得到。

如果要同时获得数据的这些代表值，可以利用"数据"选项卡下的"数据分析"工具，在"数据分析"对话框中选择"描述统计"，如图 2 − 64 所示。确定后在出现的"描述统计"对话框中设定"输入区域"为"数量"的数据区，"分组方式"选择"逐列"，"输出区域"选择当前工作表中空白单元格，勾选"汇总统计"（见图2 − 65）。点击"确定"后得到数据结果（见图 2 − 66）。

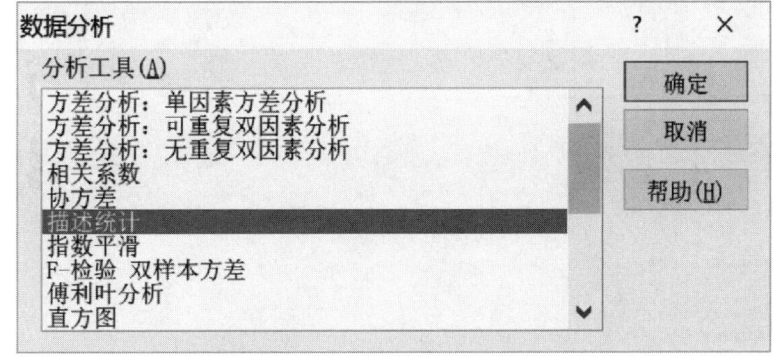

图 2 − 64   "描述统计"数据分析工具

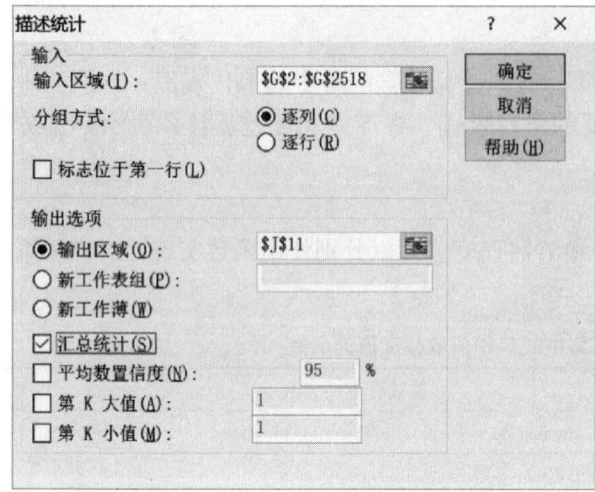

图 2 - 65　描述统计计算的设置　　图 2 - 66　描述统计计算结果

根据计算的结果，均值大于中位数和众数，且偏度大于 0，是正偏的，绝大多数的值在均值的左侧。离散程度是多组数据之间比较的参考值，此处只有一组数据，所以不能用标准差和离散系数得出数据离散程度大或小的结论，仅能表示该组数据的标准差为 19.03，离散系数（标准差/均值）为 0.8。

五、能力拓展

前面我们描述了我国 P2P 发展的现状，本章数据 Chap2 - P2P - 1. txt 和 Chap2 - P2P - 2. txt 描述了各网贷平台在不同区域的发展情况，根据数据对 P2P 网贷平台进行分析：

1. 将两个文本文件导入 Excel，并合并到一张工作表中。

2. 分别比较各 P2P 平台（由 platNumber 标识各平台）的平均增长率、2014 年到 2016 年平均增长率，并通过柱状图进行展示。

3. 对各区域（ID）的网贷产品数量（Amount）、数量增长率（Amount Growth-Rate）进行分组，并绘制直方图，再描述其集中趋势和离散程度。

互联网金融系列教材
HULIANWANG JINRONG XILIE JIAOCAI

项目三

从数据看总体

一、学习目标

◇ 理解总体和抽样之间的关系
◇ 掌握利用样本对总体参数进行估计的方法
◇ 掌握确定抽样调查样本容量的方法
◇ 能够利用 Excel 完成点估计、区间估计和样本容量的计算

二、项目背景　移动互联网营销

如今的营销环境基本上可以用三个词来总结："移动化、碎片化、场景化"。大家已经不再局限于每周、每月的固定时间里，在固定的购物场所进行消费。而是转变为随心所欲的全天候、多渠道的消费，消费者可以在任何时间、任何地点，通过任何方式购买他们所喜欢的商品。无论是智能手机销量的暴增，还是人们花在智能手机上时间越来越长，都足以证明整个营销环境的移动化。

移动互联网营销就是指使用手机、掌上电脑、笔记本电脑等移动通信设备与无线上网技术结合所构成的一个互联网营销体系。同时采用国际先进移动信息技术，整合了互联网与移动通信技术，将各类网站及企业的大量信息及各种各样的业务引入到移动互联网之中，为企业搭建一个适合业务和管理需要的移动信息化应用平台，提供全方位、标准化、一站式的企业移动商务服务和电子商务的全新营销策略。

（一）移动互联网营销的特征

1. 能够实现精准客户目标定位。在移动互联网没有大行其道之前，网络用户在网络上并没有一个统一并且准确的标签。网络时代的一句名言"你永远不知道网络的对面是一个人还是一条狗"。但这种情况在移动互联网时代发生了变化。首先，构成移动互联网的移动终端是私有的，并且通常代表着一个真实的用户，目前移动终端从设备区分来看，智能手机用户最多，据数据统计，国内通过手机接入互联网的用户目前有3.88亿人，其中智能手机用户覆盖超过了47%。同时，移动互联网时代 UGC（用户产生内容）的流行，使得用户的个性化、定制化以及价值主张有机会得到充分实现，移动用户通过移动互联网有了更多的分享热情，从而实现其自身价值，因此也诞生了

"自媒体"这个词汇。综合移动用户在网络上的言论、消费路径等信息，可以较为准确地为用户在网络上描绘出其身份特征。此外，现阶段蓬勃发展的社交媒体实现将网络用户按照职业、年龄、兴趣爱好、关系等链接进行聚合，在聚合基础上进行分析和跟踪，对用户数据进行深度挖掘，可以使用标签的形式对网络用户进行群分，这种用户分类信息的确定性，为移动互联网营销提供了坚实而庞大的信息基础。

2. 营销碎片化。智能终端的便携性和日益普及的联网环境使得手机用户可以随时随地通过手机终端实现购物，相比较网络时代电脑终端的使用时间，移动互联网用户的使用时间是完全碎片化的。移动互联网带来的革命为企业创造了一个与消费者更加亲密的接触良机。网络的终端化将彻底改变一对一的营销理念，让企业可以直接面向正在购物的移动消费者。因此，企业的营销活动更多地针对移动用户注意力焦点的变化以及上网时间的碎片化，以充分利用消费者的碎片化时间，让企业和消费者之间通过移动互联网有更多机会进行沟通和互动。

3. 营销内容的个性定制化。移动互联网用户呈现出较高的年轻化趋势。年青一代用户追求时尚、追求个性以及实现自我价值的主张，他们对于用户体验有着较强的挑剔性。对于营销来说，传统的广告式的营销内容已经无法满足个性化的需求。企业需要在营销活动中更加贴近消费者，从情感上激发消费者感同身受的体验。因此，企业在营销内容上要为移动互联网用户量身定制，以满足客户逐渐提高的个性化定制要求。

（二）移动互联网营销模式

移动互联网经过这几年的发展，已经出现了几种成熟的应用和平台，比如微博、微信。一方面，这些媒体平台是非常有效的信息传播平台，同时又是网络用户的聚合平台，它们为营销者提供了良好的营销受众群体和优质的信息沟通渠道。

1. 微信营销。微信拥有庞大的用户群，借助移动终端、天然的社交和位置定位等优势，每个信息都是可以推送的，能够让每个个体都有机会接收到这个信息，继而帮助商家实现点对点精准化营销。

微信营销是网络经济时代企业或个人营销模式的一种，是伴随着微信的火热而兴起的一种网络营销方式。微信不存在距离的限制，用户注册微信后，可与周围同样注册的"朋友"形成一种联系，订阅自己所需的信息，商家通过提供用户需要的信息，推广自己的产品，从而实现点对点的营销。微信营销主要体现在以安卓系统、苹果系统的手机或者平板电脑中的移动客户端进行的区域定位营销，商家通过微信公众平台，结合转介率微信会员管理系统展示商家微官网、微会员、微推送、微支付、微活动，已经形成一种主流的线上线下微信互动营销方式。

微信营销的形式灵活多样，如公众平台、微信商品、朋友圈、LBS、漂流瓶等。在微信公众平台上，每个人都可以打造自己的微信公众账号，并在微信平台上实现和特定群体的文字、图片、语音的全方位沟通和互动。通过微信开放平台，应用开发者可以接入第三方应用，还可以将应用的LOGO放入微信附件栏，使用户可以方便地在会话中调用第三方应用进行内容选择与分享。微信商城是由商户申请获得微信支付权限并开设微信店铺的平台，商户申请了微信支付后，利用微信的开放资源搭建微信店铺。

微信的另一个功能模块"朋友圈"是一种在朋友之间进行信息分享和交流的平台，属于熟人社交模式。微信用户往往会在自己的朋友圈中分享一些精彩内容，比如夸赞某一家餐厅，或者分享美食照片，等等。这种用户的熟人圈里的自主扩散行为，正好符合商家利益，这是一种变相的移动互联网下的口碑营销。微信的朋友圈和会员卡共同作用于营销活动中，也能起到效果加成的作用。

2. 微博营销。2009 年，新浪微博上线运营，截至 2015 年，新浪微博活跃用户数为 2.22 亿。微博营销是指通过微博平台为商家、个人等创造价值而执行的一种营销方式，也是指商家或个人通过微博平台发现并满足用户的各类需求的商业行为方式。微博营销以微博作为营销平台，每一个听众（粉丝）都是潜在的营销对象，企业利用更新自己的微型博客向网友传播企业信息、产品信息，树立良好的企业形象和产品形象。每天更新内容就可以跟大家交流互动，或者发布大家感兴趣的话题，这样来达到营销的目的，这样的方式就是互联网新推出的微博营销。该营销方式注重价值的传递、内容的互动、系统的布局、准确的定位，微博的火热发展也使得其营销效果尤为显著。

微博信息短小，但传播力强，在成本上，信息的发布门槛低，成本远小于广告。与传统的大众媒体（报纸，流媒体，电视等）相比，受众同样广泛，前期一次投入，后期维护成本低廉。微博最显著的特征之一就是其传播迅速。一条微博在触发微博引爆点后，短时间内互动性转发就可以抵达微博世界的每一个角落，达到短时间内最多的目击人数。微博营销可以借助许多先进的多媒体技术手段，从多维角度等展现形式对产品进行描述，从而使潜在的消费者更形象直接地接受信息。

微博营销是投资少、见效快的一种新型的网络营销模式，其营销方式和模式可以在短期内获得最大的收益。从技术上，微博营销可以同时方便地利用文字、图片、视频等多种展现形式。从人性化角度上，企业品牌的微博本身就可以将自己拟人化，更具亲和力。微博信息支持各种平台，包括手机、电脑与其他传统媒体。同时传播的方式有多样性，转发非常方便。微博利用名人效应能够使事件的传播量呈几何级放大。同时，微博营销方式能够使得营销人员或商家与粉丝即时沟通，及时获得用户反馈。

3. APP 营销。APP 营销指的是应用程序营销，这里的 APP 就是应用程序 Application 的意思。APP 营销是通过特制手机、社区、SNS 等平台上运行的应用程序来开展营销活动。随着智能手机和 iPad 等移动终端设备的普及，人们逐渐习惯了使用 APP 客户端上网的方式，而目前国内各大电商，均拥有了自己的 APP 客户端，这标志着，APP 客户端的商业使用，已经开始初露锋芒。

不仅如此，随着移动互联网的兴起，越来越多的互联网企业、电商平台将 APP 作为销售的主战场之一。泽思网络的数据表明，APP 给手机电商带来的流量远远超过了传统互联网（PC 端）的流量，通过 APP 进行盈利也是各大电商平台的发展方向。事实表明，各大电商平台向移动 APP 的倾斜也是十分明显的，原因不仅仅是每天增加的流量，更重要的是由于手机移动终端的便捷，为企业积累了更多的用户，更有一些用户体验不错的 APP 使得用户的忠诚度、活跃度都得到了很大程度的提升，从而为企业的创收和未来的发展起到了关键性的作用。

APP 本身具有很强的实用价值，用户通过应用程序可以帮助让手机成为一个生活、学习、工作上的好帮手，是手机的必备功能，每一款手机都或多或少地有一些应用。在使用 APP 进行营销时，最重要的是增加用户黏性，吸引用户使用和更新 APP。以 Nike公司的 APP 营销为例，Nike 公司的产品中有一个系列叫做 Nike +，Nike 在这个系列产品中植入了传感器，传感器会监控运动装备的使用情况，反馈给配套的软件应用，从而使消费者可以随时查看自己的运动历史，进而对数据进行分析，实现个人健康指导等相关服务。Nike 公司针对这个产品系列开发了很多与体育锻炼活动相关的 APP 应用，包括 Nikeplus 在内的众多应用，可以帮助用户记录自己的运动信息，培养用户的运动习惯，在全球范围内推广 Nike 的运动精神，传播健康的体育运动理念。

（三）基于数据的移动互联网营销

做营销方案需要数据分析，市场调查需要数据反馈，做活动也没法脱离数据。与文字描述相比，数据更有说服力。

基于数据的移动互联网营销基本过程是指在定义商业问题之后，采集和处理数据、建模分析数据、解读数据这三大过程。随着大数据的应用越来越广，基于数据的营销逐渐过渡到基于大数据的营销，但基本的过程和原理不变，改变的是方法和手段。

传统采集数据的过程一般是有限地、有意识地、结构化地进行数据采集，例如问卷调研的形式，数据的结构化较好。一般的数据库 Mysql 甚至 Excel 就能满足数据处理过程。而在互联网时代，大数据的采集过程基本是无限的、无意识的、非结构化的数据采集。各种纷繁复杂的行为数据以行为日志的形式上传到服务器。

在对数据进行建模分析时，使用的数据分析模型仍主要基于基本统计、机器学习，例如数据挖掘的分类、聚类、关联、预测等算法，传统数据和大数据的做法差别不大，但是由于数据量的极大扩增，对算法采用了优化和提升。

数据指导营销最重要的是解读。在定义营销问题之后，采集对应的数据，然后根据确定的建模或分析框架，对数据进行分析，验证假设，进行解读。大数据在原有解读的基础上，提供了一种新的可能性，既可以根据营销问题，封闭性地去挖掘对应数据进行验证，也可以开放性地探索，得出一些可能与常识或经验判断完全相异的结论，解读的点变得更加丰富。

在数据分析的基础上，商户能够聚焦精准用户群体，通过大数据平台收集消费者社会属性、生活习惯、消费行为等主要信息，绘制出一个个用户的商业全貌，即为"用户画像"。通过数据分析出用户的年龄、性别、地域、购买能力、行为特征、兴趣爱好、心理特征、移动设备、社交网络等，进行用户标签化。在此基础上，分析用户的内在需求，针对目标群体利用线上的活动进行营销。构建智能推荐系统，利用后台统计的数据，对人群的特征分类，从而实现对服务或产品进行私人定制，即个性化的服务某类群体甚至某一位用户。比如，某餐饮店原本想推出一款面向 5～10 岁儿童午餐，但通过用户画像分析结果得出，曾经消费过的人群中偏爱吃比萨的比重基数较大，商家即可通过比萨的多种优惠方式来提高消费者的消费兴趣，这就相当于为商家提供了非常客观有效的决策依据，减少试错成本。

移动互联网逐渐跨入大数据时代，不可避免地为企业与消费者行为习惯带来一系列的改变与重塑。其中消费者的消费方式变得更加难以捉摸，对于商户而言，该如何聚焦目标用户群体变得尤为重要。真正的精准营销就是要挖掘并满足消费者的内在需求，不仅仅是简单的相关联。

三、知识要点

（一）总体和样本

前一章我们已经介绍了抽样调查的概念，抽样调查是按照随机原则从调查对象（总体）中抽取一部分单位进行调查，用调查所得指标数值对调查对象相应指标数值作出具有一定可靠性的估计和推断的一种统计调查方法。在抽样调查中，总体和样本是两个重要概念，正是因为总体和样本之间有一定的数学规律，才能够通过调查的数据作出总体的推断。

1. 总体。总体指所要认识的研究对象的全体，它是由所研究范围内具有某种共同性质的全体单位所组成的集合体。例如，要研究××城市职工的生活水平，则该城市全部职工即构成总体。

总体分为变量总体和属性总体两大类，其中变量总体是用数值型数据进行表示的对象，例如居民收入、货币发行量等。属性总体是用非数值型数据表示的，例如居民的性别构成、产品是否是合格品等。

对于变量总体，根据数值可取值的数目分为无限总体和有限总体。无限总体所包含的值无限多。这种无限既包含可列的无限变量，如1，2，3，…也可以是某个区间上的不可列无限变量，如0~1区间上所有的小数。有限总体所包含的值是有限的，可以按顺序加以一一列举。

2. 样本。样本是从总体中随机抽取出来的一部分所组成的集合体，如图3-1所示。

一次抽样所包含的样本个数称为样本的容量。样本容量大，抽样误差会较小；反之，样本容量过小，将导致抽样误差增大，甚至失去抽样推断的价值。因此，在抽样设计中应根据调查目的认真考虑合适的样本容量。一般来说，样本单位数超过30的样本称为大样本，不超过30的称为小样本。社会经济现象的抽样调查多

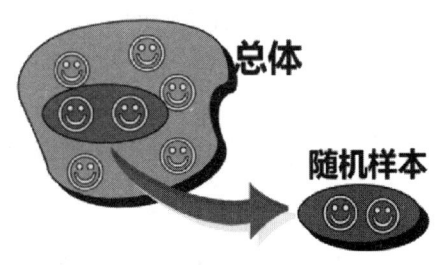

图3-1 总体和样本关系示意图

取大样本，而自然实验观察多取小样本。以很小的样本来推断很大的总体，这是抽样调查的一个特点。

样本个数是指从一个总体中可能抽取多少个样本。样本个数的多少与抽样方法有关。抽样方法有重复抽样和不重复抽样，重复抽样是指从总体中抽取一个对象并记录相应值后，将该对象放回，下次该对象可能会被再次抽到。不重复抽样指从总体中抽取一个对象并记录相应值后，该对象不放回，不会被重复抽取到。不重复抽样的抽样

平均误差小于重复抽样的抽样平均误差。

3. 总体参数。根据总体各单位标志值或标志属性计算的、反映总体某种属性的综合指标，称为全及指标，也称为"总体参数"或"母体参数"。总体参数是总体变量的函数，由于总体是唯一确定的，根据总体计算的总体参数也是唯一确定的。常用的总体参数有：总体平均数 μ、总体标准差 σ、总体方差 σ^2 和总体比率（比例）P。

（1）总体平均数。设总体变量 X 有 N 个取值：X_1，X_2，$\cdots$，X_N，则总体平均数：

$$\mu = \frac{X_1 + X_2 + \cdots + X_N}{N} = \frac{\sum\limits_{i=1}^{N} X_i}{N} \tag{3.1}$$

（2）总体标准差和方差。总体标准差和方差都是测量总体数值离散程度的指标。设总体变量 X 有 N 个取值：X_1，X_2，$\cdots$，X_N。则总体标准差为

$$\sigma = \sqrt{\frac{\sum\limits_{i=1}^{N} (X_i - \mu)^2}{N}} \tag{3.2}$$

总体方差为

$$\sigma^2 = \frac{\sum\limits_{i=1}^{N} (X_i - \mu)^2}{N} \tag{3.3}$$

（3）总体成数（比率）。对于属性总体，由于各单位标志不能用数量来表示，只能用一定的文字来加以描述，所以，就应计算结构相对指标，称为总体成数或总体比率。总体比率常以大写英文字母 P 来表示总体中具有某种性质的单位数在总体全部单位数中所占的比例。

设总体 N 个单位中，有 N_1 个单位具有某种性质，N_0 个单位不具有某种性质，$N_1 + N_0 = N$，则具有某种属性的单位数所占的比例为

$$P = \frac{N_1}{N} \tag{3.4}$$

不具有某种属性的单位数所占的比例为

$$1 - P = \frac{N_0}{N} \tag{3.5}$$

4. 抽样指标。根据样本各值计算的、反映样本属性的指标称为抽样指标。和总体指标相对应的有抽样平均数 $\bar{x}$、样本标准差 S、样本方差 S^2 和抽样比率 p 等。$\bar{x}$ 和 p 用小写英文字母表示，用以和总体参数相区别。

（1）样本平均数、标准差和方差。设样本有 n 个值：x_1，x_2，$\cdots$，x_n，则样本平均数为

$$\bar{x} = \frac{x_1 + x_2 + \cdots + x_n}{n} = \frac{\sum\limits_{i=1}^{n} x_i}{n} \tag{3.6}$$

样本标准差为

$$S = \sqrt{\frac{\sum_{i=1}^{n} (x_i - \bar{x})^2}{n - 1}} \tag{3.7}$$

样本方差为

$$S^2 = \frac{\sum_{i=1}^{n} (x_i - \bar{x})^2}{n - 1} \tag{3.8}$$

（2）抽样成数（比率）。设样本 n 个单位中有 n_1 个单位具有某种属性，n_0 个单位不具有某种属性，$n_1 + n_0 = n$，p 为样本中具有某种属性的单位数所占的比重，抽样成数（比率）为

$$p = n_1/n \tag{3.9}$$

$1 - p$ 为样本中不具有某种属性的单位数所占的比重，抽样比率为

$$1 - p = n_0/n \tag{3.10}$$

5. 抽样调查的理论基础。抽样调查是建立在概率论大数定律和中心极限定理基础上的。大数定律的一系列定理和中心极限定理为抽样调查提供了数学依据。

大数定律是阐明大量随机现象平均结果的稳定性的一系列定理的总成。人们在观察个别事物时，是连同一切个别的特性来观察的。个别现象受偶然因素的影响，各有各的表现。但是，对总体大量观察后再进行平均，就能使偶然因素的影响相互抵消，消除由个别偶然因素引起的极端性影响，从而使总体平均数稳定下来，反映出事物变化的一般规律。即随着抽样单位数 n 的增加，样本平均数 $\bar{x}$ 有接近总体平均数 μ 的趋势，这一可能性的概率可以尽可能地接近于 1。这就是大数法则的意义。

大数定律论证了样本平均数趋近于总体平均数的趋势，这为抽样调查提供了重要的理论依据。但是，抽样平均数和总体平均数离差究竟有多大？或者说，这个差别不超过一定范围的概率有多大？这个问题由概率论中的中心极限定理来回答。

在客观实际中，总体服从正态分布的条件不会总是成立的。但如果总体存在有限的平均数和方差，那么，不论这个总体的分布如何，随着样本容量 n 的增加，样本平均数的分布趋近于正态分布。

定理 3.1　中心极限定理：随机变量 x_1，x_2，$\cdots$，x_n 相互独立，且服从同一分布，该分布存在有限的期望和方差：$E(x_i) = \mu$，$\sigma^2(x_i) = \sigma^2$，$i = 1, 2, \cdots$。当 n 趋于无穷大时，算术平均数 $\bar{x} = (\sum_{i=1}^{n} x_i)/n$ 近似服从正态分布，即

$$\bar{x} \sim N(\mu, \sigma/\sqrt{n}) \tag{3.11}$$

中心极限定理为抽样误差的概率估计提供了理论基础。

6. 抽样误差。重温抽样调查的目的：利用样本指标来估计总体参数。用抽样指标来估计总体参数是否可行，关键问题在于抽样误差。抽样误差的大小表明抽样效果的好坏，如果误差超过了允许的限度，抽样也就失去了价值。

抽样误差是指由于抽样的随机性而带来的偶然的代表性误差，例如××班级 50 名

同学中有 30 名男同学和 20 名女同学，现在随机抽取 5 名同学为样本，由于随机的原因未必都能抽到 3 名男同学和 2 名女同学，使得利用样本计算的性别比例指标不能代表班级同学的性别比例指标，而发生样本指标和总体指标之间存在绝对离差，这就是抽样误差。

抽样误差包括抽样实际误差和抽样平均误差两种。抽样实际误差是指某一样本指标与被它估计的总体指标之间数值的差异，如样本平均数与总体平均数的绝对离差 $|\bar{x} - \mu|$，抽样比率与总体比率的绝对离差 $|p - P|$ 等。由于样本是按随机原则抽选的，从同一总体抽取样本容量相同的样本可以有多种不同的抽取发法，每个样本都有自己的样本指标，因此抽样实际误差不是一个确定的值。

抽样平均误差就是反映抽样误差一般水平的指标，是指所有可能出现的样本指标的标准差，也可以说是所有可能出现的样本指标和总体指标的平均离差。抽样平均数的平均误差用 $\mu_{\bar{x}}$ 表示，抽样比率的平均误差用 μ_p 表示，如果样本个数为 M，则

$$\mu_{\bar{x}} = \sqrt{\frac{\sum (\bar{x} - \mu)^2}{M}} \tag{3.12}$$

$$\mu_p = \sqrt{\frac{\sum (p - P)^2}{M}} \tag{3.13}$$

计算示例：假设总体为 2、3、4，总体均值为 3。现在对总体进行抽样，样本容量为 2，进行 10 次重复抽样，抽样结果如表 3 - 1 所示。表中的"样本平均数"表示每次抽样得到的样本平均值，根据每次样本均值和总体均值的差平方，计算得到抽样平均数的平均误差 $\mu_{\bar{x}} = 0.5477$。

表 3 - 1   抽样平均数的平均误差计算示例

序号	样本总量		样本平均数	$(\bar{x} - \mu)^2$
	(1)	(2)		
1	2	2	2	1
2	2	3	2.5	0.25
3	2	4	3	0
4	3	2	2.5	0.25
5	3	3	3	0
6	3	4	3.5	0.25
7	4	2	3	0
8	4	3	3.5	0.25
9	4	4	4	1
10	3	3	3	0
$\mu_{\bar{x}} = \sqrt{\dfrac{\sum (\bar{x} - \mu)^2}{M}}$				0.5477

上面计算抽样平均误差方法在实际的情况下是不可行的，因为一方面抽样的次数可能很多，另一方面，总体参数是不知道的，因为如果总体参数已经知道，抽样就没有任何必要。所以，在实际的应用中，需要其他的公式来计算抽样的平均误差。

　　（1）重复抽样下抽样平均误差的计算。抽样平均数的平均误差：

$$\mu_{\bar{x}} = \sqrt{\frac{\sigma^2}{n}} = \frac{\sigma}{\sqrt{n}} \tag{3.14}$$

式中，σ 为总体标准差，n 为样本容量，在总体标准差 σ 未知，且样本单位数较大时，可以用样本标准差代替。

　　由式（3.14）可以看出，抽样平均误差与总体标准差成正比关系，总体标准差越大，抽样平均误差越大，通体标准差越小，抽样平均误差也越小。抽样平均误差与抽样容量的平方根成反比关系，因此要减小抽样平均误差，需要增大样本容量。

　　抽样比率的平均误差：

$$\mu_p = \sqrt{\frac{\sigma_P^2}{n}} = \sqrt{\frac{P(1-P)}{n}} \tag{3.15}$$

式中，σ_P 为总体不具有某种属性的标准差，n 为样本容量。

　　（2）不重复抽样下抽样平均误差的计算。抽样平均数的平均误差：

$$\mu_{\bar{x}} = \sqrt{\frac{\sigma^2}{n}\left(\frac{N-n}{N-1}\right)} \approx \sqrt{\frac{\sigma^2}{n}\left(1-\frac{n}{N}\right)} \tag{3.16}$$

　　抽样比率的平均误差：

$$\mu_p = \sqrt{\frac{\sigma_P^2}{n}\left(\frac{N-n}{N-1}\right)} = \sqrt{\frac{P(1-P)}{n}\left(\frac{N-n}{N-1}\right)} \approx \sqrt{\frac{P(1-P)}{n}\left(1-\frac{n}{N}\right)} \tag{3.17}$$

　　不重复抽样与重复抽样相比，抽样平均误差公式多了一个修正系数 $\sqrt{\frac{N-n}{N-1}}$，当 N 很大时，$\frac{N-n}{N-1} \approx 1-\frac{n}{N}$。所以，在其他条件相同的条件下，不重复抽样的抽样误差要小于重复抽样的抽样误差。当 N 很大时，不论用重复抽样还是不重复抽样公式计算抽样平均误差，其结果相差无几。因为如果 N 很大，$\frac{n}{N}$ 就很小，$1-\frac{n}{N}$ 近似等于 1。因此，从无限总体中抽样时，无论用重复抽样还是不重复抽样方法，都可以用重复抽样的抽样平均误差公式来计算。对于有限的总体，如果样本容量小于总体容量的 5% 时，也用重复抽样的抽样平均误差公式来计算。

　　7. 抽样极限误差。我们总是希望抽样误差尽可能的小，如果抽样误差越大，抽样的结论参考价值就越小，当误差超过了一定限度，估计就没有价值了。在进行抽样估计时，通常需要事先根据所调查对象的特点、调查的需要，确定可允许的误差范围，并将估计误差限制在这一范围之内，这个范围就是抽样极限误差。

　　抽样极限误差是根据概率理论，以一定的可靠程度来保证抽样误差不超过某一给定的范围。统计上把抽样极限误差又称为置信区间。

如果用 $\Delta_{\bar{x}}$ 与 Δ_p 分别表示抽样平均数与抽样比率的抽样极限误差，则有

$$\Delta_{\bar{x}} = |\bar{x} - \mu| \tag{3.18}$$

$$\Delta_p = |\bar{p} - \bar{P}| \tag{3.19}$$

将式（3.18）和式（3.19）进行变换，可以得到总体平均数和总体比率的可能范围如下：

$$\bar{x} - \Delta_{\bar{x}} \leqslant \mu \leqslant \bar{x} + \Delta_{\bar{x}} \tag{3.20}$$

$$p - \Delta_p \leqslant \bar{P} \leqslant p + \Delta_p \tag{3.21}$$

式（3.20）表明总体平均数 μ 是以抽样平均数 $\bar{x}$ 为中心，在 $\bar{x} - \Delta\bar{x}$ 至 $\bar{x} + \Delta_{\bar{x}}$ 之间变动，区间 $[\bar{x} - \Delta\bar{x}, \bar{x} + \Delta_{\bar{x}}]$ 称为平均数估计区间或平均数的置信区间。区间的总长度为 $2\Delta_{\bar{x}}$，在这个区间内样本平均数和总体平均数之间的绝对离差不超过 $\Delta_{\bar{x}}$。同样，式（3.21）表明，总体比率 P 是以抽样比率 p 为中心，在 $p - \Delta_p$ 至 $p + \Delta_p$ 之间变动，抽样比率在区间 $[p - \Delta_p, p + \Delta_p]$ 内，与总体比率的绝对离差不超过 Δ_p。

在给定的准确度范围内，抽样估计还要求其估计的可靠程度，即可信度。抽样估计的可信度就是表明抽样指标和总体指标的误差不超过一定范围的概率保证程度，用 $1 - \alpha$ 表示。

（二）由样本估计总体参数

如果能得到分析的总体，那么可以直接计算出总体的参数，然而，很多场合不可能获取对所有个体元素的观察值，例如灯泡的合格率检验不可能把所有生产的灯泡都接电检查其寿命。这就需要根据样本的指标数值对总体的数量特征进行估计或判断。在统计学中，这种用样本参数值估计总体参数的方法称为抽样估计，也称为参数估计。参数估计可以分为点估计和区间估计两类。

1. 点估计。点估计又称定值估计，它是利用样本计算出的统计量直接作为总体参数的估计量。其中最简单的点估计方法是矩法估计，即用样本平均数的实际值作为总体平均数的估计量、用样本比率的实际值作为总体比率的估计值。

例如，为了了解杭州市民 2015 年的平均月收入（假设有 901 万人口），挑选其中 1 000 人，计算月收入的算术平均数，假设计算结果为 4 000 元人民币，点估计会推论杭州市民 2015 年的平均月收入为 4 000 元人民币。

估计总体参数，未必只能用一个统计量，也可以用其他统计量。如估计总体平均数，可以用样本平均数，也可以用样本中位数、众数等。应当以哪一种统计量作为总体参数的估计量才是最优的，主要依据如下三个标准。

（1）无偏性。样本统计量的期望值（平均数）等于被估计的总体参数。也就是说，虽然每一次抽样所计算的统计量和总体参数的真值可能有误差，误差可正可负、可大可小；但在多次反复的估计中，所有样本统计量取值的平均数应该等于总体参数本身。即样本统计量的估计，平均来说是没有偏差的。

（2）有效性。作为优良估计量的方差应该比其他估计量的方差小。例如 θ_1 和 θ_2 都是总体参数 θ 的无偏估计量，但 θ_1 比 θ_2 有较小的方差，则 θ_1 比 θ_2 有效。

（3）一致性。当样本的容量充分大时，样本统计量也充分靠近总体参数。即随着样本容量 n 的无限增加，样本统计量和被估计的总体参数之差的绝对值小于任意小的数，它的可能性也趋近于必然性，或者说实际上是几乎肯定的。

从抽样误差的影响中可以看出，在其他因素不变的情况下，抽样误差与样本容量 n 的平方根成反比变化，样本容量越大则误差就越小，当样本容量接近于总体容量时，抽样误差也就接近于零。也就是说，样本统计量作为总体参数的估计量是符合一致性原则的。

有时，我们不一定能找到完全符合以上标准的最优估计量，但总是希望所采用的估计量尽可能符合或接近这些标准。例如在正态分布的情况下，总体平均数和中位数是重合在一起的，样本平均数是总体中位数的无偏估计量和一致估计量，而且样本平均数比样本中位数作为总体中位数的估计量也是更有效的，因为样本平均数的方差比样本中位数的方差更小。

一般来讲，样本平均数作为总体平均数的估计量、样本比率作为总体比率的估计量，都具有上述的优良性质，所以通常用样本平均数估计总体平均数，用样本比率估计总体比率，记总体平均数和总体比率的点估计为

$$\hat{\mu} = \bar{x}, \quad \hat{P} = p \tag{3.22}$$

点估计的优点是简单、明确，但由于样本的随机性，从一个样本得到的估计值往往不能作为总体参数的实际值。例如上面的例子中，如果再对杭州市民进行一次抽样，计算结果可能与上一次抽样结果有较大差距。点估计没有表明抽样估计的误差，也无法说明对估计的结果有多大的把握程度。要说明这些问题，就需要采用区间估计的方法。

2. 区间估计。区间估计是根据样本指标和抽样极限误差，以一定的可靠程度推断总体指标的可能范围的方法。区间估计不是直接给出总体参数的估计值，而是利用实际样本资料，构造出一个置信区间，用这个区间来表明总体参数可能存在的范围，同时给出这个估计相应的概率保证程度，即置信度。换言之，区间估计包括两部分内容：一是这一可能范围的大小；二是总体指标落在这个可能范围内的概率。例如，美国大选民意调查中说："在××地区调查 1 000 个样本，支持率为 58%，误差为 3%，置信度为 95%"，这句话包含的含义是：样本中的支持率是 58%，这是用样本比率对总体比率的点估计；估计的范围是 58% ±3%，即区间是（55%，61%）；用类似的方法，以相同样本容量重复抽取多个样本时，产生的类似区间中包含总体比率真值的区间所占比例为 95%。

区间估计的公式表示为

$$\bar{x} - \Delta_{\bar{x}} < \mu < \bar{x} + \Delta_{\bar{x}} \tag{3.23}$$

$$p - \Delta_p < P < p + \Delta_p \tag{3.24}$$

式中，$(\bar{x} + \Delta_{\bar{x}})$ 和 $(\bar{x} - \Delta_{\bar{x}})$ 分别是总体平均数区间的上限与下限，$(p + \Delta_p)$ 和 $(p - \Delta_p)$ 分别为总体比率的上限与下限。$1 - \alpha$ 为置信度，表示 $\bar{X}$ 或 P 被包含在区间 $[\bar{x} - \Delta_{\bar{x}}, \bar{x} +$

$\Delta_{\bar{x}}]$ 和 $[p - \Delta_p, p + \Delta_p]$ 内的概率为 $1 - \alpha$，即

$$P\{\bar{x} - \Delta_{\bar{x}} < \mu < \bar{x} + \Delta_{\bar{x}}\} = 1 - \alpha \qquad (3.25)$$

$$P\{p - \Delta_p < P < p + \Delta_p\} = 1 - \alpha \qquad (3.26)$$

所以，称 $\{\bar{x} - \Delta_{\bar{x}}, \bar{x} + \Delta_{\bar{x}}\}$ 和 $\{p - \Delta_p, p + \Delta_p\}$ 为置信区间。

置信区间就是联系一定概率保证程度确定的区间，它表达了区间估计的精确性。置信度表示区间估计的可靠程度。例如 $1 - \alpha = 0.95$，则说明有 95% 的可能总体参数包含在估计区间内。而不包括在这个区间的概率为 $\alpha = 5\%$，叫显著性水平。

总体参数的区间估计根据所给定的条件不同，有不同的估计方法。下面分别介绍总体均值和总体比例的区间估计方法。

（1）总体均值的区间估计

①总体是正态分布且方差已知。当样本 $(x_1, x_2, \cdots, x_n)$ 来自于正态分布 $N(\mu, \sigma^2)$，且 σ 已知时，数理统计证明 $\bar{x}$ 服从正态分布 $N(\mu, \frac{\sigma^2}{n})$，将其标准化处理，则 $\frac{\bar{x} - \mu}{\sigma / \sqrt{n}}$ 服从标准正态分布 $N(0, 1)$，对给定的置信系数 $1 - \alpha$，查询标准正态分布表得到临界值 $Z_{\alpha/2}$，使得 $\frac{\bar{x} - \mu}{\sigma / \sqrt{n}}$ 在区间 $(-Z_{\alpha/2}, Z_{\alpha/2})$ 的概率为 $1 - \alpha$，即

$$P\left\{\frac{|\bar{x} - \mu|}{\sigma / \sqrt{n}} \leqslant Z_{\alpha/2}\right\} = 1 - \alpha \qquad (3.27)$$

则通过样本估计方差已知的正态分布均值的区间估计是 $\left[\bar{x} - Z_{\alpha/2} \cdot \frac{\sigma}{\sqrt{n}}, \quad \bar{x} + Z_{\alpha/2} \cdot \frac{\sigma}{\sqrt{n}}\right]$，

其中 $\Delta_{\bar{x}} = Z_{\alpha/2} \cdot \frac{\sigma}{\sqrt{n}}$ 为抽样的极限误差。

[例 3 - 1] 对于一个超市，调查工作日期间客人的平均消费金额，随机抽取 200 人，计算得到平均消费金额为 95 元。已知超市客人消费金额近似服从正态分布，标准差为 42 元，在置信度为 95% 条件下，求该超市工作日期间所有客人的平均消费金额。

解：置信度为 95%，即 $1 - \alpha = 0.95$，则 $\alpha/2 = 0.025$，根据标准正态分布数据，可得 $Z_{0.025} = 1.95996$，极限误差 $\Delta_{\bar{x}} = Z_{\alpha/2} \cdot \frac{\sigma}{\sqrt{n}} = 1.95996 \times \frac{42}{\sqrt{200}} = 5.82$，则在 95% 置信度下，该超市工作日期间所有客人的平均消费金额区间为 $[89.18, 100.82]$。

②总体是正态分布且方差未知。根据抽样分布理论，如果总体是正态分布，总体标准差未知而需要用样本标准差 S 来代替，则采用 t 分布来建立总体均值的置信区间，$\frac{\bar{x} - \mu}{S / \sqrt{n}} \sim t(n - 1)$。对给定的置信系数 $1 - \alpha$，查询自由度为 $n - 1$ 的 t 分布表，得到 $t_{\alpha/2}(n - 1)$，使得 $\frac{\bar{x} - \mu}{S / \sqrt{n}}$ 在区间 $(-t_{\alpha/2}, t_{\alpha/2})$ 的概率为 $1 - \alpha$，即

$$P\left\{\frac{|\bar{x} - \mu|}{S / \sqrt{n}} \leqslant t_{\alpha/2}(n - 1)\right\} = 1 - \alpha \qquad (3.28)$$

从而得到总体均值的置信度为 $1 - \alpha$ 的置信区间是 $\left[\bar{x} - t_{\alpha/2} \cdot \dfrac{S}{\sqrt{n}},\quad \bar{x} + t_{\alpha/2} \cdot \dfrac{S}{\sqrt{n}}\right]$，抽样的极限误差为 $\Delta_{\bar{x}} = t_{\alpha/2} \cdot \dfrac{S}{\sqrt{n}}$。

③大样本和小样本。进行抽样调查中，通常都希望获得大样本（超过 30 个样本数），但也存在无法获得大样本的情况，例如医院特殊病情的病例，或者受当时条件限制无法获得大样本的情况。此时，无论总体是否服从正态分布，或者是否已知标准差，则需要根据大样本还是小样本的情况选择公式进行总体均值的区间估计（见表 3 - 2）。

表 3 - 2　　　　　　　　　　　样本数不同对总体均值的区间估计方法

总体分布	样本容量	σ 已知	σ 未知
正态分布	大样本	$\bar{x} \pm Z_{\alpha/2} \cdot \dfrac{\sigma}{\sqrt{n}}$	$\bar{x} \pm Z_{\alpha/2} \cdot \dfrac{S}{\sqrt{n}}$
正态分布	小样本	$\bar{x} \pm Z_{\alpha/2} \cdot \dfrac{\sigma}{\sqrt{n}}$	$\bar{x} \pm t_{\alpha/2} \cdot \dfrac{S}{\sqrt{n}}$
非正态分布	大样本		$\bar{x} \pm Z_{\alpha/2} \cdot \dfrac{S}{\sqrt{n}}$

（2）总体比率的区间估计。根据样本比率的抽样分布理论，在大样本（一般经验规则：$np \geq 5\ n(1 - p) \geq 5$）条件下，样本比率 p 的分布趋近于均值为 P，标准差为 $\sqrt{\dfrac{p(1 - p)}{n}}$ 的正态分布，所以 $\dfrac{p - P}{\sqrt{\dfrac{p(1 - p)}{n}}}$ 服从标准正态分布 $N(0,1)$。

在置信系数为数 $1 - \alpha$ 的条件下，查询标准正态分布表得到临界值 $Z_{\alpha/2}$，使得 $\dfrac{p - P}{\sqrt{\dfrac{p(1 - p)}{n}}}$ 在区间 $(-Z_{\alpha/2}, Z_{\alpha/2})$ 的概率为 $1 - \alpha$，即

$$P\left\{\frac{|p - P|}{\sqrt{p(1 - p)/n}} \leq Z_{\alpha/2}\right\} = 1 - \alpha \tag{3.27}$$

则通过样本比率估计总体比率的区间估计是 $\left[p - Z_{\alpha/2} \cdot \sqrt{\dfrac{p(1 - p)}{n}},\ p + Z_{\alpha/2} \cdot \sqrt{\dfrac{p(1 - p)}{n}}\right]$，其中 $\Delta_p = Z_{\alpha/2} \cdot \sqrt{\dfrac{p(1 - p)}{n}}$ 为抽样的极限误差。

例如，前面的美国大选民意调查中，在 $\times\times$ 地区调查 1 000 个样本，支持率为 58%，置信度为 95% 条件下，计算该地区所有居民的支持率区间。根据给出条件，得到样本的极限误差 $\Delta_p = Z_{\alpha/2} \cdot \sqrt{\dfrac{p(1 - p)}{n}} = 1.95996 \times \sqrt{\dfrac{0.58 \times (1 - 0.58)}{1\ 000}} = 0.0306$，所以该地区所有居民的支持率区间估计为 $[0.5494, 0.6106]$。

3. 样本容量的确定。对一个大的集合（比如：数千万选民）作一次调查的成本较高，抽样调查可以低成本地用近似的（可接受的）数据反映实际情况，正如我们前面

的各种方法，可以利用抽样指标近似总体参数。但随之出现的一个问题是：该选取多大容量的样本呢，或者说选择多少对象来做一次抽样调查呢？

一般来讲，样本容量越大，收集的信息就越多，从而会提高估计的精度，但相应地，投入的调查、观测成本会比较高，所以在确定样本容量时，既要考虑估计的精度，还要权衡获取样本的代价。由于代价随着样本容量的增加而增加，所以通常选择能够使估计精度得到保障的最小样本容量。

（1）估计正态总体均值时样本容量的确定。对于正态总体，在重复抽样或抽样比 $\frac{n}{N} < 5\%$ 时，总体均值的置信度为 $1 - \alpha$ 的置信区间估计是 $\left[\bar{x} - Z_{\alpha/2} \cdot \frac{\sigma}{\sqrt{n}},\right.$ $\left.\bar{x} + Z_{\alpha/2} \cdot \frac{\sigma}{\sqrt{n}}\right]$，其中极限误差 $\Delta_{\bar{x}} = Z_{\alpha/2} \cdot \frac{\sigma}{\sqrt{n}}$，表示总体均值和样本均值之间的最大误差程度，如果给出极限误差的值，则可以推出样本容量：

$$n = \frac{Z_{\alpha/2}^2 \sigma^2}{\Delta_{\bar{x}}^2} \qquad (3.28)$$

从公式（3.28）可以看出：样本容量 n 与置信度所对应的标准正态分布的双侧分位数 $Z_{\alpha/2}$ 的平方成正比，置信度越高，要求样本容量就越大；样本容量 n 与总体方差 σ^2 成正比，总体方差越大，要求样本容量就越大；样本容量 n 与极限误差成反比，增大极限误差，也就是扩大置信区间的宽度，降低估计的精度，可以减少样本容量。

如果总体方差 σ^2 未知，则根据极限误差为 $\Delta_{\bar{x}} = t_{\alpha/2} \cdot \frac{S}{\sqrt{n}}$，计算得到样本容量为

$$n = \frac{t_{\alpha/2}^2 S^2}{\Delta_{\bar{x}}^2} \qquad (3.29)$$

（2）估计总体比率时样本容量的确定。对总体比率的置信度为 $1 - \alpha$ 的置信区间估计中，极限误差 $\Delta_p = Z_{\alpha/2} \cdot \sqrt{\frac{p(1-p)}{n}}$，如果给定极限误差值，则可以计算样本容量：

$$n = \frac{Z_{\alpha/2}^2 p(1-p)}{\Delta_p^2} \qquad (3.30)$$

[例3-2] 根据国家统计局数据，在2005—2008年间，大部分公司公布的利润都比估计的要高。现在有一个由162家公司组成的样本，其中104家利润比估计的高，29家利润与估计相符，29家利润低于估计。如果在置信度为95%时，对所有公司中利润高于估计的公司所占比例进行估计时，如果希望极限误差是0.05，则需要多大的样本容量？

解：计算高于估计的公司比例，根据样本，$p = \frac{104}{162} = 0.64$，根据公式（3.30），得到 $n = \frac{Z_{\alpha/2}^2 p(1-p)}{\Delta_p^2} = \frac{1.95996^2 \times 0.64 \times (1-0.64)}{0.05^2} = 354$，所以需要的样本容量为354家公司。

（三）假设检验

在应用统计中，样本数据除了能够估计总体的参数，还能够对总体的参数进行推断，即假设检验。

对于点估计和区间估计，在收集数据之前，并不对总体参数的真值进行假定，仅利用样本数据，根据置信系数确定总体参数的估计值。而在假设检验中，首先对总体参数有一个假设结论，再利用收集到的样本数据判断接受还是拒绝该假设。最常见的例子是在生产制造业中，假设核定 150 克的××品牌饼干，随机抽样 50 个样本，样本的平均重量和 150 克存在显著差异的时候，能否认定该品牌所有核定 150 克的饼干都不符合重量标准呢？

假设检验是先对总体的参数（或分布形式）提出某种假设，然后利用样本信息判断假设是否成立的过程。假设检验在证明过程中运用反证法，依据小概率原理对假设作出判断。

假设检验的步骤通常分为五步：

（1）提出假设；

（2）从总体中随机抽取一个样本；

（3）确定一个适当的检验统计量，并用样本数据计算出具体数值；

（4）确定一个适当的显著水平 α，计算出临界值，指定拒绝域；

（5）将（3）中计算的具体数值与（4）中的临界值进行比较，作出决策。在前计算机时代（手工计算），如果（3）计算的数值落在拒绝域，则拒绝原假设 H_0，否则不拒绝 H_0。在计算机时代，则直接利用 p - 值作出决策，如果 p - 值小于 α，则拒绝 H_0。

1. 提出假设。在假设检验中，首先对总体参数作一个试验性的假设，将其称为原假设（Null Hypothesis），记作 H_0，再定义一个与原假设相反的假设，称之备选假设（Alternative Hypothesis），记作 H_1。原假设和备择假设是相互对立的。

建立假设检验的第一步就是确立适当的 H_0 和 H_1。尽管合适的原假设和备选假设的设定往往需要大量的经验，但也有一般的方法可循。通常，多数的假设检验都以否定原假设为目标，即人们希望通过掌握的反映现实世界的数据找出假设和现实之间的矛盾，从而否定这个假设，并称该检验显著（Significant）。

显著（Significant）在统计上的含义是：这样的结果不是偶然得到的，或者说，不是靠机遇能够得到的。拒绝原假设，表示这样的样本结果并不是偶然得到的；不拒绝原假设，则表示这样的样本结果只是偶然得到的。在此，需要注意的是，"不拒绝原假设"并不表示"接受原假设"，而只是说明当前的证据不足以拒绝原假设，或者说，拒绝原假设的证据不充分。

接下来看两个提出假设的例子。

以检验××品牌所有核定 150 克的饼干是否符合重量标准为例，人们希望饼干是符合重量标准的。所以，如果收集的证据与期望相悖，则该检验是显著的。建立的原假设和备选假设是：

$$H_0 : \mu = 150 ; \quad H_1 : \mu \neq 150$$

再以汽车拥有率研究为例。一家研究机构估计，2015 年 ×× 城市中家庭拥有汽车的比例不超过 60%。为验证这一估计是否正确，该研究机构随机抽取了一个样本进行检验。则如何给出原假设和备选假设呢？

研究者想验证自己的估计是否正确，所以如果收集的数据否定了该估计，则这个检验是显著的，所以原假设和备择假设为

$$H_0 : \mu \leq 60\% ; \quad H_1 : \mu > 60\%$$

一般来讲，等号" = "总是放在原假设上。

如果备择假设没有特定的方向性，并含有符号" ≠ "，这样的称为双侧检验或双尾检验。

如果备择假设具有特定的方向性，并含有符号" > "或" < "的假设检验，称为单侧检验或单尾检验。备择假设的方向为" < "，称为左侧检验；备择假设的方向为" > "，称为右侧检验。

假设检验的最终目标是根据样本数据判断拒绝原假设还是不拒绝原假设。判断的结果可能正确，也可能出现错误，即错误地拒绝原假设，或错误地不拒绝原假设，它们被称为第 I 类错误和第 II 类错误。

第 I 类错误：原假设为真时拒绝原假设。第 I 类错误的概率记为 α，被称为显著水平。

第 II 类错误：原假设为假时未拒绝原假设。第 I 类错误的概率记为 β。

这两类错误中，相对而言更加严重的是第 I 类错误，所以 α 的值应该尽可能小。

2. 检验统计量。检验统计量是根据样本数据计算所得的某个样本统计量的标准化结果，例如将样本均值、样本比率等点估计值进行标准化处理。

$$标准化检验统计量 = \frac{点估计值 - 假设值}{点估计值的抽样标准差}$$

常用的检验统计量有 t 统计量、Z 统计量、F 统计量等。

（1）当总体是正态分布或大样本（$n > 30$）时的非正态分布时，使用 Z 检验统计量。

假设均值为 μ_0，若总体标准差 σ 已知，则总体均值检验的统计量为

$$Z = \frac{\bar{x} - \mu_0}{\sigma / \sqrt{n}} \tag{3.31}$$

若总体标准差 σ 未知，则用样本标准差 S 代替总体标准差，总体均值检验的统计量为

$$Z = \frac{\bar{x} - \mu_0}{S / \sqrt{n}} \tag{3.32}$$

（2）当总体是正态分布，小样本抽样。如果总体标准差 σ 已知，则采用公式

（3.31）的 Z 检验统计量。如果总体标准差 σ 未知，使用 t 检验统计量。

用样本标准差 S 代替总体标准差，检验统计量服从自由度为 $n-1$ 的 t 分布：

$$t = \frac{\overline{x} - \mu_0}{S/\sqrt{n}} \qquad (3.33)$$

（3）大样本时总体比例的检验，使用 Z 检验统计量。

假设均值为 P_0，样本比例为 p，总体比例的检验统计量为

$$Z = \frac{p - P_0}{\sqrt{\dfrac{P_0(1 - P_0)}{n}}} \qquad (3.34)$$

（4）总体是正态分布时，总体方差的检验，使用卡方分布 χ^2 检验统计量。

假设的方差为 σ_0^2，样本数据计算得到的样本方差为 S^2，则总体方差的检验统计量为

$$\chi^2 = \frac{(n-1)S^2}{\sigma_0^2} \qquad (3.35)$$

3. 拒绝域。在原假设条件下，样本估计量服从一个给定的概率分布，而在备选假设下则不然。所以，如果检验统计量的值落在上述分布的临界值之外，则可拒绝原假设，否则不能拒绝原假设，如图 3-2 和图 3-3 所示。

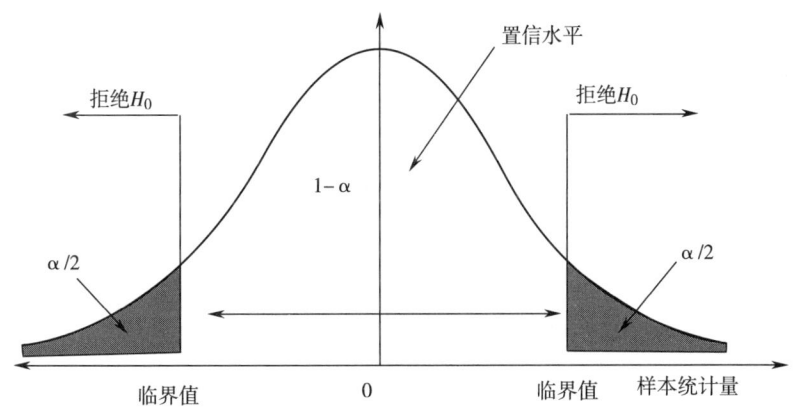

图 3-2 双侧检验的拒绝域

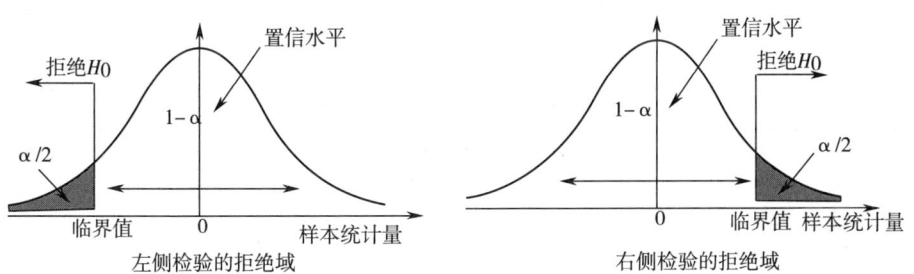

图 3-3 单侧检验的拒绝域

通过图 3-2 和图 3-3 可以看出，显著水平 α 值对应的是拒绝域的面积。双侧检验的拒绝域关于原点对称，每一侧的面积为 $\alpha/2$。根据选定的检验统计量，可以计算出临界值点。例如，当显著水平 $\alpha = 0.05$ 时，如果采用 Z 检验统计量，可通过查标准正态分布表得到 $Z_{\alpha/2} = Z_{0.025} = 1.96$。对样本统计量标准化后，如果其值大于 1.96 或小于 -1.96 时，则拒绝原假设。

4. 决策。假设检验的决策是指给出结论：拒绝原假设，还是不拒绝原假设。决策的作出可以通过检验统计量与拒绝域的比较，也可以通过 p-值与显著水平 α 的比较。

p-值（p-value）是指如果原假设为真，检测统计量取其实现值或者沿着备选假设的方向取得更加极端的值的概率。p-值是反映实际观测到的数据与拒绝原假设 H_0 之间不一致的程度，被称为观察到的或实际的显著性水平。假定某检验统计量 T 的样本实现值为 t，如果量 T 越大，就越有利于备选假设，则 p-值等于概率 $P_{H_0}(T \geqslant t)$。如果量 T 越小，就越有利于备选假设，则 p-值等于 $P_{H_0}(T \leqslant t)$。如果量 $|T|$ 越大，就越有利于备选假设，则 p-值等于 $P_{H_0}(|T| \geqslant |t|)$。

采用 p-值的决策规则是：若 p-值小于 α，则拒绝 H_0。

常见的总体均值和总体比例的假设检验方法如表 3-3 至表 3-6 所示。

表 3-3 　　　　　　　　正态分布或大样本条件下一个总体均值的检验方法

	双侧检验	左侧检验	右侧检验
假设形式	$H_0:\mu = \mu_0$ $H_1:\mu \neq \mu_0$	$H_0:\mu \geqslant \mu_0$ $H_1:\mu < \mu_0$	$H_0:\mu \leqslant \mu_0$ $H_1:\mu > \mu_0$
检验统计量	总体标准差 σ 已知：$Z = \dfrac{\bar{x} - \mu_0}{\sigma/\sqrt{n}}$ 总体标准差 σ 未知：$Z = \dfrac{\bar{x} - \mu_0}{S/\sqrt{n}}$		
α 与拒绝域	$\lvert Z \rvert > Z_{\alpha/2}$	$Z < -Z_\alpha$	$Z > Z_\alpha$
p-值的决策	$p < \alpha$，拒绝 H_0		

表 3-4 　　　　　　　　正态分布且小样本条件下一个总体均值的检验方法

	双侧检验	左侧检验	右侧检验
假设形式	$H_0:\mu = \mu_0$ $H_1:\mu \neq \mu_0$	$H_0:\mu \geqslant \mu_0$ $H_1:\mu < \mu_0$	$H_0:\mu \leqslant \mu_0$ $H_1:\mu > \mu_0$
检验统计量	总体标准差 σ 未知：$t = \dfrac{\bar{x} - \mu_0}{S/\sqrt{n}}$		
α 与拒绝域	$\lvert t \rvert > t_{\alpha/2}(n-1)$	$t < -t_\alpha(n-1)$	$t > t_\alpha(n-1)$
p-值的决策	$p < \alpha$，拒绝 H_0		

表 3 – 5　　　　　　　　　　**大样本条件下一个总体比例的检验方法**

	双侧检验	左侧检验	右侧检验
假设形式	$H_0 : p = P_0$ $H_1 : p \neq P_0$	$H_0 : p \geqslant P_0$ $H_1 : p < P_0$	$H_0 : p \leqslant P_0$ $H_1 : p > P_0$
检验统计量	$Z = \dfrac{p - P_0}{\sqrt{\dfrac{P_0(1 - P_0)}{n}}}$ 近似服从标准正态分布		
α 与拒绝域	$\lvert Z \rvert > Z_{\alpha/2}$	$Z < - Z_\alpha$	$Z > Z_\alpha$
p – 值的决策	$p < \alpha$，拒绝 H_0		

表 3 – 6　　　　　　　　　　**一个正态分布总体方差检验的方法**

	双侧检验	左侧检验	右侧检验
假设形式	$H_0 : \sigma^2 = \sigma_0^2$ $H_1 : \sigma^2 \neq \sigma_0^2$	$H_0 : \sigma^2 \geqslant \sigma_0^2$ $H_1 : \sigma^2 < \sigma_0^2$	$H_0 : \sigma^2 \leqslant \sigma_0^2$ $H_1 : \sigma^2 > \sigma_0^2$
检验统计量	$\chi^2 = \dfrac{(n - 1)S^2}{\sigma_0^2}$		
α 与拒绝域	$\chi^2 > \chi_{\alpha/2}^2(n - 1)$ 或 $\chi^2 < \chi_{1-\alpha/2}^2(n - 1)$	$\chi^2 < \chi_{1-\alpha/2}^2(n - 1)$	$\chi^2 > \chi_{\alpha/2}^2(n - 1)$

　　5. 假设检验示例。以检验某品牌所有核定 150 克的饼干是否符合重量标准为例，假设随机抽取了 40 盒饼干进行检验，样本均值和标准差分别是 146 克和 5.2 克。显著水平为 0.05，能否表明该品牌饼干不符合重量标准？

　　首先，给出假设：

$$H_0 : \mu = 150 ; \quad H_1 : \mu \neq 150$$

　　根据题目描述，问题属于大样本条件下，总体标准差 σ 未知的总体均值检验，采用检验量 $Z = \dfrac{\bar{x} - \mu_0}{S / \sqrt{n}} = \dfrac{146 - 150}{5.2 / \sqrt{40}} = -0.12$。根据显著水平 $\alpha = 0.05$，计算双侧检验临界值 $Z_{\alpha/2} = Z_{0.025} = 1.96$。因为 $\lvert Z \rvert < Z_{\alpha/2}$，不能拒绝原假设。如果用 p – 值进行决策，计算 $p = P_{H_0}(\lvert Z \rvert \geqslant 0.12) = 0.096$，$p$ – 值大于 α，所以不能拒绝原假设。

　　因此，当前数据不能表明该品牌饼干不符合重量标准。

四、项目任务

【任务概览】

　　本项目针对总体和抽样之间的关系，既包含从总体进行抽样，进而得到总体参数和抽样指标的关系，又包含从抽样到总体，利用点估计和区间估计的方法预测总体参数值。

　　1. 在 Excel 中根据关键字获得指定数据。

　　2. 在 Excel 中通过公式计算总体参数和抽样指标。

　　3. 正确选择合适的公式通过样本估计总体参数。

　　4. 为抽样的正确实施设计合适的样本容量值。

任务 1　从总体中抽样

【任务清单】

以给定的数据集为总体，进行重复抽样。在熟悉本项目的【知识要点一】后，分别计算总体参数和抽样指标。

【具体要求】

"Chap3 数据 . xlsx"的"员工奖励"数据表中包含了一家企业所有员工当年获得奖励的金额和以往是否受到过奖励的情况汇总。以该数据为总体，计算总体参数。再从该总体中以样本容量为 100 进行 5 次重复抽样，分别计算各次抽样的抽样指标，并计算抽样的平均误差。

【操作示范】

首先，需要对"Chap3 数据 . xlsx"中的"员工奖励"数据表进行分析。该数据表包含了 2 500 条数据，需要分析的字段有"奖励金额（元）"和"往年是否受过奖励"，其中"奖励金额（元）"是数值型数据，小数位数为 2 位，可以对其计算总体平均数、标准差和方差。"往年是否受过奖励"是非数值型数据，但只有"Yes"和"No"两个值，可以对其计算总体比率。

1. 总体参数计算。以 2 500 个数据作为总体，计算其总体参数，则"数据分析"中的"描述统计"工具不适合，因为这个工具是对样本进行计算，其标准差计算的是样本标准差，与总体标准差计算式有系数差异。样本标准差的自由度为 $n-1$，n 为样本的容量，而总体标准差的自由度为 N，N 为总体容量。

采用公式计算总体参数，公式如图 3 – 4 所示。对于奖励金额总体均值为 51 800.00，标准差为 399.20，方差是 15 993 600.53。对于是否受过奖励，总体比率为 0.60。

2. 一次抽样。以 100 为样本容量进行重复抽样，编号在 1 ~ 2 500 之间，通过随机数可以随机选取任意对象。因为编号是一个范围内的整数，可以利用 RANDBETWEEN 获得随机数。

函数用法：

> RANDBETWEEN（Bottom，Top）
> Bottom 参数：RANDBETWEEN 将返回的最小整数。
> Top 参数：RANDBETWEEN 将返回的最大整数。

选定单元格，输入函数并用填充柄进行填充，得到结果如图 3 – 5 所示。

因为数据表中的随机数会随着表格的变动而变化，可以对填充的数据予以"复制"，再对复制数据的区域点击右键，利用"粘贴选项"中的"值"将生成的随机数固定，如图 3 – 6 所示。

得到编号之后，可以利用编号从总体数据中获得编号行相应的字段数据，利用 Excel 的函数 VLOOKUP 实现。VLOOKUP 函数中第二个参数项的地址需要用绝对地址，如图 3 – 7 所示。

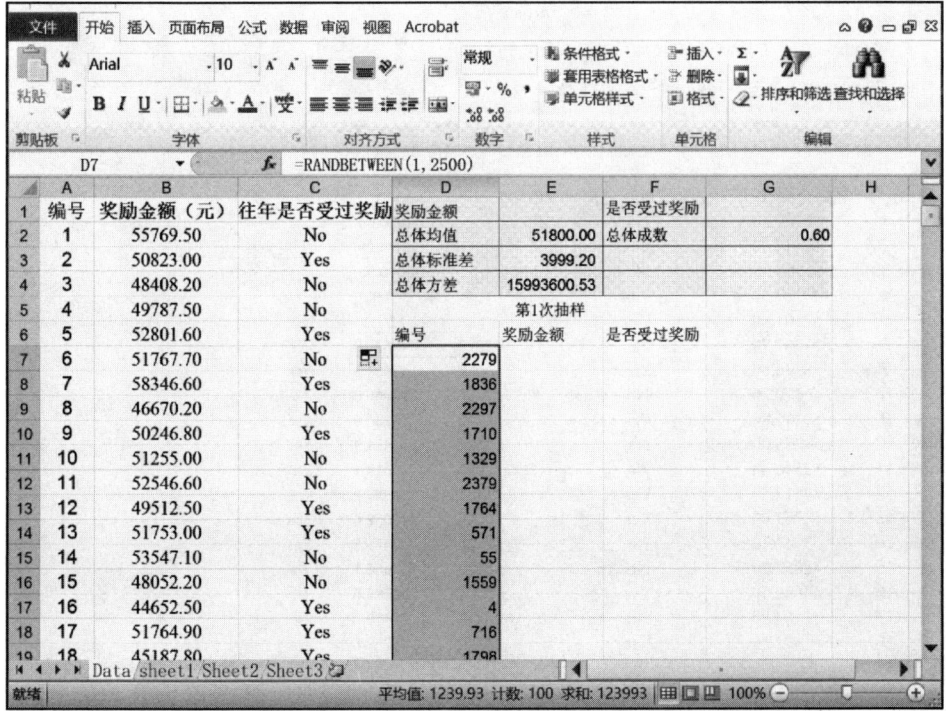

图 3-4 总体参数计算公式

图 3-5 生成 100 个随机编号

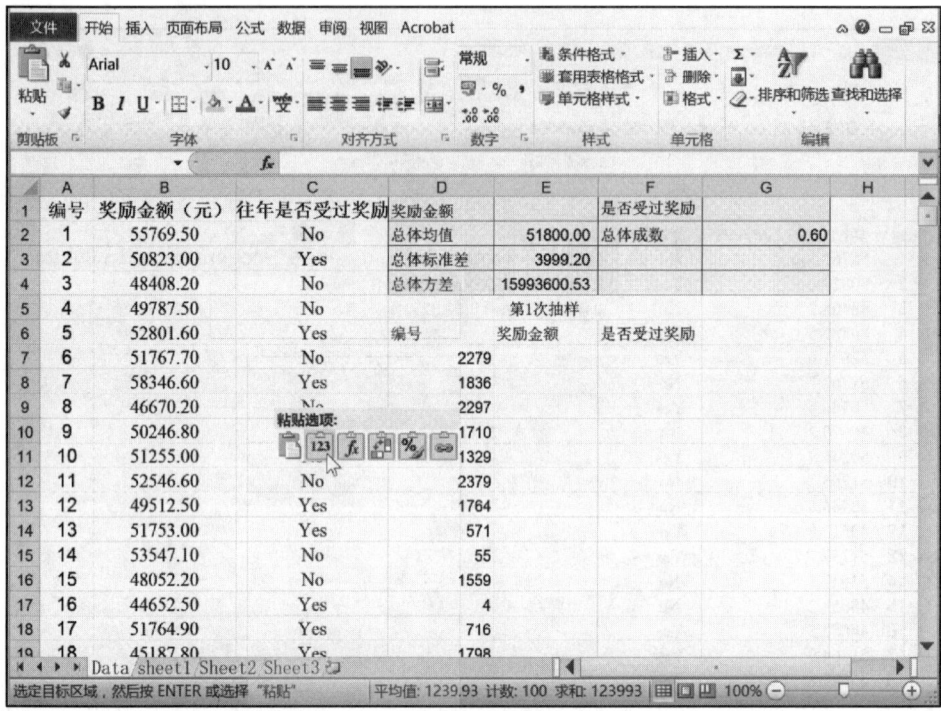

图 3-6 通过粘贴值将本次抽样编号固定

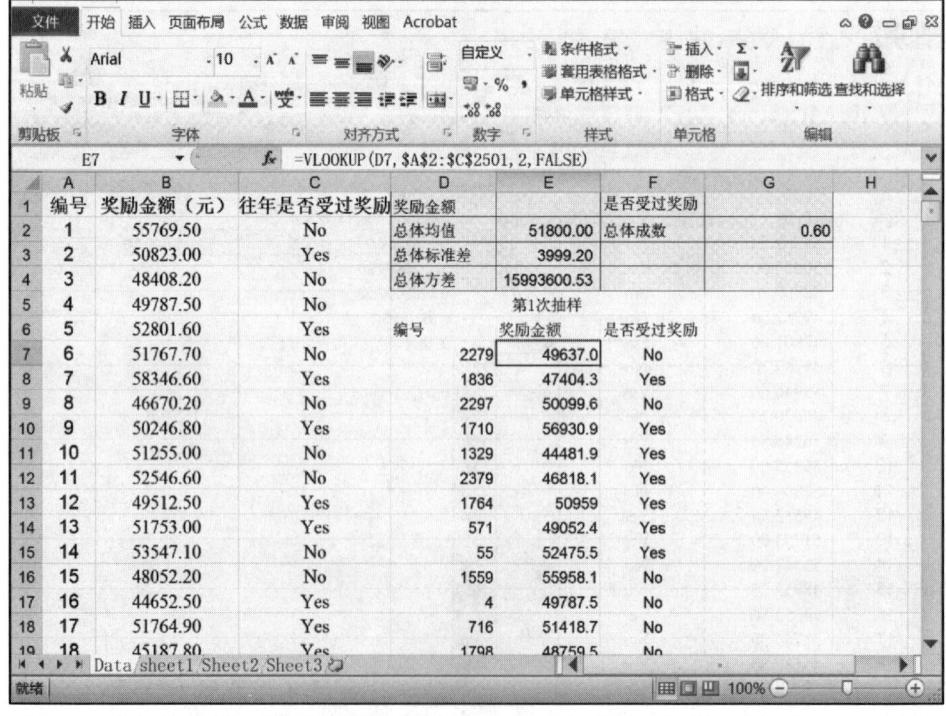

图 3-7 通过 VLOOKUP 函数得到每条记录的值

再对该次抽样计算抽样指标，得到本次抽样的"奖励金额"平均值为 50 924.55，标准差用到的公式是 STDEV.S，得到的值为 3 476.66，受到奖励的比率为 0.55。

类似地，进行 5 次抽样，抽样指标汇总后如表 3 – 7 所示[①]。

表 3 – 7   抽样指标汇总

抽样指标					
	第 1 次抽样	第 2 次抽样	第 3 次抽样	第 4 次抽样	第 5 次抽样
奖励金额均值	50 924.55	51 361.89	51 585.51	51 822.4	52 063.26
奖励金额标准差	3 476.66	4 153.63	4 277.46	4 162.04	3 832.49
奖励金额方差	12 087 199.38	17 252 628.51	18 296 641.24	17 322 607.78	14 687 961.39
受过奖励成数	0.55	0.60	0.64	0.58	0.62

3. 抽样平均误差。抽样平均误差反映抽样误差一般水平的指标，是所有可能出现的样本指标的标准差。抽样平均数的平均误差用 $\mu_{\bar{x}}$ 表示，抽样比率的平均误差用 μ_p 表示。根据抽样平均误差的公式，计算 5 次随机抽样的抽样平均误差，如表 3 – 8 所示。

表 3 – 8   抽样平均误差计算

抽样平均误差					
$(\bar{x} - \mu)^2$	766 416.20	191 940.37	46 004.67	503.69	69 305.30
$\mu_{\bar{x}} = \sqrt{\dfrac{\sum (\bar{x}-\mu)^2}{M}}$	463.50				
$(p - P)^2$	0.0025	0.0000	0.0016	0.0004	0.0004
$\mu_p = \sqrt{\dfrac{\sum (p-P)^2}{M}}$	0.0313				

任务 2　总体标准差已知的总体均值估计

【任务清单】

以给定的样本数据，从本项目的【知识要点二】中选择相适应的公式估计总体的均值。

【具体要求】

××工商局对该市的快餐类餐馆进行一次调查，通过调查 50 家餐馆发现，消费者满意指数的样本均值为 71，根据以往的数据显示，消费者满意指数服从标准差为 7 的

---

① 因为是随机抽样，每次得到的结果可能不尽相同。

正态分布。

（1）在95%的置信度下，计算总体均值的点估计和区间估计。

（2）在99%的置信度下，计算总体均值的区间估计。

【操作示范】

通过任务描述中"根据以往的数据显示，消费者满意指数服从标准差为7的正态分布"，得知该任务属于【总体是正态分布且方差已知】的情况，总体均值的点估计为 $\hat{\mu} = \bar{x}$，总体均值的置信度为 $1-\alpha$ 的置信区间是 $\left[\bar{x} - Z_{\alpha/2} \cdot \dfrac{\sigma}{\sqrt{n}}, \quad \bar{x} + Z_{\alpha/2} \cdot \dfrac{\sigma}{\sqrt{n}}\right]$，

其中 $\Delta_{\bar{x}} = Z_{\alpha/2} \cdot \dfrac{\sigma}{\sqrt{n}}$ 为抽样的极限误差。

根据题目描述，样本均值为71，所以对全市快餐类餐馆满意度的点估计值为71。分别对两种置信度条件下进行区间估计计算，在Excel中利用NORM. INV( )函数计算 $Z_{\alpha/2}$。在Excel中，NORM. INV( )函数返回指定平均值和标准差的正态累积分布函数的反函数，其语法为

> NORM. INV(probability, mean, standard_dev)
>
> 其中：probability 是对应于正态分布的概率。
>
> mean 是分布的平均值。
>
> standard_dev 是分布的标准偏差。

当 $1-\alpha = 0.95$ 时，$\alpha/2 = 0.025$，在Excel中输入函数 NORM. INV(0.025, 0, 1)，计算得到标准正态分布小于等于概率0.025的点（见图3 - 8），其中阴影部分的面积是0.025，求得对应横坐标轴点 -1.96，为计算方便，取其绝对值得到 $Z_{\alpha/2} = Z_{0.025} = 1.96$，进而计算得到极限误差为 $\Delta_{\bar{x}} = Z_{\alpha/2} \cdot \dfrac{\sigma}{\sqrt{n}} = 1.96 \times \dfrac{7}{\sqrt{50}} = 1.94$，区间估计为（69.06，72.94）。

类似地，计算得到置信度威9%时区间估计为（68.45，73.55）。在Excel中的具体计算过程和结果如图3 - 9和图3 - 10所示。

【思考】 为什么置信度越大得到的区间估计值范围越大？

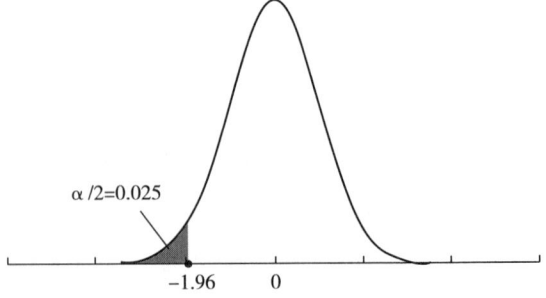

图3 - 8 $Z_{\alpha/2}$ 在 Excel 中的示意图

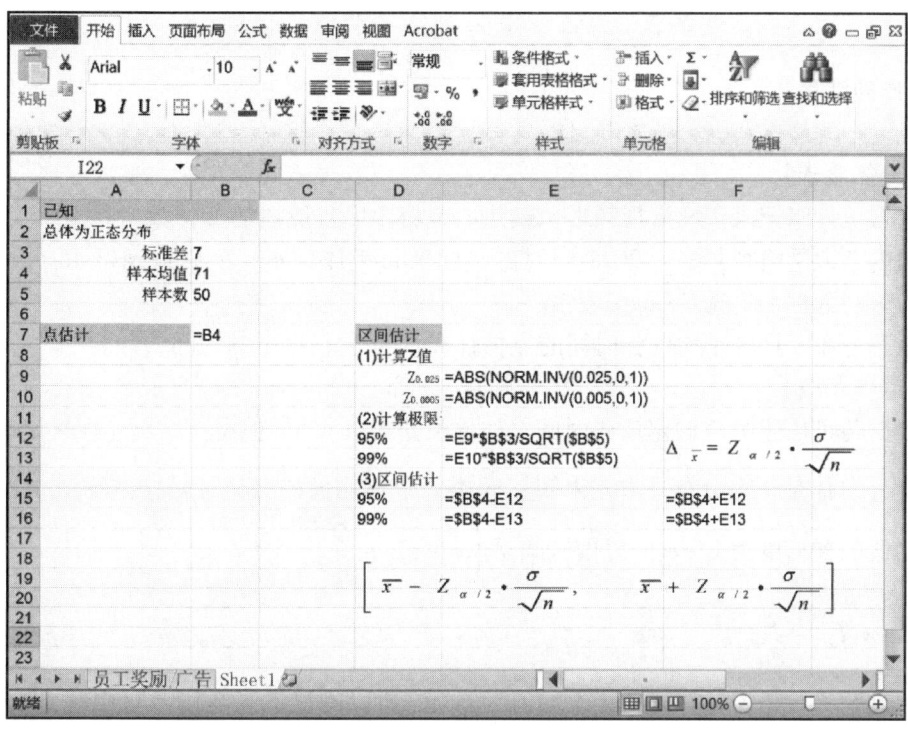

图 3-9　餐馆满意度总体均值估计计算过程

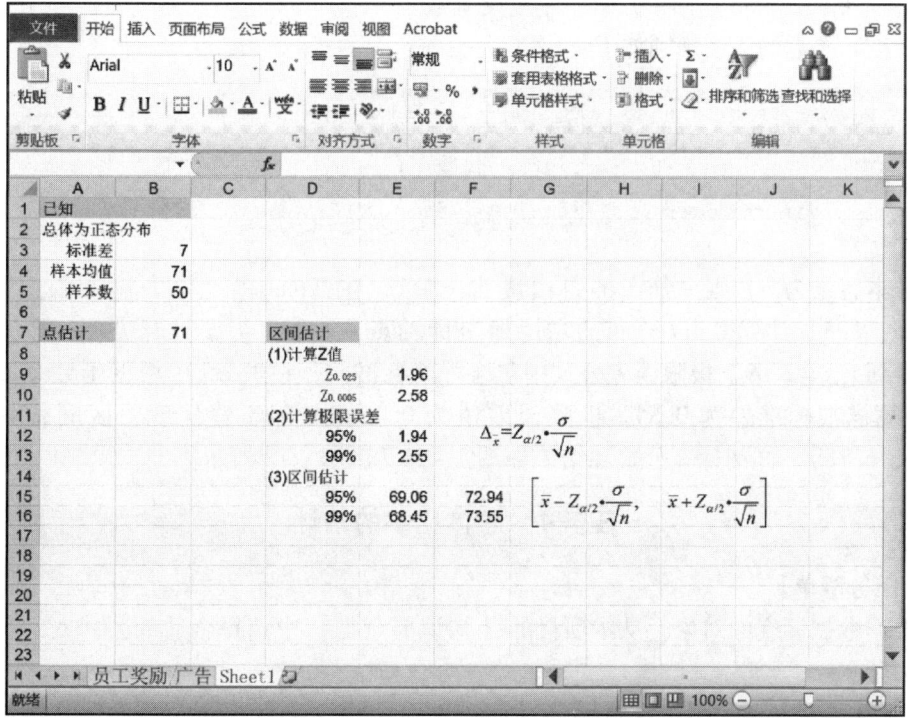

图 3-10　餐馆满意度总体均值估计计算结果

任务3　总体标准差未知的总体均值估计

【任务清单】

以给定的样本数据，从本项目的【知识要点二】中选择合适的公式估计总体均值。

【具体要求】

广告统计组记录了网络视频平台最热门节目中广告所占的分钟数。在2015年7月选取国内三大网络视频平台20个当时的热门节目组成样本，从中得到每45分钟节目中广告时间数据汇，见"Chap3数据.xlsx"中的"广告"数据表。假定广告时间总体服从正态分布，计算平均广告时间的点估计和95%置信度下的区间估计。

【操作示范】

根据题目描述中"假定广告时间总体服从正态分布"，但没有给出总体标准差，所以属于【总体是正态分布且方差未知】一类，总体均值的点估计是样本均值 $\widehat{\mu} = \bar{x}$，总体均值的置信度为 $1 - \alpha$ 的置信区间是 $\left[\bar{x} - t_{\alpha/2} \cdot \dfrac{S}{\sqrt{n}}, \quad \bar{x} + t_{\alpha/2} \cdot \dfrac{S}{\sqrt{n}} \right]$，抽样的极限误差为 $\Delta_{\bar{x}} = t_{\alpha/2} \cdot \dfrac{S}{\sqrt{n}}$。

通过题目数据，计算得到样本均值为6.5，所以网络视频热门节目中每45分钟的广告时长总体均值的点估计为6.5。置信度 $1 - \alpha = 0.95$，在Excel中计算 $t_{\alpha/2}$，利用函数T.INV()，该函数返回t分布的左尾反函数。

T.INV函数的语法规则如下：

> T.INV(probability, deg_freedom)
>
> 其中：probability 是与 t 分布相关的概率。
>
> deg_freedom 代表分布的自由度数。

样本容量为 n，则 t 分布的自由度为 $n-1$，在Excel单元格中输入函数T.INV(0.025, 19)，计算得到 t 分布的左尾横坐标轴点 -2.09，为了计算方便，取其绝对值，得到 $t_{\alpha/2} = 2.09$。极限误差公式中包含样本标准差，在Excel中根据函数STDEV.S()计算样本标准差为0.54。极限误差值为0.25，则95%置信度下区间估计值为(6.27, 6.78)，详细计算公式和结果如图3-11和图3-12所示。

任务4　总体比率的估计

【任务清单】

根据数据调查的对象，从本项目的【知识要点二】中选择合适的公式对总体比率进行估计。

【具体要求】

杭州在出台小轿车的限制政策前，对城市中200人进行随机调查，结果有127个

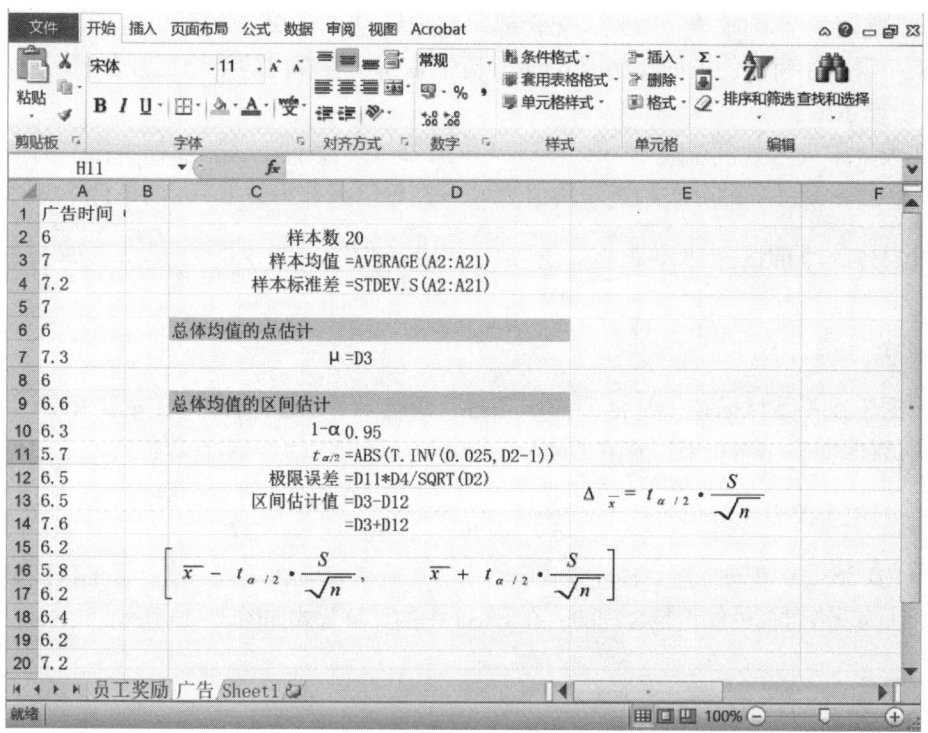

图 3-11 广告时长均值区间估计计算过程

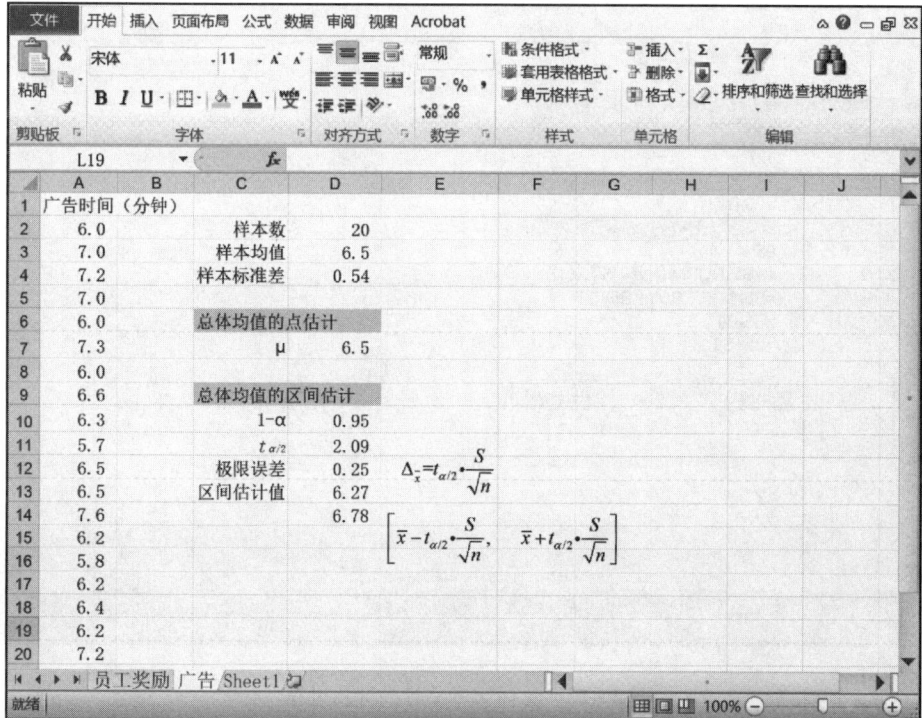

图 3-12 广告时长均值区间估计计算结果

人支持限制小轿车的政策。因此，交管部门给出结论，在95%的可信度下，杭州全体市民支持限制小轿车的人的比例有65%。请你判断交管部门的结论是否合理。

【操作示范】

在大样本（一般经验规则：$np \geq 5n(1-p) \geq 5$）条件下，根据样本比率的抽样分布理论，样本比率p的分布趋近于均值为P。在置信系数为数$1-\alpha$的条件下，样本比率估计总体比率的区间估计是$\left[p - Z_{\alpha/2} \cdot \sqrt{\dfrac{p(1-p)}{n}}, \quad p + Z_{\alpha/2} \cdot \sqrt{\dfrac{p(1-p)}{n}}\right]$，极限误差为$\Delta_p = Z_{\alpha/2} \cdot \sqrt{\dfrac{p(1-p)}{n}}$。

根据任务4题目描述，符合大样本条件，总体比率的点估计为样本比率$P = p = 0.635$。置信度$1-\alpha = 0.95$，则在 Excel 中利用 NORM. INV( ) 函数计算得到$Z_{\alpha/2} = Z_{0.025} = 1.960$，极限误差为$\Delta_p = Z_{\alpha/2} \cdot \sqrt{\dfrac{p(1-p)}{n}} = 1.960 \times \sqrt{\dfrac{0.635 \times (1-0.635)}{200}} = 0.067$，区间估计为（0.568，0.702）。题目描述中政府给出的支持率65%在该置信度计算的区间估计范围，可认为交管部门的结论是合理的。在 Excel 中的计算公式如图3-13所示。

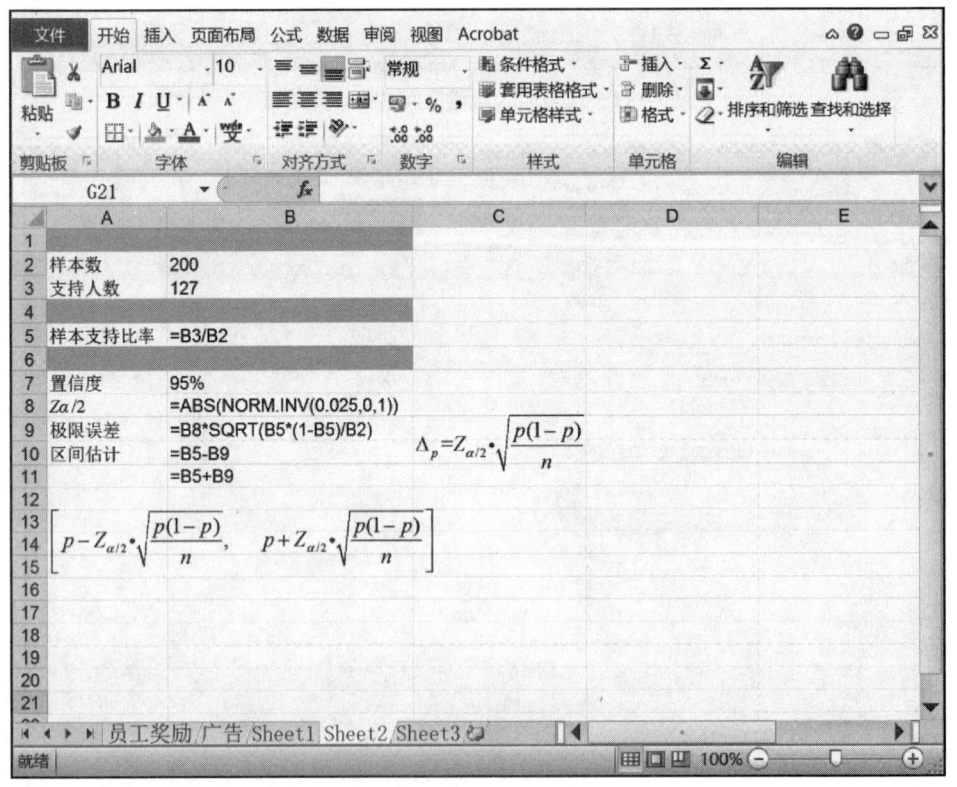

图3-13 总体比率估计的计算过程

任务5 样本容量的确定

【任务清单】

根据数据调查计划,从本项目的【知识要点二】中选择合适的公式计算需要调查的样本容量。

【具体要求】

××银行的信用卡部要估计在月末时,未按时还款的信用卡持卡人所占的比率。假定期望的边际误差为0.03,置信度为95%。在实际调查之前,需要先确定抽取多少样本。

(1) 如果预期的未按时还款持卡人所占比率为70%,则应该抽取多大容量的样本?

(2) 如果不能指定总体比率的计划值,则应该抽取多大容量的样本?

【操作示范】

在估计总体比率时确定样本容量,如果给定极限误差值,则根据极限误差公式推导得出 $\Delta_p = Z_{\alpha/2} \cdot \sqrt{\dfrac{p(1-p)}{n}}$, 样本容量 $n = \dfrac{Z_{\alpha/2}^2 p(1-p)}{\Delta_p^2}$。

在题目(1)中,边际误差为0.03,置信度为95%,预期的未按时还款持卡人所占比率为70%,将各数据代入公式中得到 $n = 896$。

在题目(2)中,不能指定总体比率的计划值,则根据正负各占50%的原则,预期比率设置为50%,将数据代入公式得到 $n = 1\,067$。

具体计算过程如图3-14所示。

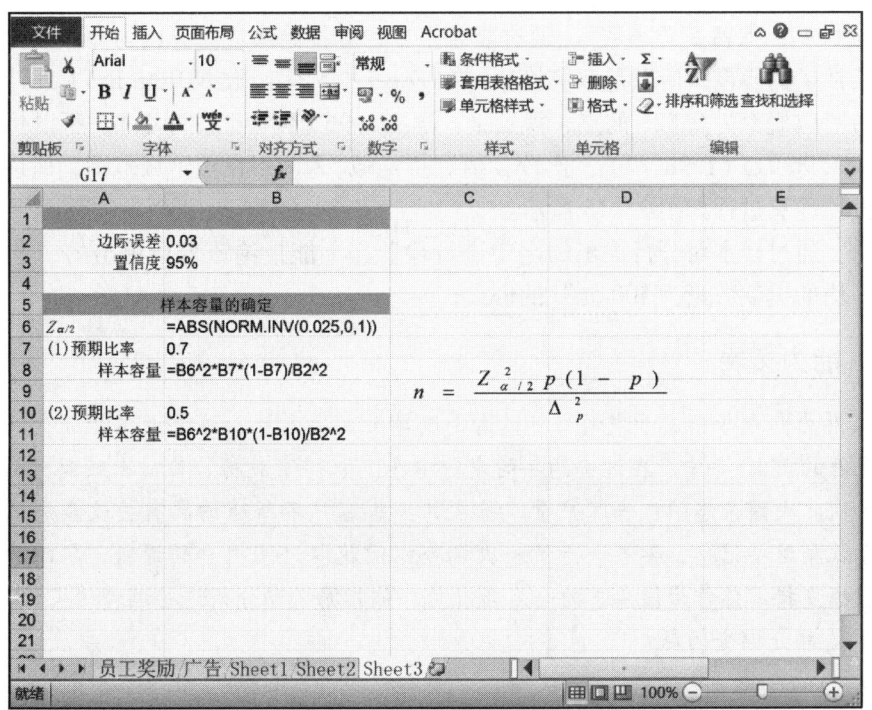

图3-14 样本容量计算过程

任务6 从样本作推断

【任务清单】

根据给定的数据和描述,从本项目的【知识要点三】中选择与题目情景相适应的方法给出假设,并利用样本数据对假设进行检验,给出结论。

【具体要求】

ATM 中必须存有足够多的现金才能满足消费者在整个周末提款的需要。但如果存入过量的现金,银行就会失去投资并赚取利息的机会,如果投入过少,会引起较多的投诉。假设一个分行期望每个顾客在周末平均的提款数量为 500 元,期望的标准差为 150 元。

如果随机抽取了 36 名顾客作为一个随机样本,样本平均的提款额为 600 元。这是否表明:在显著水平为 0.05 时,该分行的期望过低,总体的平均提款额不是 500 元?

【操作示范】

根据假设检验的五个步骤,第一步是提出假设。根据题目中的描述"这是否表明该分行的顾客总体的平均提款额不是 500 元",可以作出如下假设:

$$H_0 : \mu = 500 , \quad H_1 : \mu \neq 500$$

因为已经给出样本数据计算结果"随机抽取了 36 名顾客作为一个随机样本,样本平均的提款额为 600 元",直接进入到假设检验的步骤三——检验统计量。根据题目描述中"随机抽取了 36 名顾客"和"期望的标准差为 150 元"可知,该任务属于"大样本、标准差已知"的情况,所以使用 Z 检验统计量,利用公式(3.31)计算 Z 值,得到 $Z = 0.17$(保留 2 位小数)。通过显著水平计算拒绝域边界,因为原假设是关于均值等于某常量的假设,所以是双侧检验,在 Excel 中利用函数 NORM. INV( ) 计算标准正态分布对应概率为 0.025 的点,得到 $Z_{\alpha/2} = -1.96$(保留 2 位小数),所以拒绝域是 $(-\infty, -1.96) \cup (1.96, \infty)$。比较 Z 值和拒绝域,Z 值不在拒绝域范围,所以不能拒绝原假设。计算过程如图 3-15 所示。

结论:通过样本对分行提出的期望进行检验,不能拒绝该分行提出的"每个顾客在周末平均的提款数量为 500 元"的假设。

五、能力拓展

1.《潜力》电子杂志开发的目标读者是刚毕业的大学生,这些大学毕业生正处于他们职业生涯的前 10 年中。在过去两年的发行中杂志取得了成功。目前出版商感兴趣的问题是:如何扩大该杂志的广告客户量。潜在的广告客户不断地询问有关改杂志的订户特征。为了收集这些信息,杂志进行了一次调查以便获取订阅用户的资料,从而为广告客户提供数据支持。你作为该杂志的一名新雇员,被指派帮助分析这些调查结果。

以下是部分调查问题:

(1)您的年龄多大?

(2)您的性别是:男/女。

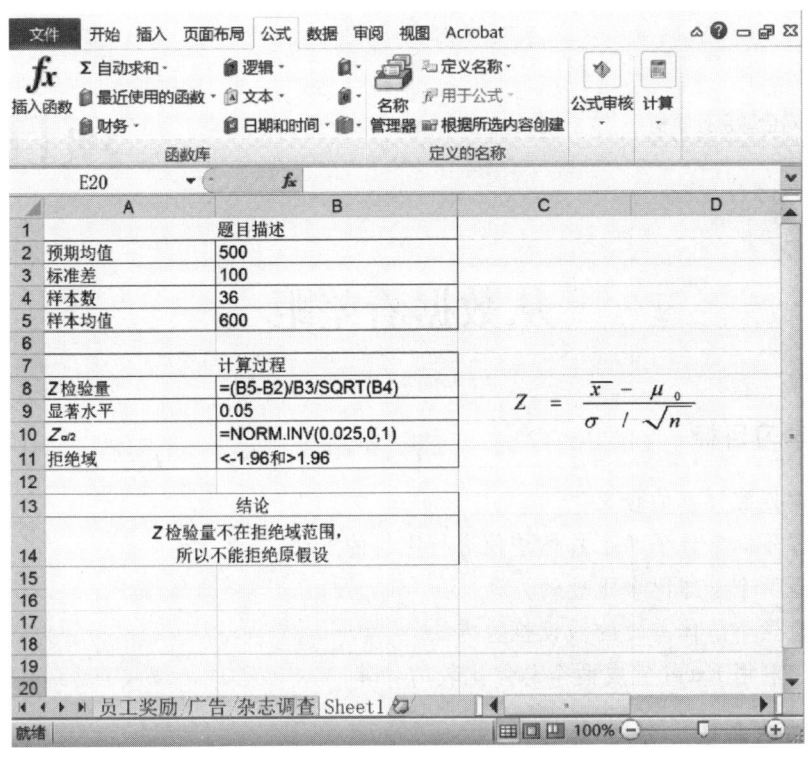

图 3-15　假设检验计算过程示例

（3）未来两年您是否有购买房产的计划？

（4）不包括您的住宅，您或者您的家庭成员进行金融投资的总金额大约是多少？

（5）去年您共进行了多少次股票/基金的交易？

（6）您在家中频繁使用智能设备吗？

（7）您家庭去年的总收入大约为多少？

（8）您有子女吗？

这些数据得到的回答，汇总在"Chap3 数据.xlsx"中的"杂志调查"数据表中。请准备一份管理报告对调查结果进行汇总。除了汇总之外，还需讨论该电子杂志该如何利用这些结果吸引广告客户，例如，对于 APP 推广代理商而言，该杂志是一个好的广告渠道吗？对于销售儿童教育软件和儿童计算机游戏的公司来说，该杂志是打广告的好地方吗？还可以建议该刊物的编辑利用这些调查结果来判断读者对哪些话题更感兴趣。

2. "Chap3 数据.xlsx"中的"基金变动"数据表中列出了2015年9月9日排名前50的基金日变化值。

（1）通过样本数据，在显著水平为0.05时，是否能够表明基金值与前一日的交易值相比有变化？

（2）进行问题1的检验之前，需要作出什么假设？

（3）计算 p-值，并说明其含义。

互联网金融系列教材
HULIANWANG JINRONG XILIE JIAOCAI

项目四

从数据看差距

一、学习目标

◇ 理解匹配样本的含义

◇ 掌握不同条件下两个总体均值进行比较的方法

◇ 掌握两个总体比率比较的方法

◇ 掌握两个总体差距的假设检验方法

◇ 能够利用 Excel 完成两个总体比较的计算

二、项目背景　第三方支付

从 1998 年中国第一笔互联网支付成功开始，互联网这种支付方式就逐渐被人们接受与认可，而作为互联网支付最重要的支付方式之一，第三方支付从诞生之初就以爆炸式的速度不断发展。截止到 2016 年 3 月，中国获得支付业务许可证的第三方支付企业已经达到 267 家，而第三方支付产业作为电子商务的重要服务支持行业，在 2016 年第一季度交易规模达 62 011 亿元。

根据中国人民银行年月正式公布的《非金融机构支付服务管理办法》，其中规定非金融机构支付服务，是指非金融机构在收付款人之间作为中介机构提供下列部分或全部货币资金转移服务。具体包括网络支付、预付卡的发行与受理、银行卡收单和中国人民银行确定的其他支付服务。

第三方支付是买卖双方在交易过程中的资金"中间平台"，是在银行监管下保障交易双方利益的独立机构。在通过第三方支付平台的交易中，买方选购商品后，使用第三方平台提供的账户进行货款支付，由第三方通知卖家货款到达、进行发货；买方检验物品后，通知付款给卖家，第三方再将款项转至卖家账户。第三方支付起到了连接网上商家和银行的作用，实现了第三方监管和技术保障，较好地解决了电子商务诚信、物流等问题。目前，国内第三方支付的代表有支付宝、财付通、快钱等机构。其中以支付宝、财付通为代表的支付企业是以在线支付为主，为电子商务提供"简单、安全、快速"的在线支付解决方案；另一种是以快钱、汇付天下为首的金融型支付企业，它们的业务则是相对侧重于行业需求和开拓行业应用。

（一）第三方支付的发展

在第三方支付蓬勃发展之前，网上商品的交易过程由买卖双方直接进行，银行并不为交易过程提供金融服务，因此卖家只能采用银行转账或邮递付款，交易周期漫长。2002 年，被 eBay 收购后的 PayPal 推出的在线支付服务改变了这一现状，不仅促进电子交易服务的发展，也为公司带来可观利润。PayPal 是美国乃至世界最大的第三方网上支付服务商，它是 1998 年 12 月由 PeterThiel、MaxLevchin 和 ElonMusk 创立的，于 1999 年 10 月开始运营。PayPal 通过银行系统，利用先进的网络技术、风险管理和网络安全防范措施，为全球 103 个国家和地区超过 1.14 亿用户提供安全、快捷、方便的网上支付服务。到 2012 年，在跨国交易中超过 90% 的卖家和超过 85% 的买家认可并正在使用 PayPal 电子支付业务。此外，著名的第三方支付服务商还有 Amazon. com Payments、Yahoo! PayDirect 和 VeriSignInc. 等。

由于中国的特殊国情，PayPal 在中国的发展并不顺遂，更多是被用作国际支付工具，这也为国内第三方支付工具的发展留下了广阔的空间。随着电子商务的发展，在 2005 年前后，各大网站纷纷推出各种特色的第三方支付工具，如支付宝、财付通等。2010 年之后，我国在线支付业务管理办法施行也极大地促进了第三方支付业务的繁荣，第三方支付机构开始广泛地介入细分支付市场，第三方支付的业务领域深入到人们生活的方方面面。目前，国内第三方支付服务商有几十家之多，主要的第三方服务支付商有 10 几家，例如易趣的"安付通"、淘宝的"支付宝"、拍拍网的"财付通"、中国在线支付网的"IPAY"、惠聪网的"买卖通"、上海环迅的智能网关"IPS"、云网的"支付@网"、上海的"99bill"（快钱）、易达信动的"Qpay"、"PayPal 贝宝"以及"网银在线"等。

（二）第三方支付的特点

在缺乏有效信用体系的网络交易环境中，第三方支付模式的推出，在一定程度上解决了网上银行支付方式不能对交易双方进行约束和监督，支付方式比较单一的状况，并对在整个交易过程中货物质量、交易诚信、退换要求等方面无法得到可靠的保证的问题给出了一种解决方案，从而在一定程度上降低了交易欺诈现象。第三方支付平台是当前所有可能的突破支付安全和交易信用双重问题中较理想的解决方案。第三方支付的优势体现在以下几方面：

（1）第三方支付平台采用了与众多银行合作的方式，从而大大地方便了网上交易的进行，对于商家来说，不用安装各个银行的认证软件，在一定程度上简化了费用和操作。

（2）第三方支付平台作为中介方，可以促成商家和银行的合作。对于商家，第三方支付平台可以降低企业运营成本；对于银行，可以直接利用第三方的服务系统提供服务，帮助银行节省网关开发成本。

（3）第三方支付平台能够提供增值服务，帮助商家网站解决实时交易查询和交易系统分析，提供方便及时的退款和止付服务。

（4）第三方支付平台可以对交易双方的交易进行详细的记录，从而防止交易双方对交易行为可能的抵赖，以及为在后续交易中可能出现的纠纷问题提供相应的证据。

然而，随着第三方支付的快速发展，不少弊端也暴露出来，特别是在相关法律不完备的情况下，第三方支付的安全性得不到很好的保证。

（三）第三方支付与商业银行的竞争关系

第三方支付的简单、安全、快速与当前移动互联网的快速发展相匹配，迅速占领互联网金融领域。伴随涉及的层面与业务范畴的持续增加，第三方支付活动占据了商业银行的众多顾客信息，在某种水平上对商业银行的基本给付职能、原有中间交易层面、顾客信息与资产负债活动等会产生一定的压力与代替作用。

在电子商务发展初期，商业银行把大型商户的交易作为发展重点，对于分散的中小型商户并没有加以重视，而这部分客户就成为第三方支付企业的业务领域。随着两者的不断发展，最初达成的"商业银行做大商户，第三方支付企业做小商户"的默契逐渐被打破。第三方支付企业迅速发展，业务领域不断扩大，与商业银行产生业务重叠，金融创新加剧了资金的竞争，第三方支付利用线上和线下支付相结合的方式争夺客户资源，双方的竞争格局不断升级。

1. 业务重叠引起的竞争。第三方支付与商业银行的竞争主要集中在 C2C 和 B2C 市场上，最大的冲突之一就是业务的重叠，正是因为业务的重叠带来利益冲突，使得两者之间的竞争关系不断加剧。负债业务、资产业务和中间业务是商业银行的三大业务种类。然而第三方支付平台的加速发展使其业务领域不断拓宽，逐渐触及到商业银行所擅长的领域。第三方支付凭借着其拥有大量中小客户资源、了解 C2C 市场、提供个性化服务等自身特色在这些业务领域与商业银行进行竞争，产生了业务替代性，必然导致对资金以及客户形成分流。以支付业务为例，支付业务包括货币汇兑、互联网支付、电话等。第三方支付模式使得网上银行脱离了与商家的直接关联，支付款项不再直接通过银行，而是经由第三方的银行账户操作，从而使得第三方支付平台成为银行的大客户。作为银行的大客户，第三方支付平台具有一定的谈判能力，例如降低转账手续费等，从而使得越来越多的客户倾向于借由第三方支付平台完成交易。这在一定程度上降低了网上银行的收入。

2. 客户群的竞争。随着第三方支付平台的蓬勃发展，其用户数量的增长速度也越来越快，这对商业银行拓展客户造成一定的威胁，双方对客户资源的争夺形成了激烈的竞争态势。截至 2016 年 6 月，支付宝月活数高达 29 472.7 万人。支付宝已完成由早期支付工具向场景金融中心蜕变的过程，将支付、理财、股票行情等众多与金融、生活相关的场景进行整合嵌入，大多数用户通过支付宝即可一站式满足自身所有金融服务需求，因此用户规模与活跃度表现超凡。而商业银行由于其历史地位和不断的移动终端开发，商业银行的手机银行类 APP 在数量及用户规模上占据明显优势。然而，商业银行在服务创新以及用户体验方面做得尚不能与第三方支付平台相媲美，在移动支付、理财等方面丧失了大量客户。

3. 沉淀资金的利益竞争。沉淀资金即存放在第三方平台的虚拟账户中、没有在市场上流动的客户资金。沉淀资金产生于第三方支付平台的收付非同步性，在理想的支付环境中，买卖双方资金的收付是同时进行的。而使用第三方支付平台进行支付时，先由买家付款，交易资金首先进入第三方支付的账户，在第三方支付平台得到买家确认授权付款后，由第三方支付平台将资金转给卖家。这一过程一般要经历 3 ~ 7 天，大量的沉淀资金便滞留在第三方支付平台中。那么，这部分停留在平台的资金的利息归属于谁呢？理论上是归属于客户的，但是实际操作中，归还给客户利息的费用可能比利息本身还要高。所以这部分利息的归属一直是个问题。

4. 理财产品的销售竞争。第三方支付企业在业务领域上不断拓宽，加强金融创新，开始推出理财产品。以支付宝为例，2013 年 6 月 13 日，支付宝与天弘基金联合推出余额宝。余额宝是支付宝为个人用户打造的一项余额增值服务。用户将资金存入余额宝后既可获得投资收益，也可以满足用户网上购物、转账等支付需求。与商业银行的理财产品不同，余额宝投资门槛很低，即使一元也可用于投资，而商业银行理财产品的起投金额一般在万元以上，这样余额宝就将大量用户零散的资金聚集在一起进行投资。尽管目前以支付宝为代表的第三方支付企业的理财产品收益率已经降低，但第三方支付企业以其灵活性和多变性，根据社会经济环境的变化不断推出新的理财产品，使得商业银行已经丧失了理财市场的主导地位。

（四）第三方支付与商业银行之间的合作

尽管第三方支付与商业银行之间存在激烈的竞争，但第三方支付平台与商业银行之间的联系也是密不可分的。如果没有网上银行，第三方支付则会由于缺少了资金流动通道而无法正常运转。第三方支付平台的日益完善，尤其是在交易过程中提供了信用担保服务，极大地促进了我国电子商务市场的发展，也在一定程度上促进了网上银行业的进一步完善和发展。

1. 商业银行是第三方支付快速发展的保障。银行为第三方支付机构提供了最终的结算服务，第三方支付机构不能开设实体账户，业务流程也不够完善，支付结算功能都是通过与银行对接来完成的。商业银行在长期的发展过程中，建立了安全专业的支付系统，第三方支付平台需要商业银行解决支付安全问题。同时，商业银行为第三方支付业务提供资金托管和结算。在网上支付中，商业银行作为资金结算、托管端的地位是无法取代的。第三方支付的支付功能只有依赖银行体系才能得以实现，账户资金的流动通过银行账户完成。商业银行作为第三方支付企业客户保证金的托管银行，为其提供最终的结算服务。

2. 第三方支付使得商业银行获得更多的利润。商业银行传统利润来自于存贷款的利息差，但是随着央行一系列降息举措、加强对利率市场化的推进、银行同业之间竞争越来越激烈，银行的利润受到严重挤压，仅靠息差已经不能满足商业银行的逐利性。第三方支付企业的兴起使得商业银行的非利息收入逐渐增加。商业银行将零星中小客户的支付业务交给第三方支付企业，既可为其节省处理纠纷的时间、降低服务成本、提高效率，同时也可以与第三方支付企业分享手续费。第三方支付企业在商业银行中存放的客户保证金为商业银行带来可观的可贷资金，是其盈利的保证。

3. 第三方支付与商业银行共同开展金融创新。在网络经济和信息化经济时代，人们的娱乐休闲、工作、消费等渐趋于网络化、虚拟化，同时，人们也更加注重时效性。这就要求第三方支付平台和商业银行及时开发适合网络时代的金融产品。结合市场需求，进一步丰富电子支付产品，加快手机支付、电话支付、在线分期付款等产品的创新实践，提升客户体验，增强客户黏性，巩固支付业务的主导地位。通过"一点接入、多点对接"的系统架构，为客户提供具有统一身份验证、跨行账户管理、跨行资金汇划、跨行资金归集、统一直联平台、统一财务管理等功能的一站式网上支付管理新平台。

第三方支付平台的运行离不开商业银行，而商业银行可以借助第三方支付平台获得利润、开展业务、拓展客户等。两者合作能够相互促进，实现互利共赢。双方既有合作又有竞争，不断促进我国形成一个健康有序的支付体系，促进电子商务的发展，进而促进我国经济的发展。

三、知识要点

在统计学中，除了能够计算一个总体的均值区间估计，还可以为两个总体的均值差异构造置信区间，比如希望知道两个地区可乐的销售量差异，可以建立两个地区销售量均值之差的 $\mu_1 - \mu_2$ 置信区间。想知道在某一地区，随着经济环境的转好，工作的女性的比例差异，可以构造比例之差 $p_1 - p_2$ 的置信区间。数据之间的差异比较分为两大类：一类是比较两个总体的独立样本（Independent Samples），例如两个超市的销售量、两只股票近三年的平均收益等，另一类基于两个总体的匹配样本（Matched Samples），例如参加调查的人群服用了××减肥产品前后的体重变化、促销方案实施前后可乐的销售量差异等。

（一）两个总体均值之间的差距

样本 $x_1, x_2, \cdots, x_n$ 和 $y_1, y_2, \cdots, y_m$ 分别来自两个总体 X 和 Y。假设总体 X 的均值为 μ_X，标准差为 σ_X，总体 Y 的均值为 μ_Y，标准差为 σ_Y，要通过样本均值 $\bar{x}$ 和 $\bar{y}$ 计算 $\mu_X - \mu_Y$ 在指定置信度下的置信区间。下面分别介绍两个总体是否服从正态分布、两个总体标准差是否已知等几种情况下的总体均值差区间估计方法。

1. 两个总体方差已知。如果两个总体的方差已知，且都服从正态分布；或者方差已知，非正态分布，但是大样本情况下，来自两个总体的样本均值之差 $\bar{x} - \bar{y}$ 服从 $N\left(\mu_X - \mu_Y, \dfrac{\sigma_X^2}{n} + \dfrac{\sigma_Y^2}{m}\right)$ 的正态分布，将其标准化处理，则 $\dfrac{(\bar{x} - \bar{y}) - (\mu_X - \mu_Y)}{\sqrt{\dfrac{\sigma_X^2}{n} + \dfrac{\sigma_Y^2}{m}}}$ 服从标准

正态分布 $N(0,1)$，对给定的置信系数 $1 - \alpha$，查询标准正态分布表得到临界值 $Z_{\alpha/2}$，使得 $\dfrac{(\bar{x} - \bar{y}) - (\mu_X - \mu_Y)}{\sqrt{\dfrac{\sigma_X^2}{n} + \dfrac{\sigma_Y^2}{m}}}$ 在区间 $(-Z_{\alpha/2}, Z_{\alpha/2})$ 的概率为 $1 - \alpha$，即

$$P\left\{\frac{(\bar{x} - \bar{y}) - (\mu_X - \mu_Y)}{\sqrt{\dfrac{\sigma_X^2}{n} + \dfrac{\sigma_Y^2}{m}}} \leqslant Z_{\alpha/2}\right\} = 1 - \alpha \tag{4.1}$$

则两个总体均值之差 $\mu_X - \mu_Y$ 的置信区间是

$$(\bar{x} - \bar{y}) \pm Z_{\alpha/2} \cdot \sqrt{\frac{\sigma_X^2}{n} + \frac{\sigma_Y^2}{m}} \tag{4.2}$$

式中，$\Delta_{(\bar{x}-\bar{y})} = Z_{\alpha/2} \cdot \sqrt{\dfrac{\sigma_X^2}{n} + \dfrac{\sigma_Y^2}{m}}$ 为抽样的极限误差。

2. 两个正态总体方差未知但相等。此情况只计算两个总体服从正态分布的情况。两个总体的方差未知但相等，假设用 S^2 表示，$S^2 = \dfrac{(n - 1)S_x^2 + (m - 1)S_y^2}{n + m - 2}$，其中 S_x^2 和 S_y^2 分别是来自两个总体的样本方差。

根据数理统计知识，采用 t 分布来建立两个总体均值之差的置信区间，$\dfrac{(\bar{x} - \bar{y}) - (\mu_X - \mu_Y)}{S \cdot \sqrt{\dfrac{1}{n} + \dfrac{1}{m}}} \sim t(n + m - 2)$。对给定的置信系数 $1 - \alpha$，查询自由度为 $n + m - 2$ 的 t 分布表，得到 $t_{\alpha/2}(n + m - 2)$，使得

$$P\left\{\frac{|(\bar{x} - \bar{y}) - (\mu_X - \mu_Y)|}{S \cdot \sqrt{\dfrac{1}{n} + \dfrac{1}{m}}} \leqslant t_{\alpha/2}(n + m - 2)\right\} = 1 - \alpha \tag{4.3}$$

从而得到两个总体均值之差 $\mu_X - \mu_Y$ 的置信度为 $1 - \alpha$ 的置信区间是

$$(\bar{x} - \bar{y}) \pm t_{\alpha/2}(n + m - 2) \cdot S \cdot \sqrt{\frac{1}{n} + \frac{1}{m}} \tag{4.4}$$

极限误差为 $\Delta_{(\bar{x}-\bar{y})} = t_{\alpha/2}(n + m - 2) \cdot S \cdot \sqrt{\dfrac{1}{n} + \dfrac{1}{m}}$，其中 $S = \sqrt{\dfrac{(n - 1)S_x^2 + (m - 1)S_y^2}{n + m - 2}}$。

3. 两个正态总体方差未知且不相等。两个总体的方差未知，根据样本计算得到的样本方差分别为 S_x^2 和 S_y^2。采用 t 分布来建立两个总体均值之差的置信区间，$\dfrac{(\bar{x} - \bar{y}) - (\mu_X - \mu_Y)}{\sqrt{\dfrac{S_x^2}{n} + \dfrac{S_y^2}{m}}} \sim t(df)$，其中 df 是 t 分布的自由度：

$$df = \left[\frac{S_x^2}{n} + \frac{S_y^2}{m}\right]^2 \Big/ \left[\frac{\left(\dfrac{S_x^2}{n}\right)^2}{n} + \frac{\left(\dfrac{S_y^2}{m}\right)^2}{m}\right] \tag{4.5}$$

对给定的置信系数 $1 - \alpha$，得到两个总体均值之差 $\mu_X - \mu_Y$ 的置信区间是

$$(\bar{x} - \bar{y}) \pm t_{\alpha/2}(df) \cdot \sqrt{\frac{S_x^2}{n} + \frac{S_y^2}{m}} \tag{4.6}$$

极限误差为 $\Delta_{(\bar{x}-\bar{y})} = t_{\alpha/2}(df) \cdot \sqrt{\dfrac{S_x^2}{n} + \dfrac{S_y^2}{m}}$。

（二）匹配样本方案下的总体均值差距

以一项工程可以采用 A、B 两种施工方法进行为例，为了比较哪种施工方法更好，在实际施工之前可以先进行实验比较。一种实验方法是采用独立样本方案。独立样本方案从公司的所有工人中随机抽取两批工人，一批工人以 A 方法进行施工，另一批以 B 方法施工，对比两批工人的完成数据，判断两种施工方法的优劣。数据的均值之差置信区间的计算按照前面的方法进行。

另一种实验方法是采用匹配样本方案。匹配样本方案从公司的所有工人中随机抽取一批工人，该批工人先以 A 施工方法完成该工程，再以 B 方法完成，或者反之先以 B 方法完成，再用 A 方法完成。抽取的每个工人都要用两种方法完成实验，对比每个工人分别采用两种方法得到的数据，判断两种施工方法的优劣。

样本 $x_1, x_2, \cdots, x_n$ 和 $y_1, y_2, \cdots, y_n$ 分别来自两个总体 X 和 Y。为了便于表示匹配样本方案的均值之差的置信区间计算，定义符号如下：

d_i：第 i 个配对样本数据的差值，即 $d_i = x_i - y_i, i = 1, 2, \cdots, n$；

$\bar{d}$：配对样本数据差值的平均值，即 $\bar{d} = \dfrac{\sum\limits_{i=1}^{n} d_i}{n}$；

S_d：配对样本数据差值的标准差，即 $S_d = \sqrt{\dfrac{\sum\limits_{i=1}^{n}(d_i - \bar{d})^2}{n-1}}$。

根据数理统计知识，$\dfrac{\bar{d} - (\mu_X - \mu_Y)}{S_d \cdot \sqrt{\dfrac{1}{n}}} \sim t(n-1)$。对给定的置信系数 $1 - \alpha$，匹配样本方案下的两个总体均值之差的置信区间为

$$\bar{d} \pm t_{\alpha/2}(n-1) \cdot \frac{S_d}{\sqrt{n}} \qquad (4.7)$$

极限误差为 $\Delta_{(\mu_x - \mu_y)} = t_{\alpha/2} \cdot \dfrac{S_d}{\sqrt{n}}$。

以上面的工程实验为例，假设随机抽取 10 名工人，分别采用 A、B 施工方法完成该工程的时间如表 4-1 所示。计算得到 $\bar{d} = 11.2，S_d = 6.106$（截取了 3 位小数），根据公式（4.7），得到如下结论：经过实验对比，A、B 两种施工方法在匹配样本方案下平均完成时间的 95% 置信区间是 $(6.832, 15.568)$。

表 4-1 施工方法的匹配样本方案比较

人员编号	A 方法	B 方法
1	78	71
2	63	44
3	72	61
4	89	84
5	91	74
6	51	51
7	68	55
8	76	60
9	85	77
10	55	39

（三）两个总体比率之间的差距

样本 $x_1, x_2, \cdots, x_n$ 和 $y_1, y_2, \cdots, y_m$ 分别来自两个总体 X 和 Y，要通过两个样本的样本比率 p_x 和 p_y 计算总体比率 $P_X - P_Y$ 在指定置信度下的置信区间。

当两个样本都是大样本的情况下，$p_x - p_y$ 近似服从均值为 $P_X - P_Y$，标准差为 $\sqrt{\dfrac{P_x(1-P_x)}{n} + \dfrac{P_y(1-P_y)}{m}}$ 的正态，利用正态分布标准化方法，对给定的置信系数 $1-\alpha$，两个总体比率之差 $p_x - p_y$ 的置信区间为

$$(p_x - p_y) \pm Z_{\alpha/2} \cdot \sqrt{\frac{p_x(1-p_x)}{n} + \frac{p_y(1-p_y)}{m}} \qquad (4.8)$$

极限误差为 $\Delta_{(p_x-p_y)} = Z_{\alpha/2} \cdot \sqrt{\dfrac{p_x(1-p_x)}{n} + \dfrac{p_y(1-p_y)}{m}}$。

（四）两个总体方差之间的差距

样本 $x_1, x_2, \cdots, x_n$ 和 $y_1, y_2, \cdots, y_m$ 分别是来自两个总体 X 和 Y 的样本，假设总体 X 的均值为 μ_X，方差为 σ_X^2，总体 Y 的均值为 μ_Y，方差为 σ_Y^2，要通过样本方差 S_x^2 和 S_y^2 计算 $\sigma_X^2 - \sigma_Y^2$ 在指定置信度下的置信区间（通常假设 $S_x^2 \geqslant S_y^2$）。

当两个总体均服从正态分布，且相互独立时，有 $\dfrac{S_x^2}{S_y^2} \times \dfrac{\sigma_X^2}{\sigma_Y^2} \sim F(n-1, m-1)$，则在给定置信系数 $1-\alpha$ 时，两个总体方差之差 $\sigma_X^2 - \sigma_Y^2$ 的置信区间为

$$\left[\frac{\dfrac{S_x^2}{S_y^2}}{F_{\alpha/2}(n-1, m-1)}, \frac{\dfrac{S_x^2}{S_y^2}}{F_{1-\alpha/2}(n-1, m-1)} \right] \qquad (4.9)$$

（五）两个总体参数差距的检验

与项目三类似，在讨论了通过样本估计总体参数之后，我们同样对两个总体之间的参数差距进行假设检验，包括两个总体的均值、比例和方差的检验。与前面的参数估计不同，本部分是对两个总体参数的差的状态进行假设，通过样本数据验证是否接受该假设。两个总体参数的差的状态主要分为差为零、大于等于零和小于等于零三种。以两个总体的均值之差的假设检验为例，三种基本假设形式如下：

双侧检验：$H_0: \mu_X - \mu_Y = 0$；$H_1: \mu_X - \mu_Y \neq 0$

左侧检验：$H_0: \mu_X - \mu_Y \geqslant 0$；$H_1: \mu_X - \mu_Y < 0$

右侧检验：$H_0: \mu_X - \mu_Y \leqslant 0$；$H_1: \mu_X - \mu_Y > 0$

1. 两个独立总体均值之差的检验。样本 $x_1, x_2, \cdots, x_n$ 和 $y_1, y_2, \cdots, y_m$ 分别是来自两个总体 X 和 Y 的样本，假设总体 X 的均值为 μ_X，方差为 σ_X^2，总体 Y 的均值为 μ_Y，方差为 σ_Y^2。

如果是大样本情况，或者是小样本且两个总体的分布均是正态分布的情况，若两个总体的方差已知，则采用 Z 检验统计量，对应于三种假设形式，两个总体均值之差的检验方法如表 4-2 所示。

表 4 – 2　　　　　　　　　　方差已知的两个总体均值之差的检验方法

	双侧检验	左侧检验	右侧检验
假设形式	$H_0: \mu_X - \mu_Y = 0,$ $H_1: \mu_X - \mu_Y \neq 0$	$H_0: \mu_X - \mu_Y \geqslant 0,$ $H_1: \mu_X - \mu_Y < 0$	$H_0: \mu_X - \mu_Y \leqslant 0,$ $H_1: \mu_X - \mu_Y > 0$
检验统计量	σ_X^2, σ_Y^2 已知$: Z = \dfrac{(\bar{x} - \bar{y}) - (\mu_X - \mu_Y)}{\sqrt{\dfrac{\sigma_X^2}{n} + \dfrac{\sigma_Y^2}{m}}}$		
α 与拒绝域	$\|z\| > z_{\alpha/2}$	$z < -z_\alpha$	$z > z_\alpha$
p 值决策准则	$p < \alpha,$ 拒绝 H_0		

如果两个总体的方差未知，对于大样本情况，两个样本的均值之差 $\bar{x} - \bar{y}$ 近似服从正态分布，所以仍采用 Z 检验统计量，未知的方差由样本方差代替（见表 4 – 3）。

如果两个总体的方差未知，且是小样本情况，则如果两个总体均是正态分布的话，则采用 t 检验统计量进行假设检验，具体如表 4 – 3 所示。

表 4 – 3　　　　　　　　　　方差未知的两个总体均值之差的检验方法

	双侧检验	左侧检验	右侧检验
假设形式	$H_0: \mu_X - \mu_Y = 0,$ $H_1: \mu_X - \mu_Y \neq 0$	$H_0: \mu_X - \mu_Y \geqslant 0,$ $H_1: \mu_X - \mu_Y < 0$	$H_0: \mu_X - \mu_Y \leqslant 0,$ $H_1: \mu_X - \mu_Y > 0$
检验统计量	大样本 $Z = \dfrac{(\bar{x} - \bar{y}) - (\mu_X - \mu_Y)}{\sqrt{\dfrac{S_X^2}{n} + \dfrac{S_Y^2}{m}}}$		小样本且两个总体服从正态分布 $t = \dfrac{(\bar{x} - \bar{y}) - (\mu_X - \mu_Y)}{\sqrt{\dfrac{S_X^2}{n} + \dfrac{S_Y^2}{m}}}$ 自由度 $df = \dfrac{\left(\dfrac{S_X^2}{n} + \dfrac{S_Y^2}{m}\right)^2}{\dfrac{(S_X^2/n)^2}{n-1} + \dfrac{(S_Y^2/m)^2}{m-1}}$
α 与拒绝域	$\|z\| > z_{\alpha/2}$ 或 $\|t\| > t_{\alpha/2}(df)$	$z < -z_\alpha$ 或 $t < -t_\alpha(df)$	$z > z_\alpha$ 或 $t > t_\alpha(df)$
p 值决策准则	$p < \alpha,$ 拒绝 H_0		

2. 匹配样本条件下两个总体均值之差的检验。对于匹配样本时两个总体均值之差的假设检验，同样利用匹配样本之间的差设计统计检验量。

样本 $x_1, x_2, \cdots, x_n$ 和 $y_1, y_2, \cdots, y_n$ 分别是来自两个总体 X 和 Y 的样本，对于每个编号 i，x_i 假设总体 X 的均值为 μ_X，方差为 σ_X^2，总体 Y 的均值为 μ_Y，方差为 σ_Y^2。

对于大样本情况，两个总体配对差值构成的总体服从正态分布，对于小样本情形，配对插值经过标准化后服从自由度为 $n - 1$ 的 t 分布，因此选择的检验统计量为 $t = $

$\dfrac{\bar{d} - (\mu_X - \mu_Y)}{S_d / \sqrt{n}}$。其中，$\bar{d} = \dfrac{\sum\limits_{i=1}^{n} d_i}{n}$ 表示配对样本数据差值的平均值，$d_i, i = 1, 2, \cdots, n$ 表

示第 i 个配对样本数据的差值，$S_s^2 = \dfrac{\sum\limits_{i=1}^{n}(d_i - \bar{d})}{n-1}$ 表示配对数据差值的方差。对于三种假设形式，决策准则如表 $4-4$ 所示。

表 $4-4$ **匹配样本的两个总体均值之差的检验方法**

	双侧检验	左侧检验	右侧检验
假设形式	$H_0 : \mu_X - \mu_Y = 0,$ $H_1 : \mu_X - \mu_Y \neq 0$	$H_0 : \mu_X - \mu_Y \geqslant 0,$ $H_1 : \mu_X - \mu_Y < 0$	$H_0 : \mu_X - \mu_Y \leqslant 0,$ $H_1 : \mu_X - \mu_Y > 0$
检验统计量	$t = \dfrac{\bar{d} - (\mu_X - \mu_Y)}{S_d / \sqrt{n}}$，自由度 $n-1$		
α 与拒绝域	$\lvert t \rvert > t_{\alpha/2}(n-1)$	$t < -t_\alpha(n-1)$	$t > t_\alpha(n-1)$
p 值决策准则	$p < \alpha$，拒绝 H_0		

3. 两个总体比例之差的检验。样本 $x_1, x_2, \cdots, x_n$ 和 $y_1, y_2, \cdots, y_m$ 分别是来自两个总体 X 和 Y 的样本，假设总体 X 中具有某属性的对象比例 p_X，总体 Y 中具有某属性的对象比例 p_Y。

两个总体比例之差的检验分两种情况：检验两个总体比例是否相等的假设，即 $H_0 : p_X - p_Y = 0, H_1 : p_X - p_Y \neq 0$；检验两个总体比例之差等于某一常数的假设，即 $H_0 : p_X - p_Y = c, H_1 : p_X - p_Y \neq c$。

对于这两种情况，均采用 Z 检验统计量。

对于判断两个总体比例是否相等的情况，由于原假设中假设两个总体比例相等 $p_X = p_Y$，最佳估计量不是样本比例 p_x 和 p_y，而是将两个样本合并后得到比例 p，即样本 1 中具有某属性的对象个数为 n_1，样本 2 中具有某种属性的对象个数为 m_1，则合并后的比例为 $p = \dfrac{n_1 + m_1}{n + m}$。

对于判断两个总体比例之差是否为常量的情况，最佳估计量是样本比例 p_x 和 p_y。

两种情况下两个总体比例的假设检验如表 $4-5$ 所示。

表 $4-5$ **两个总体比例之差的检验方法**

	两个总体比例是否相等	两个总体比例之差是否为一常量
假设形式	$H_0 : p_X - p_Y = 0,$ $H_1 : p_X - p_Y \neq 0$	$H_0 : p_X - p_Y = c,$ $H_1 : p_X - p_Y \neq c$
检验统计量	$Z = \dfrac{p_x - p_y}{\sqrt{p(1-p)\left(\dfrac{1}{n} + \dfrac{1}{m}\right)}}$	$Z = \dfrac{p_x - p_y - c}{\sqrt{\dfrac{p_x(1-p_x)}{n} + \dfrac{p_y(1-p_y)}{m}}}$
α 与拒绝域	$\lvert z \rvert > z_{\alpha/2}$	
p 值决策准则	$p < \alpha$，拒绝 H_0	

4. 两个总体方差比的检验。对两个总体的方差进行比较，通常采用方差的比值 σ_X^2/σ_Y^2（或 σ_Y^2/σ_X^2）进行判断，假设的形式分为 $H_0:\sigma_X^2/\sigma_Y^2 = 1, H_1:\sigma_X^2/\sigma_Y^2 \neq 1$；$H_0:\sigma_X^2/\sigma_Y^2 \geq 1, H_1:\sigma_X^2/\sigma_Y^2 < 1$ 和 $H_0:\sigma_X^2/\sigma_Y^2 \leq 1, H_1:\sigma_X^2/\sigma_Y^2 > 1$。双侧检验时，用较大的样本方差除以较小的样本方差，以保证拒绝域总发生在抽样分布的右侧。

方差比的检验用 F 检验统计量，即 $F = S_1^2/S_2^2$ 或 $F = S_2^2/S_1^2$，详细的假设形式和拒绝域之间的关系如表 4 - 6 所示。

表 4 - 6　　　　　　两个总体方差比的检验方法

	双侧检验	左侧检验	右侧检验
假设形式	$H_0:\sigma_X^2/\sigma_Y^2 = 1,$ $H_1:\sigma_X^2/\sigma_Y^2 \neq 1$	$H_0:\sigma_X^2/\sigma_Y^2 \geq 1,$ $H_1:\sigma_X^2/\sigma_Y^2 < 1$	$H_0:\sigma_X^2/\sigma_Y^2 \leq 1,$ $H_1:\sigma_X^2/\sigma_Y^2 > 1$
检验统计量	$F = \dfrac{较大的样本方差}{较小的样本方差}$	$F = S_1^2/S_2^2$ 或 $F = S_2^2/S_1^2$	
α 与拒绝域	$F > F_{\alpha/2}(n-1, m-1)$	$F > F_\alpha(n-1, m-1)$	

四、项目任务

【任务概览】

本项目通过抽样调查的数据，对两个总体的均值或比率进行比较，在给定置信系数的条件下计算两个总体均值之差或比率之差的置信区间。

1. 根据题目描述，判断是独立样本方案还是匹配样本方案。

2. 根据题目给出的条件，选择合适的公式计算两个总体均值之差的置信区间。

3. 能够作出正确的结论描述。

任务 1　方差已知条件下的两个总体均值的比较

【任务清单】

根据调查数据和描述的情景，在本项目【知识要点（一）】中选择合适的公式对两个总体的均值进行比较，计算两个总体均值差异的区间估计。

【具体要求】

联华超市在市区和郊区都开设了多家分店，以一家市中心超市和一家郊区超市为例进行顾客群体差异的调研。假设现在要调查的是两家超市顾客年龄的差异。已知两家超市的顾客群体年龄均服从正态分布，市区的顾客群体年龄标准差为9，郊区的顾客群体年龄标准差为10。

调查数据如下：

市区超市的顾客样本数为 36，平均年龄为 40 岁，郊区的顾客样本数为 49，平均年龄为 35 岁。

估计 95% 置信度下两个超市顾客年龄的相差范围。

【操作示范】

根据题目描述中"已知两家超市的顾客群体年龄均服从正态分布，市区的顾客群体年龄标准差为9，郊区的顾客群体年龄标准差为10"可判断，该问题属于"两个总体方差已知条件下的均值之差置信区间"计算问题。

样本 $x_1, x_2, \cdots, x_n$ 和 $y_1, y_2, \cdots, y_m$ 分别来自两个总体 X 和 Y。则 X 和 Y 的均值之差 $\mu_X - \mu_Y$ 的置信区间是：$(\bar{x} - \bar{y}) \pm Z_{\alpha/2} \cdot \sqrt{\dfrac{\sigma_X^2}{n} + \dfrac{\sigma_Y^2}{m}}$，其中 $\bar{x}$ 和 $\bar{y}$ 分别是样本均值，σ_X 和 σ_Y 分别是两个总体已知的标准差，n 和 m 是两个样本的样本容量。

通过题目描述语句，假设市区超市的顾客总体为 X，郊区超市的顾客总体为 Y，则有 $\bar{x} = 40$，$\bar{y} = 35$，$n = 36$，$m = 49$。置信系数 $1 - \alpha = 0.95$，在 Excel 指定单元格中输入函数 NORM. INV（0.025，0，1），计算得到 $Z_{\alpha/2} = Z_{0.025} = 1.96$。再计算极限误差 $\Delta_{(\bar{x}-\bar{y})} = Z_{\alpha/2} \cdot \sqrt{\dfrac{\sigma_X^2}{n} + \dfrac{\sigma_Y^2}{m}} = 4$。所以在 95% 置信度下，市区超市顾客总体和郊区超市顾客总体之间的年龄差置信区间为（1，9），详细计算过程如图 4-1 所示。

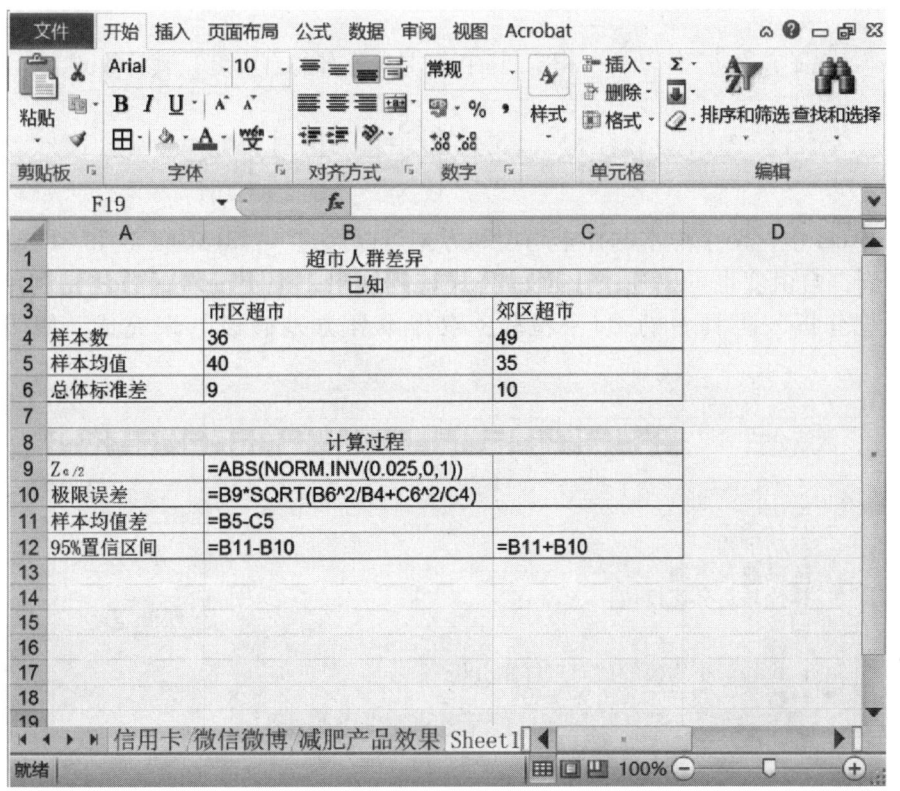

图 4-1 市区和郊区超市顾客年龄相差区间

任务 2　方差未知条件下的两个总体均值的比较

【任务清单】

根据调查数据和描述的情景，在本项目【知识要点（一）】中选择合适的公式对两个总体的均值进行比较，计算两个总体均值差异的区间估计。

【具体要求】

中国工商银行在作一项研究，旨在确定两个分行的客户信用卡消费金额的差异。已知客户的信用卡消费金额基本服从正态分布。从 A 分行抽取 28 个账户组成一个随机样本，从 B 行抽取 22 个账户组成另一个随机样本，账户月消费金额数据见"Chap4 数据.xlsx"的"信用卡"表。

请比较置信度为 95% 条件下，两个分行客户信用卡月消费金额均值的差异。

【操作示范】

题目仅给出两个总体服从正态分布样本的样本数和样本数据，没有指明总体的标准差，也没有说明两个总体的标准差是否相等，所以符合"两个正态总体，但方差未知且不相等"的计算问题。对于该类型的来自两个总体 X 和 Y 样本 $x_1, x_2, \cdots, x_n$ 和 $y_1, y_2, \cdots, y_m$，对给定的置信系数 $1-\alpha$，通过样本计算两个总体均值之差 $\mu_X - \mu_Y$ 的置信区间为 $(\bar{x} - \bar{y}) \pm t_{\alpha/2}(df) \cdot \sqrt{\dfrac{S_x^2}{n} + \dfrac{S_y^2}{m}}$，其中 df 是 t 分布的自由度，其计算式为

$$df = \left[\frac{S_x^2}{n} + \frac{S_y^2}{m}\right]^2 \Big/ \left[\frac{\left(\frac{S_x^2}{n}\right)^2}{n} + \frac{\left(\frac{S_y^2}{m}\right)^2}{m}\right]$$

在 Excel 中，两个样本的样本均值和方差可以通过 AVERAGE( ) 和 STDEV. S( ) 计算得到，自由度也可以通过上面的公式得到结果，但更简单的方法是利用 Excel 的"数据分析"工具中的"t - 检验：双样本异方差假设"来完成，如图 4 - 2 所示。

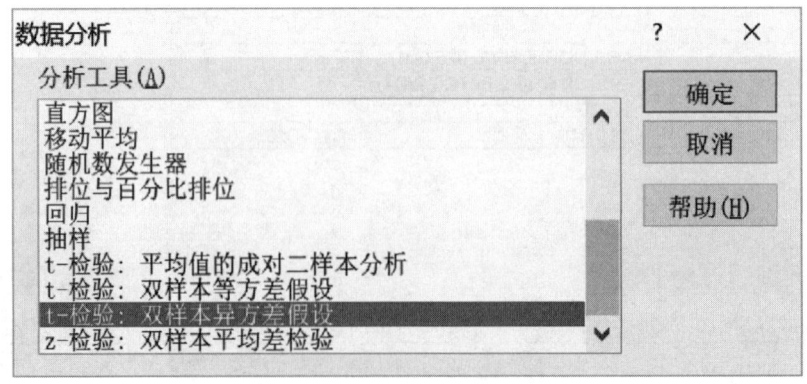

图 4 - 2　Excel 数据分析工具中的"t - 检验：双样本异方差假设"

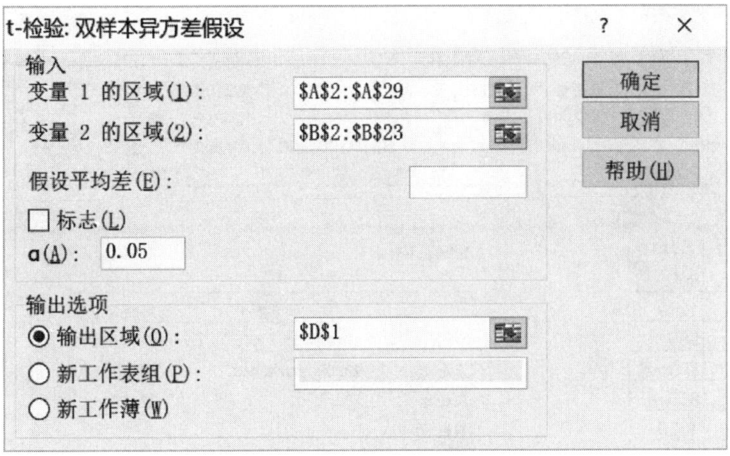

图 4 – 3 "t – 检验：双样本异方差假设"的设定

在选择相应项目后，点击"确定"，在接下来出现的如图 4 – 3 所示的对话框中分别设定"变量 1 的区域"和"变量 1 的区域"所对应的数据单元格范围。再根据给出的置信系数设定 α 的值，选择输出区域，单击"确定"按钮，得到结果如图 4 – 4 所示。

利用"t – 检验：双样本异方差假设"的结果，可知两个样本的均值、方差，待计算的自由度和 $t_{\alpha/2}(df)$ 值，自由度为 48，$t_{\alpha/2}(df)$ 为 2.010635（即"t 双尾临界"），进而得到极限误差 $\Delta_{(\bar{x}-\bar{y})} = t_{\alpha/2}(df) \cdot \sqrt{\dfrac{S_x^2}{n} + \dfrac{S_y^2}{m}} = 79.81$（截取 2 位小数）。所以，在 95% 置信度下，两个分行客户信用卡消费金额总体的均值差异为（34.28，193.90），计算过程如图4 – 5 所示。

t-检验:双样本异方差假设		
	变量 1	变量 2
平均	1024.5	910.4091
方差	23209.74	16430.16
观测值	28	22
假设平均差	0	
df	48	
t Stat	2.874141	
P(T<=t) 单	0.00301	
t 单尾临界	1.677224	
P(T<=t) 双	0.00602	
t 双尾临界	2.010635	

图 4 – 4 "t – 检验：
双样本异方差假设"的结果

任务 3 匹配样本方案下的两个总体均值的比较

【任务清单】

判断下列描述是否属于匹配样本方案，在本项目【知识要点（二）】中选择合适的公式计算两个总体均值的差异。

【具体要求】

（1）假设研究人们使用微信和微博的习惯，随机抽样调查 35 人，收集了他们一周的数据，平均后得到每人每天看微信和微博的时间数据（单位：分钟），数据见"Chap4 数据.xlsx"的"微信微博"表。

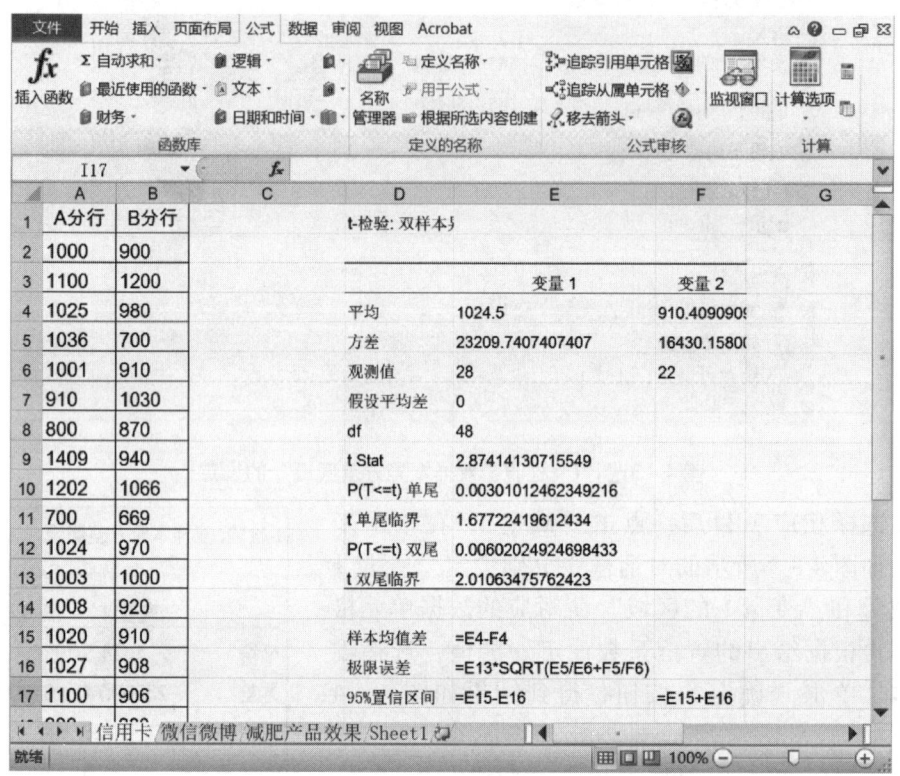

图4-5 信用卡消费金额总体的均值差异计算过程

根据数据回答：在95%置信度下，每天人们用于微信和微博的时间差异范围是多少？

（2）××减肥产品在投入市场前，随机选取10名志愿者参加3个月试用实验，10人在使用该减肥产品前后的体重数据见"Chap4数据.xlsx"的"减肥产品效果"表。

根据数据计算95%置信度下，平均体重变化的置信区间。

【操作示范】

题目（1）描述的是抽样调查人们使用微信和微博的习惯，对于调查的对象，收集其每日使用微信和微博的时间，属于匹配样本调查方案。题目（2）是每个志愿者使用减肥产品前后的体重数据，同样也属于匹配样本调查方案。

对于匹配样本方案，样本 $x_1, x_2, \cdots, x_n$ 和 $y_1, y_2, \cdots, y_n$ 分别来自两个总体 X 和 Y，首先计算每对配对样本数据的差值 d_i 及其平均数 $\bar{d}$，以及配对样本差值的标准差 S_d，对给定的置信系数 $1 - \alpha$，匹配样本方案下的两个总体均值之差的置信区间为：

$$\bar{d} \pm t_{\alpha/2}(n-1) \cdot \frac{S_d}{\sqrt{n}}。$$

以题目（1）为例，在 Excel 中，"数据"选项卡下的"数据分析"工具提供了"t-检验：成对双样本均值分析"工具，如图4-6所示。

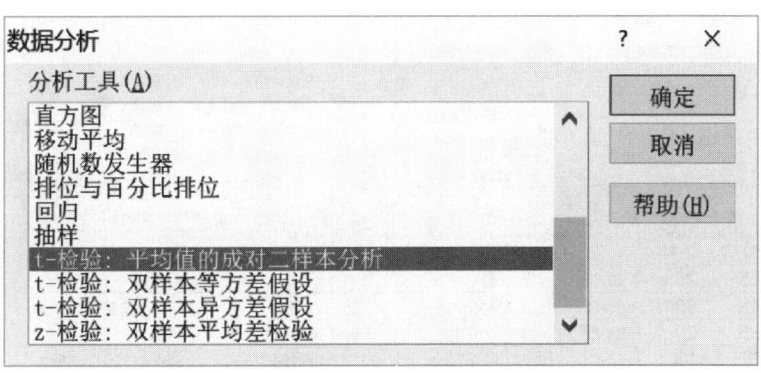

图4-6 "t-检验：成对双样本均值分析"工具

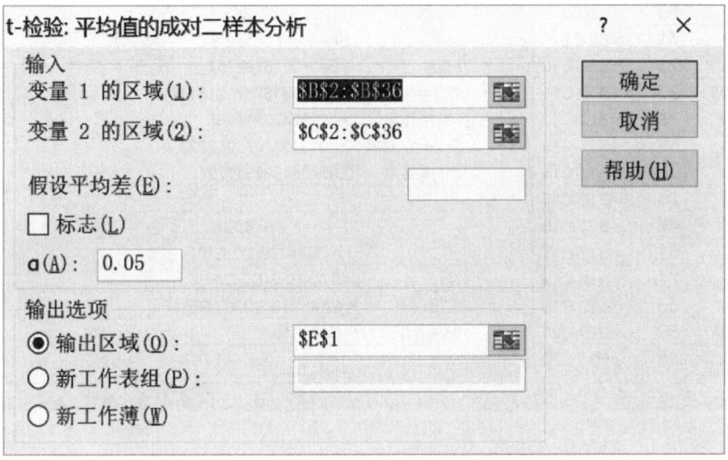

图4-7 "t-检验：成对双样本均值分析"对话框

选定该工具后，点击"确定"，打开"t-检验：成对双样本均值分析"对话框（见图4-7）。在其中输入变量1和变量2的区域，并设定 α 值，设置"输出选项"到当前工作表的指定输出区域，点击确定，得到结果如图4-8所示。

通过数据分析工具可以得到两个总体抽样的均值、方差和 t 值结果，但缺少匹配样本方案中需要的配对样本差值的标准差 S_d，因此仍需重新计算 d_i、$\bar{d}$ 和 S_d，再计算得到95%置信度下，人们使用微信和微博平均时间差的置信区间为（15.43，34.44），计算过程如图4-9所示。

类似地，对于题目（2）可以计算得到在95%置信度下，使用该减肥产品的人群体重变化置信区间是（4.5，10.1）。

t-检验：成对双样本均值分析

	变量1	变量2
平均	59.17143	42.8
方差	317.1462	350.8118
观测值	35	35
泊松相关系	-0.14618	
假设平均差	0	
df	34	
t Stat	3.5007	
P(T<=t) 单	0.000659	
t 单尾临界	1.690924	
P(T<=t) 双	0.001318	
t 双尾临界	2.032245	

图4-8 "t-检验：成对双样本均值分析"的微信微博分析结果

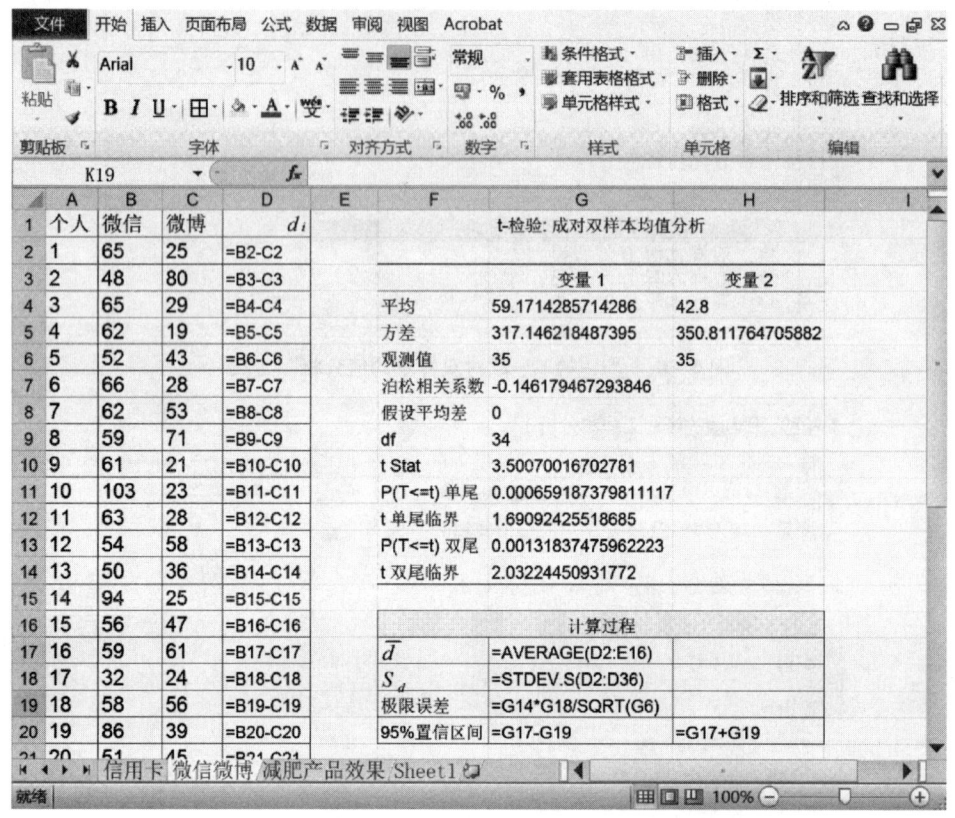

图 4-9　人们使用微信和微博平均时间差的置信区间计算过程

任务 4　两个总体比率的比较

【任务清单】

根据调查数据和描述的情景，在本项目【知识要点（三）】中选择合适的公式对两个总体的比率进行比较，计算两个总体比率差异的区间估计。

【具体要求】

工商银行要比较两个分行的工作质量。每个分行随即抽取业务样本，对业务的准确性进行核实，得到数据如表 4-7 所示。

根据数据分别计算 90% 置信度下和 95% 置信度下，两个分行的出错比率相差的范围。

表 4-7　两个总体比率比较数据

	分行 1	分行 2
样本数	250	300
出错业务数	35	27

【操作示范】

样本 $x_1, x_2, \cdots, x_n$ 和 $y_1, y_2, \cdots, y_m$ 分别来自两个总体 X 和 Y，在对两个总体的比率之差进行置信区间计算时，在给定的置信系数 $1-\alpha$ 条件下，两个总体比率之差 $p_x - p_y$

的置信区间为 $\left(p_x - p_y\right) \pm Z_{\alpha/2} \cdot \sqrt{\dfrac{p_x\left(1 - p_x\right)}{n} + \dfrac{p_y\left(1 - p_y\right)}{m}}$。

　　根据两个分行的数据，分行 1 的出错比例为 14%，分行 2 的出错比例为 9%，两个分行样本比率差值为 0.05。置信系数为 90%，所以 $Z_{\alpha/2} = Z_{0.05} = 1.645$，进而得到极限误差 $\Delta_{\left(p_x - p_y\right)} = Z_{\alpha/2} \cdot \sqrt{\dfrac{p_x\left(1 - p_x\right)}{n} + \dfrac{p_y\left(1 - p_y\right)}{m}} = 0.045$。所以在 90% 置信度下，两个分行的出错比例差值的置信区间为（0.005，0.095）。详细计算过程如图 4 – 10 所示。

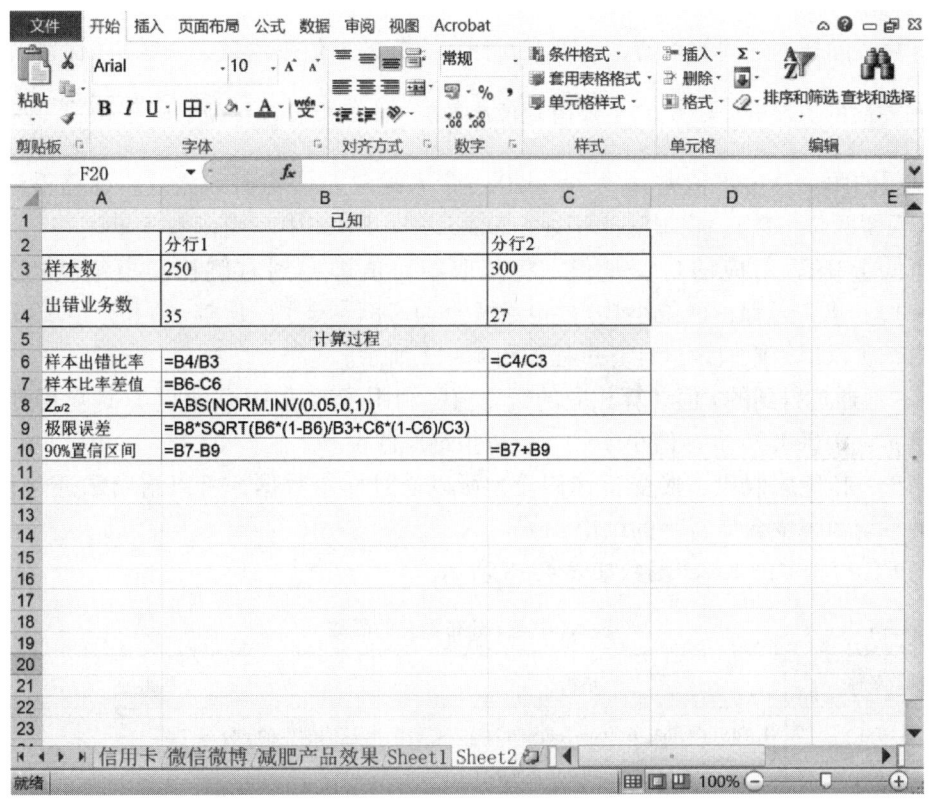

图 4 – 10　分行出错率差值的置信区间计算过程

任务 5　两个总体差距的假设检验

【任务清单】

　　根据调查数据和描述的情景，在本项目的【知识要点（五）】中选择合适的公式对两个总体差距设计假设，并对该假设进行检验，给出结论。

【题目描述】

　　为了比较促销对销售的影响，一名超级市场总部的调研部经理随机抽取了 26 家 13 对门店进行销售情况比较。每一对中的一家门店进行促销活动，另一家门店不进行促销活动，以一周为期的数据见"Chap4 数据 . xlsx"的"促销对销售影响调查"表。

通过这些数据，在显著性水平为 0.05 时，这个调研部经理能否得出"通过促销，门店的平均销售量会提高"的结论？

【操作示范】

根据题目描述，该比较属于"匹配样本条件下两个总体均值之差的假设检验"。假设参加促销的门店为 X，不参加促销的门店为 Y。按照单侧检验时提出假设的方法：一般将研究者想收集证据予以支持的假设作为备择假设 H_1，提出假设 $H_0 : \mu_X - \mu_Y \leq 0$，$H_1 : \mu_X - \mu_Y > 0$。

计算匹配样本之间的差值，得到配对样本之间的差值平均数 $\bar{d} = 3.7$（保留两位小数）和差值的方差 $S_d^2 = 10.15$（保留两位小数），计算检验统计量 $t = \dfrac{\bar{d} - (\mu_X - \mu_Y)}{S_d / \sqrt{n}}$，其中期望的两个总体均值差 $\mu_X - \mu_Y = 0$，带入配对差值均值和方差，计算得到 $t = 4.14$（保留两位小数）。由显著水平 $\alpha = 0.05$，在 Excel 中利用函数 T. INV( ) 计算得到概率低于 0.05 对应的自变量值，将其取绝对值即得到右侧检验拒绝域边界值，$t_\alpha(n - 1) = 1.78$（保留两位小数），拒绝域为 $(1.78, + \infty)$。比较 t 值和拒绝域，t 在拒绝域内，所以拒绝原假设。计算过程如图 4 - 11 所示。

$p -$ 值通过得到的 t 值计算相应的概率值，利用函数 T. DIST. RT( ) 计算得到相应概率值 $p = 0.00069$，$p -$ 值小于 α，所以拒绝原假设。

结论：拒绝原假设，接受备选假设，所以通过样本数据，可以给出"通过促销，门店的平均销售量会提高"的结论。

与 t 分布相关的 Excel 函数如表 4 - 8 所示。

表 4 - 8 Excel 中与 t 分布相关的函数

函数名称	语法	功能
T. DIST	T. DIST(x, deg_freedom, cumulative)	返回学生的 t 分布。
T. DIST. 2T	T. DIST. 2T(x, deg_freedom)	返回学生的双尾 t 分布。
T. DIST. RT	T. DIST. RT(x, deg_freedom)	返回学生的右尾 t 分布。
T. INV	T. INV(probability, deg_freedom)	返回学生的 t 分布的左尾反函数。
T. INV. 2T	T. INV. 2T(probability, deg_freedom)	返回学生 t 分布的双尾反函数。

表格中 x 表示计算分布的数值；deg_freedom 是表示自由度数的整数；probability 表示与学生 t 分布相关的概率；cumulative 决定函数形式的逻辑值。如果 cumulative 为 TRUE，则 T. DIST 返回累积分布函数；如果为 FALSE，则返回概率密度函数。

另外，Excel 的数据分析工具提供了"t - 检验：成对双样本均值分析"工具，通过点击"数据"工具栏下的"数据分析"工具，在其中选择"t - 检验：成对双样本

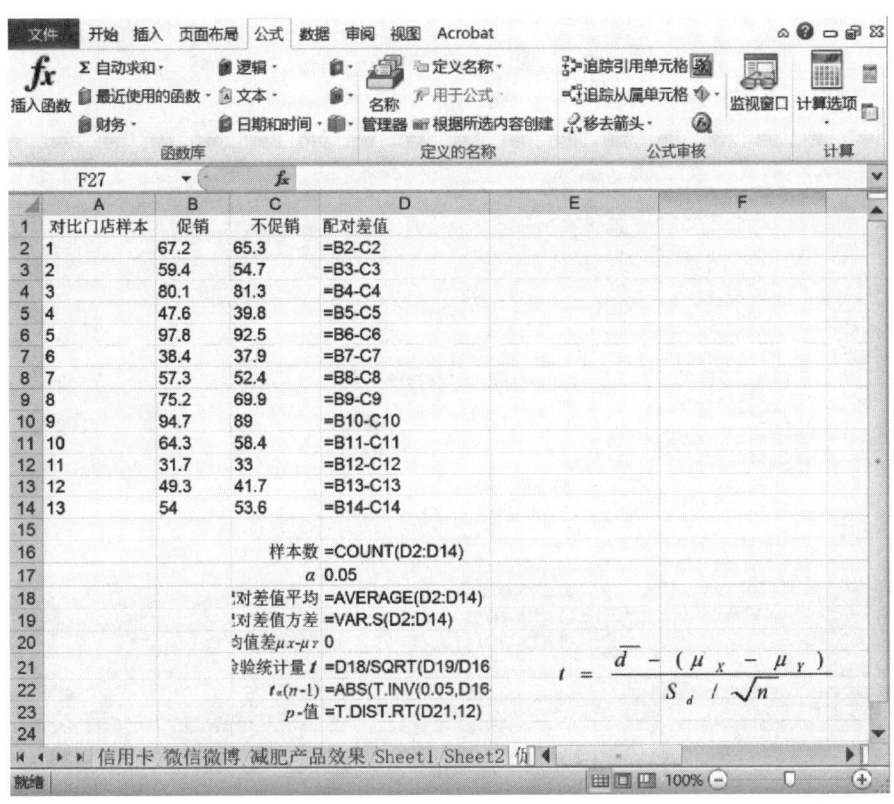

图4－11　匹配样本均值之差的检验计算

均值分析"（见图4－12）。点击"确定"后，在出现的对话框中选定数据区域，并设定α值，选择输出区域为当前工作表中的任意单元格，如图4－13所示。

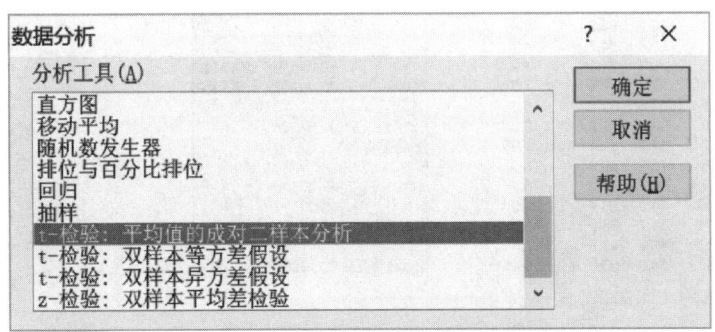

图4－12　"t－检验：成对双样本均值分析"工具选择

在设定了"t－检验：成对双样本均值分析"的数据后，单击"确定"按钮，得到分析结果（见图4－14）。其中的"变量1"对应"促销"数据，"变量2"对应"不促销"数据。"df"为自由度，"t stat"是检验统计量，下面的四行数据分别是单尾和双尾的p－值和t值。

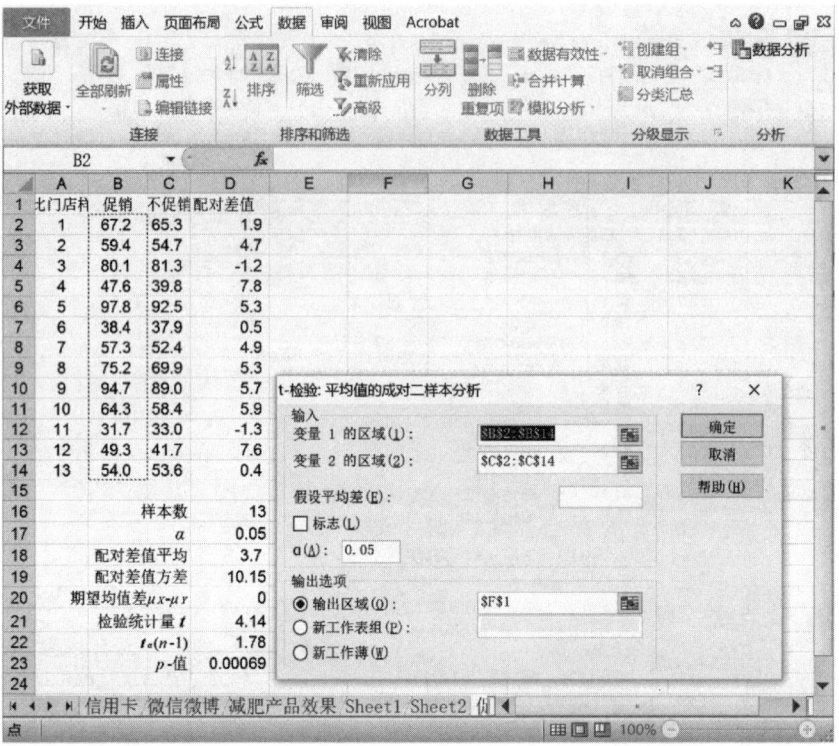

图 4 – 13 "t – 检验：平均值的成对双样本分析"数据设定

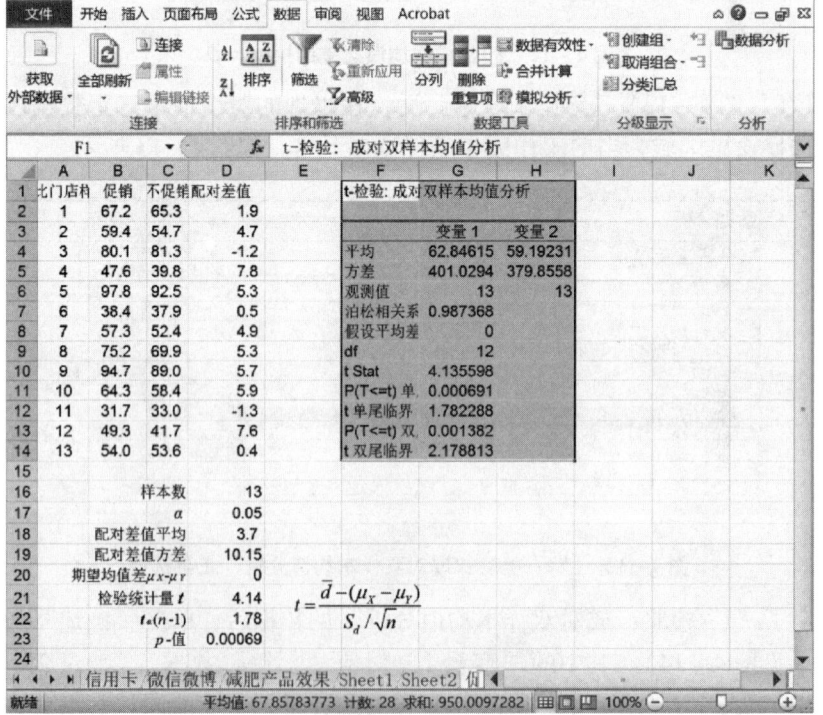

图 4 – 14 "t – 检验：成对双样本均值分析"结果

可以看出，数据分析工具得到的结果与采用公式计算的结果一致，使用数据分析工具相对来讲更容易得出对比数据，可以快速作出结论。

五、能力拓展：单侧检验原假设的选择疑问①

就以往的概括性理论而言，在单侧检验中一般将研究者想收集证据予以支持的假设作为备择假设 H_1 。这就是说一个研究者想证明自己的研究结论是正确的，备择假设的方向就要与想要证明其正确性的方向一致；同时将研究者想收集证据证明其不正确的假设作为原假设 H_0 。

[例 4-1] 一项研究表明，采用新技术生产后，将会使产品的使用寿命明显延长到 1 500 个小时以上。检验这一结论是否成立。按照前面的理论，研究者是想证明自己的研究结论（寿命延长）是正确的，于是备择假设的方向为 ">"（寿命延长），即建立的原假设与备择假设应为 $H_0: \mu \leqslant 1\,500$ ， $H_1: \mu > 1\,500$ 。

[例 4-2] 一项研究表明，改进生产工艺后，会使产品的废品率降低到 2% 以下。检验这一结论是否成立。根据研究者总是想证明自己的研究结论（废品率降低）是正确的，选择备择假设的方向为 "<"（废品率降低）。建立的原假设与备择假设应为：$H_0: \mu \geqslant 2\%$ ， $H_1: \mu < 2\%$ 。

但在实际的操作中，这种将自己想要证明的结论放在备择假设中的办法却会带来疑问。

[例 4-3] ××灯泡制造商声称，该企业所生产的灯泡的平均使用寿命在 1 000 小时以上。如果准备进一批货，怎样进行检验？根据上面的理论，一种认为是：检验权在销售商一方。作为销售商，总是想收集证据证明生产商的说法（寿命在 1 000 小时以上）是不是正确。于是选取备择假设的方向为 "<"（寿命不足 1 000 小时），建立的原假设与备择假设应为 $H_0: \mu \geqslant 1\,000$ ， $H_1: \mu < 1\,000$ 。

但是这种看法会带来疑问，即为什么一定要证明生产商的说法是错误的呢？如果是一个关系稳定、长期合作的供货商，这种"找茬"的理念肯定会有破坏两家厂商合作的可能。并且这种方式有一个严重的隐患，即使确实是小于 1 000 的，但如果幅度较小，假设检验会认为这个小于 1 000 是不显著的，接受原假设。厂商还可能受损失。但如果将检验方式颠倒：$H_0: \mu \leqslant 1\,000$ ， $H_1: \mu > 1\,000$ ，即使 μ 确实是大于 1 000 的，但如果幅度较小，假设检验会认为这个大于 1 000 是不显著的，接受原假设。厂商就可能"冤枉好人"。

也就是说这两种选择都不是完美无缺的，每种选择都是冒着一定的风险来完成的。因此必须合理地确定检验的方向，才能减小这种风险可能造成的损失。

（一）信息原则

单侧检验方向的选择可以依据信息原则。所谓信息原则，就是将一个不以本次检验为改变的一个先验的信息作为选择方向的基础。一般而言，我们都认为先验信息是

---

① 资料来源：原文地址 http://www.cos.name/old/view.php? tid=4&id=31。

正确的，普遍成立的，因此将其所代表的情况放入原假设。这就是说，我们认为先验信息一般是成立的，只有样本表现出足够的说服力来推翻先验信息时（即 P 值小于显著性水平时），我们才认为原假设被拒绝，新的结论成立。

以上面的［例4-3］为例：××灯泡制造商声称，该企业所生产的灯泡的平均使用寿命在1 000小时以上。如果准备进一批货，怎样进行检验。

根据信息原则，我们可以收集这个制造厂产品更多的先验信息来辅助。如果这个制造商的信誉优良并且合作的历史上从来没有发生质量低劣的记录，于是作为销售商我们可以从先验信息中认为，这批灯泡的质量应该是在1 000小时以上。于是选取备择假设的方向为"<"（寿命不足1 000小时），建立的原假设与备择假设应为：$H_0:\mu \geq 1\,000$，$H_1:\mu < 1\,000$。这样选择认为就算 μ 确实是小于1 000的，但如果幅度较小，假设检验会认为这个小于1 000是不显著的，接受原假设。其意义表明即使你这次的灯泡略有些问题，但鉴于以往该厂商的优秀纪录，可以认为这种小幅度的质量下降仅仅是一次的偶然造成的，不影响接受这批货。只是如果质量下降幅度太大，备选假设成立，才考虑拒绝这批货。这就有一个依靠先验纪录确定了一个"宽进严拒"的原则。

同理，如果这个制造商的信誉很差，并且合作的历史上经常发生质量低劣的记录，于是作为销售商我们可以从先验信息中认为，这批灯泡的质量应该不在1 000小时以上。于是选取备择假设的方向为">"（寿命大于1 000小时），建立的原假设与备择假设应为 $H_0:\mu \leq 1\,000$，$H_1:\mu > 1\,000$。这样选择认为就算 μ 确实是大于1 000的，但如果幅度较小，假设检验会认为这个大于1 000是不显著的，接受原假设。其意义表明即使该厂商这次的灯泡没有问题，但鉴于以往的极差纪录，可以认为这种小幅度的质量上升仅仅是一次的偶然造成的，还是要拒绝这批货。只是如果质量上升幅度太大，备选假设成立，才考虑接受这批货。这就有一个依靠先验纪录确定了一个"严进宽拒"的原则。

从上述例子可以看出，先验的信息可以对假设方向的选取有指导性的作用，我们可以利用这种指导，建立起一个假设。

这种先验信息也衍生出了一个原则，就是保守原则，就是我们习惯于把既成的、稳定的、公认的情况放入原假设中，把新研究的情况放入备择假设中。因为前者一般也是先验信息所支持的。［例4-1］、［例4-2］的假设方式也可以用这个理论来解释。

（二）样本先验信息原则

先验信息理论可以指导绝大部分的问题，但是还存在一个有意思的现象。

［**例4-4**］一个汽车轮胎制造商声称，某一等级的轮胎的平均寿命在一定的汽车重量和正常行驶条件下大于40 000公里，对一个由20个轮胎组成的随机样本作了试验，测得平均值为41 000公里，标准差为5 000公里。已知轮胎寿命的公里数服从正态分布，我们能否根据这些数据作出结论，该制造商的产品同他所说的标准相符（$\alpha = 0.05$）？

按照先验信息的理论，某一等级的轮胎的平均寿命在一定的汽车重量和正常行驶条件下大于 40 000 公里为先验信息，于是进行假设：$H_0: \mu > 40\ 000$，$H_1: \mu \leqslant 40\ 000$。

计算统计量得 $t = \dfrac{\bar{x} - \mu_0}{S/\sqrt{n}} = 0.894$，在 $\alpha = 0.05$ 时，$t = 1.96$ 的水平上不拒绝原假设，

不能认为制造商的产品同他所说的标准不相符。

这个检验看起来没有任何问题，但笔者觉得其实是多余的。因为该检验的拒绝域是在 $(-\infty, \mu_0 - t_\alpha \cdot S/\sqrt{n})$ 中，也就是说，拒绝域是小于 40 000 的，而样本均值为 41 000，肯定不会在拒绝域中，故检验结果也肯定为接受原假设。

所以样本的统计量也是一种先验信息，因为按照定义，就是一个不以本次检验为改变的信息就可以认为是先验信息。只是这种信息不是自然获得的，而是依靠对样本进行计算得来的。如果样本信息计算结果均值为大于 40 000，则样本均值大于 40 000 本身就可以看作是一种先验信息。由于我们所使用的拒绝域的计算规则认为是在原假设的另一侧，所以样本的均值实际上传达了这样一个信息：样本一定支持 $\mu > 40\ 000$，样本一定反对 $\mu \leqslant 40\ 000$。样本绝对不会落在拒绝域中，所以备择假设是绝对不会成立的，这个检验过程就没有进行的必要。

反之，如果检验换成 $H_0: \mu \leqslant 40\ 000$，$H_1: \mu > 40\ 000$，检验的情况就变成了右侧检验，计算统计量得 $t = 0.894$，在 $\alpha = 0.05$ 时，$t = 1.96$ 的水平上不拒绝原假设，这就产生了矛盾，之前样本支持 $\mu > 40\ 000$，为什么现在检验不能支持 $H_1: \mu > 40\ 000$？

可以这样解释，样本虽然支持 $\mu > 40\ 000$，但是不能认为样本显著地支持它。样本不支持 $\mu \leqslant 40\ 000$ 是绝对的，但是样本支持 $\mu > 40\ 000$ 却是相对的，这依赖于我们所给出的显著性水平 α。如果显著性水平高，拒绝域增大，统计量落入拒绝域，则表明样本显著地支持 $\mu > 40\ 000$。如果显著性水平低，拒绝域减小，统计量落入接受域，则表明样本虽然支持 $\mu > 40\ 000$，但是不显著。

单侧检验方向的选择可以依据信息原则。就是将一个不以本次检验为改变的一个先验的信息作为选择方向的基础。先验信息有两种：一种是自然的先验信息，我们都认为这种先验信息是正确的，普遍成立的，因此将其所代表的情况放入原假设。另一种是样本的统计量提供的先验信息，它表明了样本支持和反对的结论，若样本反对的结论出现在备择假设中，则备择假设必然不会成立，检验不必进行。若样本支持的结论出现在备择假设中，则备择假设成立与否依赖于选取的显著性水平。

项目五

从数据找关联

一、学习目标

◇ 理解相关关系的概念

◇ 理解回归分析的意义

◇ 掌握相关分析的方法

◇ 掌握线性回归分析的方法

◇ 了解非线性回归和多元回归

◇ 能够利用 Excel 完成相关度、线性回归方程的计算

二、项目背景 众筹和数据关联

众筹（Crowd Funding）一词是由美国学者克尔·萨利文在 2006 年 8 月首次提出的。他当时希望建立一个以视频为宣传形式的项目融资网站平台。随后，众筹便成为一种新型的互联网金融筹资模式而被广泛地应用。目前，众筹主要指融资者不需要通过传统的财务投资人进行融资，而是直接通过互联网平台，寻求更加广泛的投资者和资金，每个投资者以适合自己的相对较少的额度来对融资者提供资金支持，从而获得预计产出的产品或股权回报。

众筹融资模式的出现解决了中小企业融资难的问题。中小企业融资难是全球普遍存在的问题。一方面，在严格的金融监管制度下，中小企业由于其风险高、缺乏抵押品以及信息不对称等种种原因很难获得融资；另一方面，社会公众的投资渠道狭窄，社会闲散资金得不到有效利用，资金利用效率不高。2008 年世界范围的金融危机之后，资本市场的萎靡和投资者缺乏信心等更加剧了中小企业融资难问题，出现了中小企业需要资金而得不到融资，社会公众手中存在闲散资金却得不到有效利用的尴尬局面。众筹融资模式的出现成为中小企业融资与民间资本投资的双向选择，解决了这两大难题。于中国的社会和经济环境而言，众筹以其去中介化的特质，通过减少传统融资中的信息不对称而使民间资本获得更便捷高效的流通与配置的优势，快速成为中国互联网金融发展中的主力军。据零壹研究院发布的众筹业年度报告显示，2015 年我国互联网众筹规模迈上百亿门槛，为上一年的 6 倍，2016 年行业整体规模将达到 300 亿元以上。

（一）众筹模式的主体框架

众筹融资模式中主要的参与主体由三部分组成，分别是筹资人、投资人以及众筹平台。

筹资人是具有创意、创新项目或者创业想法的需要获得一定资金支持的企业或者个人。筹资人制订筹资计划，设定筹资目标、筹资期限，项目结束后兑现项目回报，如果项目延期，则及时通报。

投资人是众筹平台上想要进行项目投资的广大用户，他们通过浏览众筹平台，挑选自身感兴趣的项目，在规定时间内支付投资款到众筹网站账户。

众筹平台则是筹资人和投资人之间的桥梁和纽带，平台负责协助审核项目和筹资人资质，协助筹资人制作项目筹资主页和宣传，在筹资金额达到项目要求时转付项目资金，如果未达到时退还资金。通过众筹平台，筹资人可以找到广泛的投资者，获得资金支持与营销宣传；而投资者则通过参与创意型的投资，不仅可以直接参与项目的实施或者决策，并且还会得到相应的经济回报或者实物回报。

（二）众筹的融资流程

众筹网站的融资流程通常分为以下六个步骤：

设计项目。筹资人为了促使筹资项目能够成功，必须向平台提交详细的创新项目企划书，介绍创新项目的内容、开发进度、市场回报率以及潜在的风险。同时，依据创新项目发展的需求，制订该筹资项目的计划，根据项目预算设定筹资金额和线上筹资期限。

审核项目。众筹网站对筹资人提交的创新项目企划书和筹资项目计划书进行尽职调查，根据调查的需要众筹网站可能会要求筹资人追加提交相关技能资质证明书、筹资人履历证明、产品样品等辅助材料，以便掌握项目的真实性和发起人资质，帮助项目筛选。

创建项目。通过众筹网站审核后的筹资项目，进入了项目上线准备阶段。该阶段由筹资人制作众筹网站上该筹资项目网页的文宣方案、图片视频拍摄、页面设计等工作，以介绍自己的创意产品以及筹资需求，设定筹资的模式、期限、额度和回报，一个筹资项目可以设定多个投资档位，不同档位的回报也不尽相同。

宣传项目。部分众筹网站在筹资开始前设有项目"预热期"，利用网站公示、公共社交网络推广、在线广告等宣传手段对在筹项目进行推广宣传，以提高项目关注度，吸引对该类项目抱有兴趣的投资人，来试探市场对该项目的关注程度，以确定是否公开募集，如国内众筹网站"点名时间"。

项目筹资。一旦筹资项目通过了预热期测试，公开募集环节开始，投资人可以对在筹项目进行投资，资金暂时汇集在众筹网站指定账户，待筹资期限结束，如果完成目标金额，众筹网站抽取佣金，并将所筹资金汇入筹资人账户，生产得以进行；如果未达到期望目标金额，众筹网站不收佣金，将所筹金额退还投资人。

项目执行。回报实现筹资完成后，创新项目进入执行阶段，筹资人需定期汇报项目进度，投资人如有疑问也可与募资人联系咨询。创新项目执行完成后，商品众筹无论盈利与否，都会按照约定寄送实物回报给投资人；股权众筹如果项目盈利，筹资人需按照约定兑现资金回报承诺，如果项目亏损，投资人需要和筹资人共担风险，一同承担损失。

（三）国内外典型众筹融资平台

近年来，全球众筹融资模式发展非常迅速。根据 Massolution 公司的研究报告，2007 年全球不足 100 个众筹融资平台，到 2013 年下半年则有 2 000 多个，融资额也高达上百亿美元。美国的 Kickstarter 作为当前规模最大的众筹平台，于 2009 年 4 月 28 日开始运营。到目前为止，已有 118 000 余个项目，总计募集资金达到 1 158 万美元。在 Kickstarter 网站的分类项目中，电影项目获得捐助资金最多，设计类发布的项目最多，而舞蹈类的成功率最高。

众筹在美国迅速发展，一方面得益于在信息不对等的经济氛围下，众筹方式活跃了美国的资本市场，为中小企业的发展带来新的希望。另一方面，众筹在美国的健康发展得益于美国法律监管的规范化。2012 年 4 月 5 日，奥巴马签署 JOBS 法案，随着 JOBS 法案的通过，众筹则以更加多样化和规范化的形式在美国良好地运行和发展。JOBS 法案拓展了融资方式，允许众筹可以采用股权融资的方式。从保护投资者的角度，分别对众筹的发行人和提供相关服务的中介机构提出相关明确而详细的规定，为众筹的正确发展提供了更多的保障。而正是这种预见性的制度规范，众筹才能够顺应时代在美国良好发展。

众筹平台在中国的起步时间较晚，2011 年 7 月上线的"点名时间"是中国最早成立的众筹平台，也是吸收项目最多的众筹网站。"点名时间"目前成功的项目主要集中在文艺和科技领域，例如《大鱼·海棠》是该平台的经典案例。然而，国内的众筹项目往往存在多种问题。

以《大鱼·海棠》为例，该项目发起名称为"《大鱼·海棠》——一部给少年带来信仰的动画电影"。在项目说明中，《大鱼·海棠》生动地叙述了本影片的宣传语和作者以及该影片在创意阶段获得的荣誉。《大鱼·海棠》共设了 12 个不同档次的筹资额以及与之相对应的报酬。2013 年 6 月 17 日，《大鱼·海棠》正式启动筹资，短短一个月半的时间，共有 3 594 人参与投资。2013 年 8 月 1 日成功筹集到了 1 582 650 元，在预定时间内超过了预定金额 1 200 000 元。筹资成功后，项目发起人私信通知投资人修改快递信息完成回赠报酬。但在筹资成功后，该项目的相关话题中提到："10 元/人的项目档次中注明的报酬是成为官方微信公众平台的 VIP 会员，不定期会收到《大鱼·海棠》最新的制作进展、电影剧情、剧照，甚至原画等不向非 VIP 会员公开的内容，以及可以通过微信 VIP 端口向我们梦想团队提出建议，保证优先考虑采纳，并尽力回复问题，同时电影及相关活动会优先邀请。"200 元/人的报酬项目中有一项是《大鱼·海棠》的电影票一张，注明的是项目成功结束后 90 天内，后来项目发起人又解释说电影票是只能等到电影上映才能发放的内容。此外还出现了投资人收到的回报是空信封的情况。

（四）众筹项目成功的相关因素

在众多的众筹平台中，哪些因素影响着项目的融资结果？对这一问题，很多研究者从各众筹平台获取数据，力图找到成功的秘诀。在 Kickstarter 平台中，根据已经融资的项目分析，筹资人的创意、投资者的梦想是众筹融资项目成功不可或缺的重要因素。而对于国内的众筹项目，其产品价值、预期收益、信任度、货币成本等成为重要因素。

金融领域中的产品价值是投资项目自身特征与投资者需求的体现，包括筹资额度和项目回报。每一个众筹项目都需要由发起人设定目标筹资额度，若在规定的期限内未能吸引到足够的投资者完成目标额度，则项目失败；如果完成或超额完成，则项目成功，发起人获得实际筹集到的投资资金。

众筹项目一般为投资者提供产品、服务等非金钱、股权类回报。产品回报指代以融资项目中研发的科技产品、设计品、创作、出版物、手工制作等作为回报的类型。非金钱实物类回报，多以参与权、感谢等方式表现。例如，获得参与筹资项目中所提供的展会、集会、旅行等活动资格。感谢则包含感谢信、冠名宣传等类型的回报，多来源于公益项目。

众筹项目的信任度与筹资人有关，一方面，筹资人在众筹平台中的历史项目数量会对投资者是否重视该项目有直接的关系；另一方面，筹资人的社交广度对其所发起的项目品牌认知度有重要影响。

货币成本代表了投资者投资众筹项目所付出的经济成本，以发起人设立的项目最低投资额的对数来衡量。

为分析众筹项目是否成功与上述因素之间的关系，不少研究者通过调查的数据，构建相关或回归模型对数据进行分析，力图找到适应众筹项目的预测模型。

三、知识要点

无论在管理决策，还是市场预测分析中，多个变量之间往往存在相互关联。例如，投资方只有在分析了投资和利润的关系后，才能大致预测出一定水平的投资能带来多少利润，从而对投资的方向和投资的金额进行决策。

在统计学中，研究现象之间是否存在某种依存关系，并对具体有依存关系的现象探讨其相关方向以及相关程度的方法称为相关分析（Correlation Analysis）。相关分析是研究随机变量之间的相关关系的一种统计方法。

（一）相关分析

相关关系是一种非确定性的关系，它不等同于函数关系，也不等同于因果关系。

函数关系是指变量之间存在着严格而确定的数量依存关系，在这种关系中，当一个或几个变量取一定量的值时，另一个变量有确定值与之相对应，并且这种关系可以用一个数学表达式反映出来。

因果关系是一个事件（即"因"）和第二个事件（即"果"）之间的关系，其中后一事件被认为是前一事件的结果。

相关关系研究的对象之间确实存在依存关系，但这种关系不确定、不严格，而且不能仅由相关关系作出因果判定。只依据统计数据是不足以得出因果性的，想要得出因果性，必须从理论上证明两个变量之间确实有因果性，并且要排除掉第三个隐含变量同时导致这两个变量的可能性。

例如，有统计表明，游泳死亡人数越高，冰淇淋卖得越多，也就是游泳死亡人数和冰淇淋售出量之间呈正相关性，可以由此得出结论说吃冰淇淋就会增加游泳死亡风险吗？显然不可以！这两个事件显然都仅仅是由夏天到了气温升高所导致的，吃不吃冰淇淋跟游泳死亡风险根本没有任何因果关系。

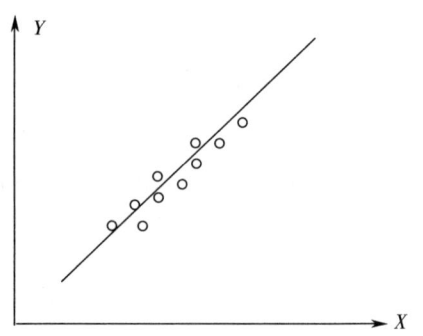

图 5 – 1　线性相关

相关分析的目的在于分析现象间相关关系的形式和密切程度，以及依存变动的规律性，在实际工作中，有非常广泛的应用。相关分析主要包括如下内容：

● 确定变量之间有无相关关系，以及相关关系的表现形式。

● 确定相关关系的密切程度，在线性相关关系中该密切程度由相关系数表示。

● 相关系数的显著性检验。由于样本是随机抽取的，所以通过该样本计算得到的总体相关系数，在给出结论之前，必须对其作假设检验。

1. 相关的种类。变量之间的相关关系是很复杂的，它们各以不同的方式和程度相互作用，表

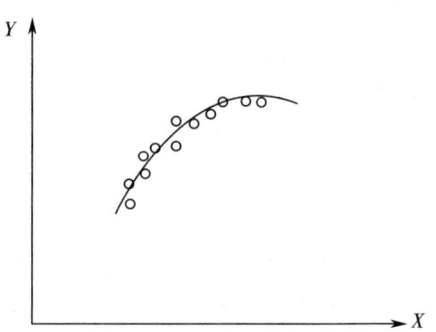

图 5 – 2　曲线相关

现出不同的类型和形态。变量间的相关关系近似地表现为直线，即称为线性相关。其特点是当一个变量增减一个单位时，另一个变量也按一个大致固定的量变化，如图 5 – 1 所示。若这种相关关系近似为曲线时，即称为曲线相关（见图 5 – 2）。

依据相关现象之间的不同特征，其统计指标的名称有所不同。常见的几种类型指标如表 5 – 1 所示。

表 5 – 1　　　　　　　　　　　　特征与相关指标

统计指标	反映的特征
相关系数（相关系数的平方称为判定系数）	两变量间线性相关关系
非线性相关系数、非线性判定系数	两变量间曲线相关关系
复相关系数、复判定系数	多元线性相关关系

相关还分为正相关和负相关。当自变量的数值增加，因变量的数值也基本随之增加，即为正相关，反之，因变量的值随着自变量值的增加而降低，则是负相关。例如，

市场经济中商品价格和供给量之间是正相关关系，因为随着商品价格的上升，供给也将上升。而商品价格和商品需求之间是负相关关系，随着商品价格上升，商品的需求下降。正相关和负相关如图 5 – 3 和图 5 – 4 所示。

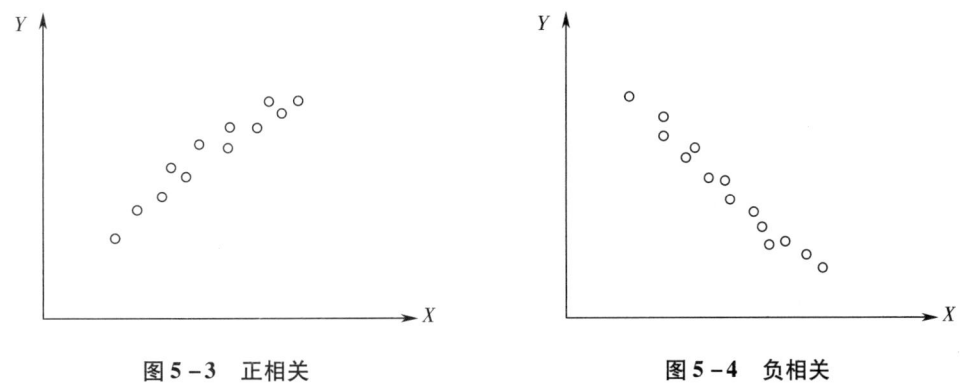

图 5 – 3　正相关　　　　　　　　　　　　　图 5 – 4　负相关

变量之间的相关性根据密切程度分为完全相关、不完全相关和无相关。完全相关的变量之间，一个变量的值完全由另一个或另几个变量决定，即存在函数关系。如果变量之间各自相互独立，互不影响，完全无关，则成为无相关。介于这二者之间的，称为不完全相关。相关分析主要是对不完全相关的分析。几种密切程度如图 5 – 5 所示。

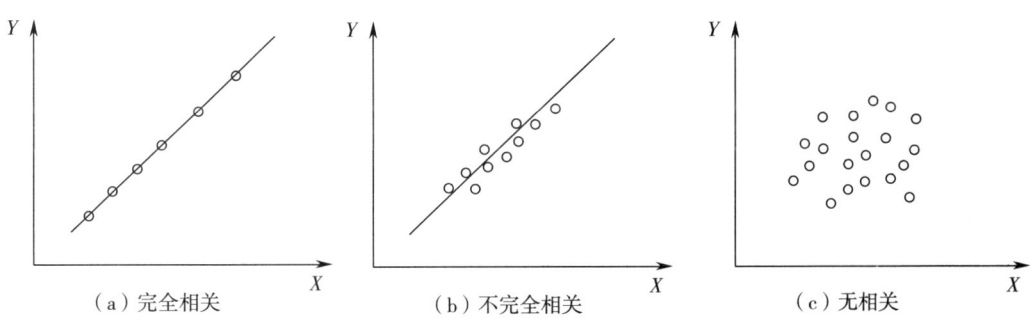

（a）完全相关　　　　　　　（b）不完全相关　　　　　　　（c）无相关

图 5 – 5　相关的密切程度

2. 相关系数的计算。在概率论和统计学中，相关（Correlation，或称相关系数或关联系数）显示两个随机变量之间线性关系的强度和方向，用来衡量两个变量相对于其相互独立的距离。对于不同的测量尺度，有多种相关系数可用，例如 Pearson 相关系数、净相关、相关比、Gamma 相关系数等，其中最常用的是 Pearson 相关系数（Pearson'sr）。

Pearson 相关系数由卡尔·皮尔森（Karl Pearson）在 19 世纪 80 年代提出，现已广泛应用于科学的各个领域。

两个变量之间的皮尔森相关系数定义为两个变量之间的协方差和标准差的商：

$$\rho_{X,Y} = \frac{\mathrm{cov}(X,Y)}{\sigma_X \sigma_Y} = \frac{E[(X-\mu_X)(Y-\mu_Y)]}{\sigma_X \sigma_Y} \tag{5.1}$$

式（5.1）定义了总体相关系数，常用希腊小写字母 ρ 作为代表符号。估算样本的协方差和标准差，可得到样本相关系数（样本皮尔逊系数），常用英文小写字母 r 代表：

$$r = \frac{\sum_{i=1}^{n}(X_i - \bar{X})(Y_i - \bar{Y})}{\sqrt{\sum_{i=1}^{n}(X_i - \bar{X})^2}\sqrt{\sum_{i=1}^{n}(Y_i - \bar{Y})^2}} \quad\quad (5.2)$$

皮尔逊系数是对称的，即 $corr(X,Y) = corr(Y,X)$。

皮尔逊相关系数的变化范围为 -1 到 1。系数的值为 1，意味着 X 和 Y 可以很好地由直线方程来描述，所有的数据点都很好地落在一条直线上，且 Y 随着 X 的增加而增加。系数的值为 -1，意味着所有的数据点都落在直线上，且 Y 随着 X 的增加而减少。系数的值为零，意味着两个变量之间没有线性关系。

一些研究者给出了相关系数的解释指南，具体如表 5 - 2 所示。但这些标准从某种意义上说是武断的和不严格的。对相关系数的解释依赖于具体的应用背景和目的。例如，如果是应用在使用高性能的仪器来验证一个物理定律，0.9 的相关系数可能是很低的。但如果是应用在社会科学中，由于社会科学受到各种复杂多变因素的影响，0.9 的相关系数是相当高的。

表 5 - 2　相关系数强弱范围

相关性	相关系数绝对值
无	$0 \leq |r| < 0.1$
弱	$0.1 \leq |r| < 0.3$
中	$0.3 \leq |r| < 0.5$
较强	$0.5 \leq |r| < 0.8$
强	$0.8 \leq |r| \leq 1$

需要注意的是，相关系数有一个明显的缺点，即它接近于 1 的程度与样本数 n 相关。当 n 较小时，相关系数的波动较大，对有些样本相关系数的绝对值易接近于 1；当 n 较大时，相关系数的绝对值容易偏小。特别是当 $n = 2$，相关系数的绝对值总为 1。因此在样本容量 n 较小时，我们仅凭相关系数较大就判定两个变量之间有密切的线性关系是不妥当的。

以相关系数在企业物流上的应用为例，假设一种新产品上市。在上市之前，公司的物流部需把新产品合理分配到全国的 10 个仓库，新品上市一个月后，要评估实际分配方案与之前考虑的其他分配方案哪个更好，希望通过这样的评估，可以在下一次的新产品上市使用更准确的产品分配方案，以避免由于分配而产生的积压和断货。销售数据和铺货数据如表 5 - 3 所示，其中 A 方案是目前采用的实际铺货方案，B、C 是备选方案。

表 5 - 3　相关系数在企业物流的应用示例数据

地区	地区销量	铺货量		
		A	B	C
广州	5 032	6 000	5 100	5 200
北京	6 532	6 500	6 600	5 800
上海	5 500	7 000	5 400	4 800
成都	4 530	4 000	4 300	4 200
南京	2 300	2 000	2 200	2 500
杭州	3 254	3 000	3 500	3 000
哈尔滨	8 095	9 000	7 800	8 500
沈阳	7 530	8 000	7 000	7 500
昆明	3 841	3 200	3 500	3 200
西安	4 500	5 200	4 800	4 000

根据公式（5.2），计算 A、B、C 三种方案和地区销量之间的相关系数［在 Excel 中可以利用公式 CORREL（）进行计算］。通过计算，得到三种方案与地区销量之间的相关系数分别是 0.963、0.991、0.978。B 的相关系数是最大的，这样就评估到 B 的分配方案比实际分配方案 A 更好，在下一次的新产品上市分配计划中，就可以考虑用 B 这种分配方法来计算实际分配方案。

　　3. 相关系数的显著性检验。利用样本数据计算相关系数时，因为样本是随机抽取的，所以不能保证计算得到的相关系数百分百可靠，可能存在数据计算得到的相关系数很大，但总体却不相关的情况。因此，总体是否具有线性相关性，在给出结论前，就必须作假设检验。

　　检验样本（相关系数为 r）是否会来自于一个无线性关系的总体（总体的相关系数为 ρ），可以采用费舍（R. A. Fisher）的 t 检验法，检验过程如下：

　　原假设：$H_0: \rho = 0$；备择假设：$H_1: \rho \neq 0$。

　　构造检验统计量为：$t = r\sqrt{\dfrac{n-2}{1-r^2}}$，其中 $n - 2$ 为自由度。

　　根据显著性水平 α，查询 t 表的临界值：$t_{\alpha/2}(n-2)$，如果 $|t| \geq t_{\alpha/2}(n-2)$，则拒绝原假设，即拒绝样本的相关系数不显著的假设。若 $|t| < t_{\alpha/2}(n-2)$，则结论相反。

　　例如，验证企业月产量和单位成本之间的相关性，数据如表 5 - 4 所示。

　　根据公式（5.2）计算得到企业的月产量和单位成本的样本相关系数 $r = -0.9886$，样本数 $n = 9$。提出如下假设：

表 5 - 4　相关系数显著性检验示例数据

序号	月产量（千件）	单位产本（元）
1	2.1	91
2	3.2	86
3	4.1	80
4	5.4	71
5	6.3	72
6	6.8	63
7	7.6	58
8	8.5	50
9	9.7	42
合计	53.7	613

$$H_0: \rho = 0; \quad H_1: \rho \neq 0$$

　　计算 $t = r\sqrt{\dfrac{n-2}{1-r^2}} = -0.9886 \times \sqrt{\dfrac{9-2}{1-(-0.9886)^2}} = -17.37$

　　假设显著性水平 $\alpha = 0.05$。查 t 表得 $t_{\alpha/2}(n-2) = t_{0.025}(7) = 2.3646$，$|t| > t_{\alpha/2}(n-2)$，表明总体相关系数 $\rho = 0$ 的可能性小于 $\alpha = 0.05$。所以拒绝原假设 $H_0: \rho = 0$，即不能否认总体的两变量（月产量和单位成本）之间存在线性相关。

　　（二）回归分析

　　回归分析（Regression Analysis）是一种统计学上分析数据的方法，目的在于了解两个或多个变数间是否相关、相关的方向与强度，并建立数学模型以便观察特定变数来预测研究者感兴趣的变数。与相关分析相比，回归分析需要通过样本数据建立数据模型，从而能够帮助人们了解因变量随着自变量变化的具体表现。同时，一旦建立回归模型，则可以利用该模型通过自变量对因变量进行预测。

1. 线性回归分析。线性回归（Linear Regression）是利用称为线性回归方程的最小二乘函数对一个或多个自变量和因变量之间的关系进行建模的一种回归分析。这种函数是一个或多个称为回归系数的模型参数的线性组合。给一个随机样本 $(Y_i, X_{i1}, \cdots, X_{ip})$，$i = 1, \cdots, n$，$Y_i$ 除了受到 $X_{i1}, \cdots, X_{ip}$ 的影响外，还有其他的变数存在，因此加入一个误差项 ε_i（也是一个随机变量）。所以一个多变量线性回归模型表示为以下的形式：

$$Y_i = \beta_0 + \beta_1 X_{i1} + \beta_2 X_{i2} + \cdots + \beta_p X_{ip} + \varepsilon_i, \quad i = 1, \cdots, n \tag{5.3}$$

回归分析的最初目的是估计模型的参数，以便达到对数据的最佳拟合，对于最佳拟合的不同标准，最小二乘估计都展现了优越的性质。由于最小二乘估计的具体算法超出本书难度，将其留作读者自学内容，本书不深入讨论。Excel 中提供了回归分析工具计算线性回归的参数，并通过 F 检验，判断哪些变量对因变量的影响更大。

在线性回归中，只有一个自变量的情况称为简单回归，大于一个自变量情况的叫作多元回归。简单线性回归（Simple Linear Regression，SLR）是最简单但用途很广的回归模型。其回归式为

$$Y = \alpha + \beta X + \varepsilon \tag{5.4}$$

根据样本得到的简单线性回归式：

$$\hat{y} = a + bx \tag{5.5}$$

在 Excel 中，参数 a 可以由 INTERCEPT（）函数得到，参数 b 可以由 SLOPE（）函数得到。

2. 线性回归方程的统计检验。回归模型中的参数估计后，还必须对其进行检验。主要包括拟合优度检验、回归方程的显著性检验及回归系数的显著性检验。

（1）拟合优度检验。拟合优度（Goodness of Fit）是指回归直线对观测值的拟合程度。度量拟合优度的统计量是可决系数（亦称确定系数）R^2。R^2 的取值范围是 $[0, 1]$。R^2 的值越接近 1，说明回归直线对观测值的拟合程度越好；反之，R^2 的值越接近 0，说明回归直线对观测值的拟合程度越差。

拟合优度的计算取决于线性回归方程的估计值和实际值之间的差距，$R^2 = \dfrac{SSR}{SST} = 1 - \dfrac{SSE}{SST}$，其中各参数的含义如图 5-6 所示。

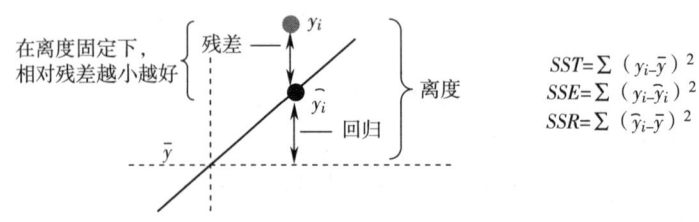

图 5-6　拟合优度相关参数示意图

（2）回归方程的显著性检验。回归方程的显著性检验是检验所有自变量作为一个

整体与因变量之间是否有显著的线性相关关系。显著性检验是通过 F 检验进行的。

首先构造假设：$H_0 : \beta_1 = \beta_2 = \cdots = \beta_k = 0$，$H_1 : \beta_1, \beta_2, \cdots, \beta_k$ 不全为 0；

其次构造统计量：$F = \dfrac{SSE/(k-1)}{SSR/(n-k)} \sim F(k-1, n-k)$，其中 n 表示样本个数，k 表示自变量 $x_1, x_2, \cdots, x_k$ 的个数；

再次，根据显著水平 α，查表得到 $F_\alpha(k-1, n-k)$；

最后，比较 F 和 $F_\alpha(k-1, n-k)$，如果 $F \geqslant F_\alpha(k-1, n-k)$，则拒绝原假设，否则不能拒绝原假设。

（3）回归系数的显著性检验。回归方程的显著性检验对回归方程中全部自变量的总体回归效果进行检验，但总体回归效果显著并不说明每个自变量 $x_1, x_2, \cdots, x_k$ 对因变量 y 都是重要的，即可能有某个自变量 x_i 对 y 并不起作用或者能被其他自变量的作用所代替，因此对这种自变量我们希望从回归方程中剔除，从而可以建立更简单的回归方程。显然某个自变量如果对 y 作用不显著，则它的系数 β_i 就应取值为 0，因此回归系数的显著性检验需要对每个自变量 x_i 是否显著构造统计量进行检验。

回归系数的显著性检验通过 t 统计量实现。

首先构造假设：$H_0 : \beta_i = 0$，$H_1 : \beta_i$ 不为 0；

计算 t 统计量 $t_i = \dfrac{\hat{\beta}_i}{S_i}$，其中 S_i 是样本估计参数 $\hat{\beta}_i$ 相对于实际值 β_i 的方差；

根据显著水平 α，查表得到 $t_{\alpha/2}(n-k)$；

如果 $|t| \geqslant t_{\alpha/2}(n-k)$，则拒绝原假设，否则不能拒绝原假设。

（4）各种检验之间的关系。判断一个回归模型是否正确，首先要看模型是否具有合理的经济意义，其次才是统计检验。

拟合优度和 F 检验都是对回归方程的显著性检验，都是把总平方和分解，以构成统计量进行检验，且两者同增同减，具有一致性，在数量上，$F = \dfrac{n-k}{k-1} \times \dfrac{R^2}{1-R^2}$。

相对于只能给出一个模糊的推测拟合优度，F 检验中使用的统计量有精确的分布，可以在给定显著水平下，给出统计上的严格结论。

对于一元线性回归，F 检验和 t 检验是一致的，可以证明得到 $F = t^2$，但对于多元线性回归，则不存在这样的关系。

3. 利用线性回归方程进行预测。线性回归分析的一个重要应用是利用样本回归方程进行预测。在计算得到线性回归方程的系数，并对该方程进行了统计检验后，可以利用该方程进行预测。预测分为点预测和区间预测两种情形。

点预测就是对于给定的自变量 $x_1, x_2, \cdots, x_k$ 的一组特定值 $x_{1i}, x_{2i}, \cdots, x_{ki}$，估计对应的因变量 y 的值 y_i。而区间预测则根据给定的置信度，以相当大的概率包含因变量真值的区间 $\left[y_i - t_{\alpha/2}(n-k-1) \cdot S_{e_0}, y_i + t_{\alpha/2}(n-k-1) \cdot S_{e_0} \right]$，其中 S_{e_0} 是因变量估计值的标准误差。

"如果给定解释变量值，根据模型就可以得到被解释变量的预测值为……值"。这种说法是不科学的，也是模型无法达到的。如果一定要给出一个具体的预测值，那么它的置信水平则为0；如果一定要回答解释变量以100%的置信水平处在什么区间中，那么这个区间是∞。

在实际应用中，我们当然也希望置信水平越高越好，置信区间越小越好，以增加预测的实用意义。如何才能缩小置信区间？一种方法是增大样本容量n。在同样的置信水平下，样本容量n越大，从t分布表中查得自由度为$(n-k-1)$的临界值$t_{\alpha/2}$越小；同时，增大样本容量，在一般情况下可使估计值的标准误差减小。另一种方法，也是更主要的方法是提高模型的拟合优度，以减小残差平方和。设想一种极端情况，如果模型完全拟合样本观测值，残差平方和为0，则置信区间长度也为0，预测区间就是一点。还有一种方法是提高样本观测值的分散度。在一般情况下，样本观测值越分散，区间越小。置信水平与置信区间是矛盾的。置信水平越高，在其他情况不变时，临界值$t_{\alpha/2}$越大，置信区间越大。如果要求缩小置信区间，在其他情况不变时，就必须降低对置信水平的要求。

4. 非线性回归分析。在社会现实经济生活中，很多现象之间的关系并不是线性关系，对这种类型现象的分析预测一般要应用非线性回归预测，通过变量代换，可以将很多的非线性回归转化为线性回归。因而，可以用线性回归方法解决非线性回归预测问题。

选择合适的曲线类型不是一件轻而易举的工作，主要依靠专业知识和经验。常用的曲线类型有幂函数、指数函数、抛物线函数、对数函数和S型函数。

四、项目任务

【任务概览】

本项目通过样本数据，对两个总体之间的相关程度分别用散点图、相关系数表示，通过图示或数据给出数据之间相关程度的准确表达，并对其进行可靠性检验。利用线性回归方法根据样本数据作出回归方程，再利用方程进行预测。

1. 根据样本数据，对数据之间的相关性进行表示，并进行可靠性检验。
2. 根据样本数据，计算得到线性回归方程，并对其进行可靠性检验。
3. 利用线性回归方程进行预测。
4. 利用同一样本数据，对几种回归方程进行比较。

任务1　数据的相关性表达

【任务清单】

根据样本数据，绘制散点图，作出数据之间相关性结论，明确正相关和负相关的含义。使用相关性计算公式计算数据之间相关值。对作出的相关性结论进行显著性检验。

【具体要求】

根据"Chap5数据.xlsx"的"广告与销售"表中的数据，分别利用散点图和相关系数对"广告投入"和"销售业绩"的相关性进行分析，并对该相关性进行显著性检验。

【操作示范】

在收集和汇总了数据后，要表达数据之间的相关性，通常先采用定性、再采用定量的方式进行分析。定性的方式如散点图，即利用直角坐标系第一象限，把自变量置于横轴上，因变量置于纵轴上，而将两变量相对应的变量值用坐标点形式描绘出来，用以表明相关点分布状况的图形。散点图能够直观地展现出变量之间的统计关系和它们的强弱程度，以及数据的走向。

对"广告与销售"表中的数据，在选中后，点击"插入"选项卡下的"散点图"图标，展开散点图的类型，选择"仅带数据标记的散点图"，如图5-7所示，得到散点图。删除散点图中的图例项，调整坐标轴最小值和最大值，得到散点图如图5-8所示。

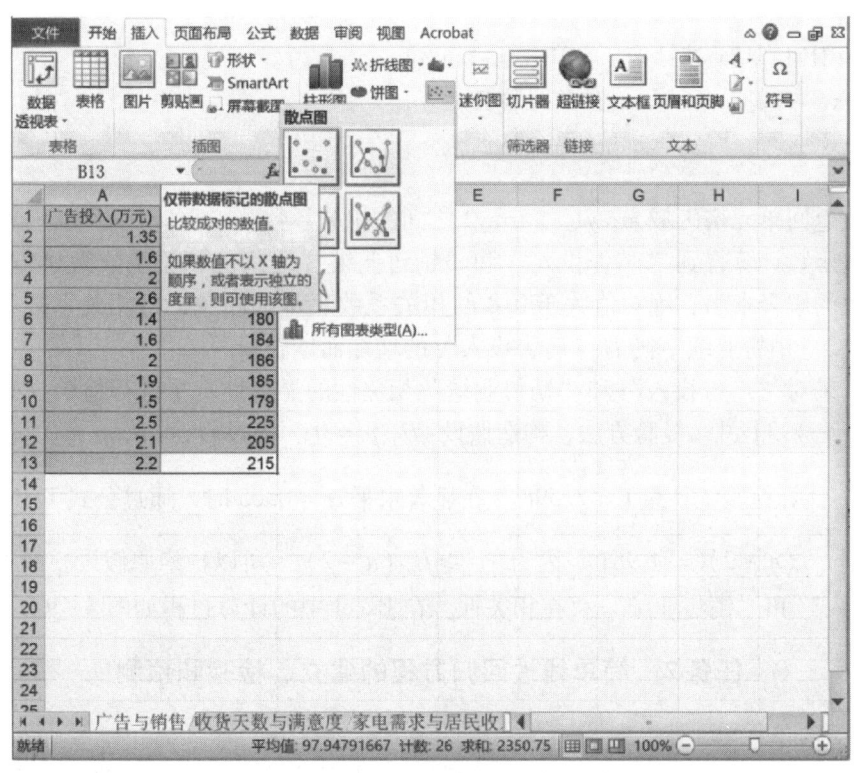

图5-7　散点图选择

通过散点图可以看出，数据点基本在一条直线上，而且"销售业绩"随着"广告投入"的增加而增长，但增长趋势比较平缓。"销售业绩"与"广告投入"之间有相关性。

散点图能够描述数据之间的定性关系，但对于相关的强弱需要由相关系数进行定量描述。按照本项目知识要点5.1.2相关系数计算方法，由公式（5.2）能够根据样本数据计算得到相关系数。Excel中提供了相关系数的计算函数CORREL( )。

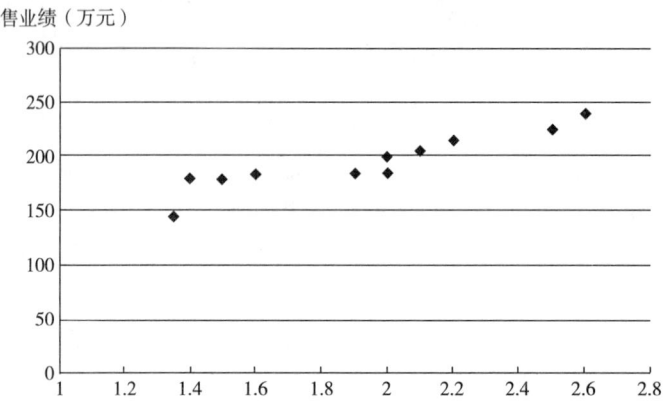

销售业绩（万元）

图 5 – 8　"广告投入"和"销售业绩"散点图

> CORREL（）的语法为：CORREL（array1，array2）。
>
> Array1 必需。第一组数值单元格区域。
>
> Array2 必需。第二组数值单元格区域。

函数返回单元格区域 array1 和 array2 之间的相关系数。

通过函数计算得到"广告投入"和"销售业绩"之间的相关系数为 0.923，按照相关系数的解释指南，绝对值大于 0.8 的相关系数表示强相关，且相关系数为正，表示正相关，"销售业绩"随着"广告投入"的增加而增长。

接下来对"广告投入"和"销售业绩"相关性的显著性水平进行检验。根据【知识要点（一）3】中 t 检验方法，构造假设：$H_0: \rho = 0$；备择假设：$H_1: \rho \neq 0$。通过 $t = r\sqrt{\dfrac{n-2}{1-r^2}}$ 计算检验统计量 $t = 7.598$。在显著水平 $\alpha = 0.05$ 时，通过公式 T. INV. 2T（）计算得到 $t_{\alpha/2}(n-2) = 0.981$。因为 $|t| \geq t_{\alpha/2}(n-2)$，所以拒绝原假设，即不能否认"广告投入"和"销售业绩"存在相关性。在 Excel 中的计算过程如图 5 – 9 所示。

任务2　简单线性回归方程的建立、检验和预测

【任务清单】

根据调查数据，建立一个简单线性回归方程来反映数据之间具体的相互依存关系，对其回归系数进行假设检验，如果通过假设检验，则利用该方程进行预测。

【具体要求】

根据"Chap5 数据 . xlsx"的"收货天数与满意度"表中的数据，完成如下操作：

1. 求关于收货天数和满意度之间的简单线性回归方程。

2. 对该回归方程进行假设检验。

3. 如果客户在 15 天之后才收到货物，则预测该客户的满意度值为多少？如果在 5 天内收到，则客户的满意度值为多少？

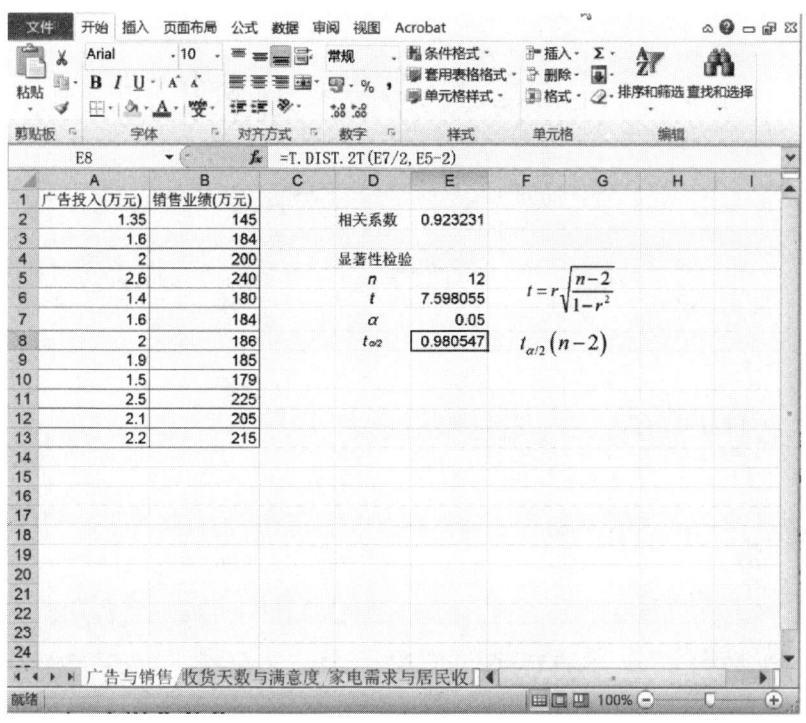

图 5 - 9 相关性的显著性检验计算

【操作示范】

1. 在本章的【知识要点（二）】中明确了线性回归模型方程的表示。在 Excel 中，一元线性回归方程的两个系数——截距和斜率，分别可以通过 INTERCEPT( ) 函数和 SLOPE( ) 函数计算得出。

> INTERCEPT 函数：利用现有的 x 值与 y 值计算直线与 y 轴的截距。
> INTERCEPT(known_y's, known_x's)
> Known_y's：必需。因变的观察值或数据的集合。
> Known_x's：必需。自变的观察值或数据的集合。

> SLOPE 函数：根据 known_y's 和 known_x's 中的数据点拟合的线性回归直线的斜率。
> SLOPE(known_y's, known_x's)
> Known_y's：必需。因变的观察值或数据的集合。
> Known_x's：必需。自变的观察值或数据的集合。

对"收货天数与满意度"简单线性回归方程系数的计算如图 5 - 10 所示。计算得到的斜率参数 b 小于零，表示因变量随着自变量的增加而降低，即客户的满意度随着收货天数的增加而降低。

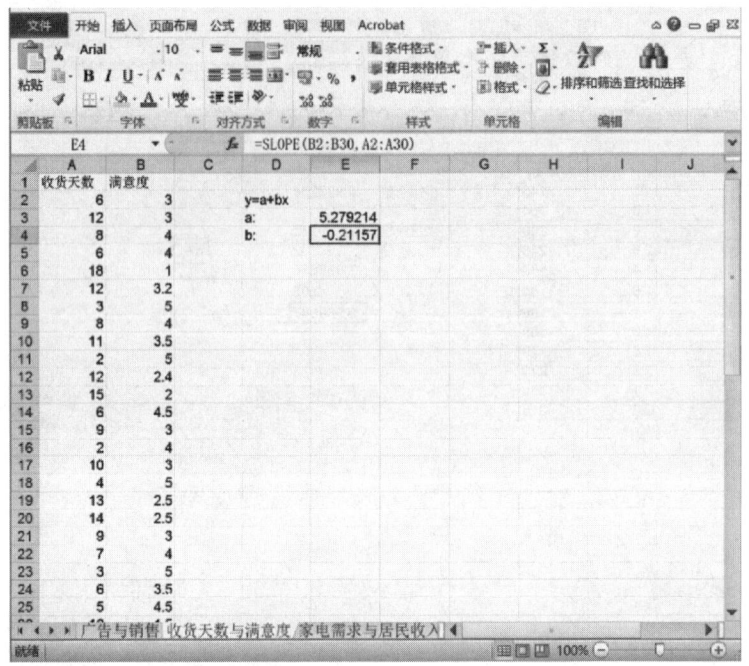

图5-10 "收货天数与满意度"简单线性回归方程系数的计算

通常,对于简单线性回归,可以绘制数据的散点图,定性反映数据的变化趋势。在散点图中,右键点击任意数据点,在快捷菜单中选择"添加趋势线",如图5-11所

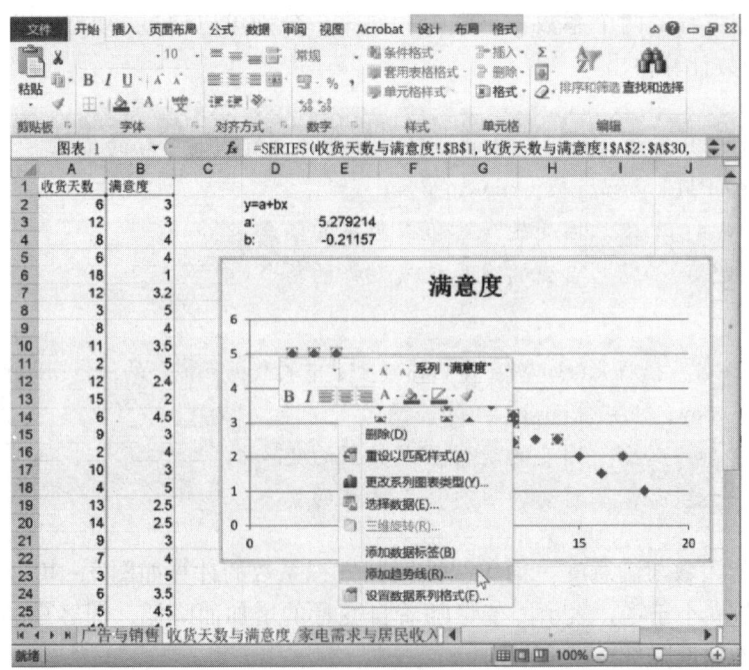

图5-11 为散点图数据添加趋势线

示，打开"设置趋势线格式"对话框，在对话框中选择"趋势预测/回归分析类型"为"线性"，勾选"显示公式"项，如图5-12所示。点击"关闭"后在图表中显示数据的趋势线，如图5-13所示。

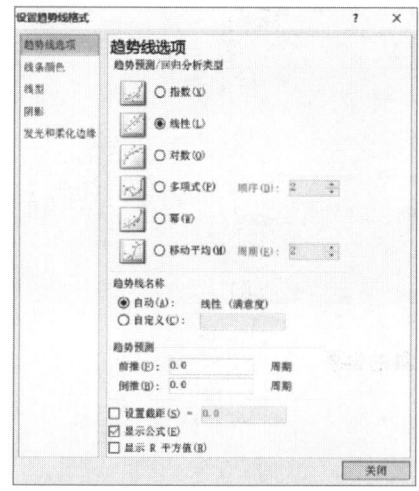

图5-12　设置趋势线格式

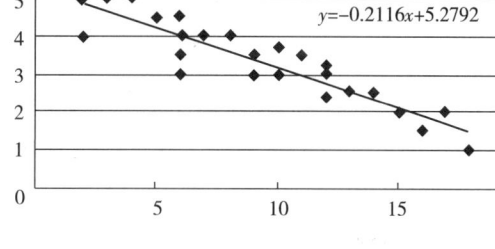

图5-13　带有趋势线和公式的散点图

2. 对回归方程的统计检验包括拟合优度检验、回归方程的显著性检验及回归系数的显著性检验。

拟合优度 R^2 值表示的是回归直线对观测值的拟合程度，越靠近1，表示拟合度越高。在 Excel 中，拟合优度值通过 RSQ() 函数计算。

> RSQ 函数：根据 known_y's 和 known_x's 中数据点，计算得出 Pearson 乘积矩相关系数的平方。
> RSQ(known_y's,known_x's)
> Known_y's：必需。因变的观察值或数据的集合。
> Known_x's：必需。自变的观察值或数据的集合。

对"收货天数与满意度"数据，计算得到 $R^2 = 0.8044$。

回归方程的显著性检验和回归系数的显著性检验可以通过 Excel 数据分析工具中的"回归"工具得到。从"数据"选项卡中选择"数据分析"，在弹出的"数据分析"对话框中选择"回归"，点击"确定"，如图5-14所示。在弹出的"回归"对话框中设定因变量 y 和自变量 x 的数据范围，设置"输出选项"为当前工作表中的某空白区域，如图5-15所示。点击"确定"后得到回归分析结果，如图5-16所示。

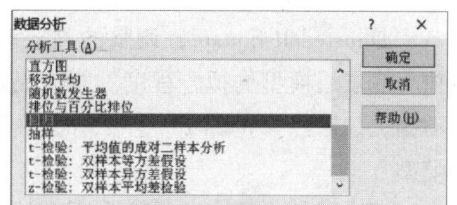

图5-14　数据分析中的回归工具

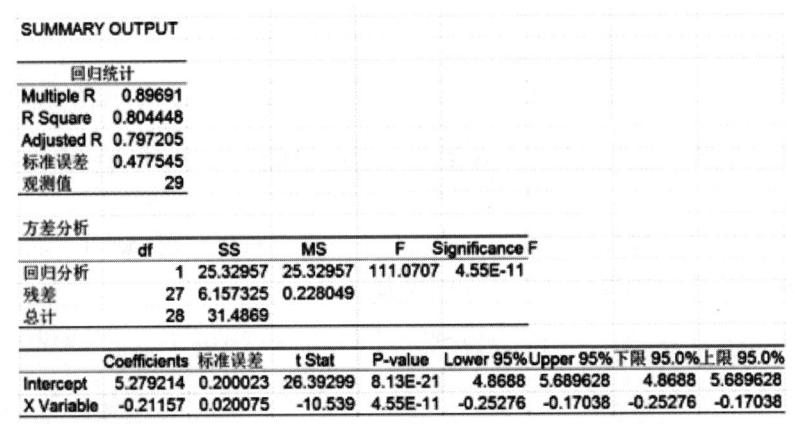

图 5 – 15　回归分析工具的设置

SUMMARY OUTPUT

回归统计	
Multiple R	0.89691
R Square	0.804448
Adjusted R	0.797205
标准误差	0.477545
观测值	29

方差分析

	df	SS	MS	F	Significance F
回归分析	1	25.32957	25.32957	111.0707	4.55E-11
残差	27	6.157325	0.228049		
总计	28	31.4869			

	Coefficients	标准误差	t Stat	P-value	Lower 95%	Upper 95%	下限 95.0%	上限 95.0%
Intercept	5.279214	0.200023	26.39299	8.13E-21	4.8688	5.689628	4.8688	5.689628
X Variable	-0.21157	0.020075	-10.539	4.55E-11	-0.25276	-0.17038	-0.25276	-0.17038

图 5 – 16　"收货天数"和"满意度"之间的回归分析结果

在回归分析工具得到的结果中，"回归统计"栏下的数据如下：

Multiple R（复相关系数 R）是 R^2 的平方根，又称为相关系数，它用来衡量变量 x 和 y 之间相关程度的大小。

R Square，拟合优度 R^2 值。

Adjusted R Square，调整的判定系数，仅用于多元回归才有意义，它用于衡量加入独立变量后模型的拟合程度。当有新的独立变量加入后，即使这一变量同因变量之间不相关，未经修正的 R^2 也要增大，调整的 R^2 仅用于比较含有同一个因变量的各种模型。

标准误差，用来衡量拟合程度的大小，此值越小，说明拟合程度越好。

观测值，即样本数据对的个数。

"方差分析"栏目下的数据，df 列为自由度，SS 列是样本数据平方和，MS 列是样本数据平均平方和，F 列为 F 统计量，Significance F 指决策标准，各数据对应项如图 5 – 17 所示。

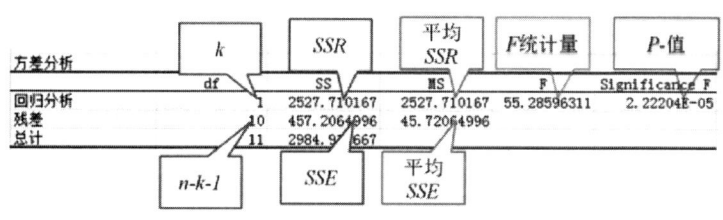

图 5 – 17 "方差分析"栏目下的数据解析

最后一部分数据表示的是简单线性回归方程两个系数的统计检验，Intercept 是截距系数 a 和 X Variable 1 是斜率系数 b。Coefficients 列对应两个系数值，标准误差是相应系数的估计值相对于该系数实际值的方差，t Stat 是 t 统计量，等于系数值除以相应的标准误差，P – value 是 t 检验值在 t 分布表中对应的 P 概率值，Lower 95% 和 upper 95% 置信度为 95% 的下限和上限区间。各数据对应项如图 5 – 18 所示。

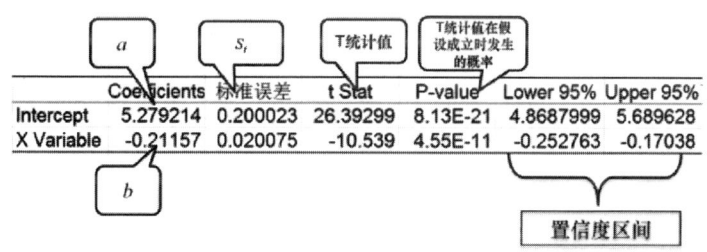

图 5 – 18 回归系数检验统计量数据解析

对于"收货天数与满意度"数据，因为是一元线性回归，F 检验和 t 检验是一致的。F 检验中 F 统计量大于决策标准，所以拒绝回归方程系数为零的假设，t 检验中 P 值小于 0.05 的置信水平，所以拒绝系数为零的假设。

3. 题目三要根据得到的回归方程进行预测，分别对收货天数为 15 天和 5 天内收货的满意度进行预测。

首先进行点预测。如果收货天数为 15，代入回归方程 $\hat{y}$ = 5.28 - 0.21x，得到客户满意度预测值为 2.1（取小数点后 1 位），如果收货天数为 5，则得到客户满意度预测值为 4.2（取小数点后 1 位）。

以 95% 为置信水平预测满意度区间，根据预测区间式 $[y_i - t_{\alpha/2}(n - k - 1) \cdot S_{e_0}, y_i + t_{\alpha/2}(n - k - 1) \cdot S_{e_0}]$，$S_{e_0}$ 是标准误差 0.4775，$t_{\alpha/2}(n - k - 1)$ 利用函数 T.INV.2T( ) 计算，所以得到收货天数为 15 的客户满意度预测区间为（1.7，2.5），收货天数为 15 的客户满意度预测区间为（3.8，4.6），则对于 5 天内收到货物的客户，其满意度以 95% 的概率大于 3.8。

点计算和区间估计计算过程如图 5 – 19 所示。

y=a+bx		预测			
a:	=INTERCEPT(B2:B30,A2:A30)	收货天数	满意度	95%置信度下限	95%置信度上限
b:	=SLOPE(B2:B30,A2:A30)	15	=E5*G5+E4	=H5-T.DIST.2T(0.25,$E$17-1-1)*$E$16	=H5+T.DIST.2T(0.25,$E$17-1-1)*$E$16
R^2	=RSQ(B2:B30,A2:A30)	5	=G6*E5+E4	=H6-T.DIST.2T(0.25,$E$17-1-1)*$E$16	=H6+T.DIST.2T(0.25,$E$17-1-1)*$E$16

图 5 – 19　通过简单线性回归方程预测满意度计算过程

任务 3　多元线性回归方程的建立、检验和预测

【任务清单】

根据调查数据，建立一个多元线性回归方程来反映数据之间具体的相互依存关系，对其回归系数进行假设检验，如果通过假设检验，则利用该方程进行预测。

【具体要求】

根据"Chap5 数据 . xlsx"的"家电需求与居民收入"表中的数据，完成如下操作：

1. 求该商品年需求量关于价格和家庭年平均收入的线性回归方程。

2. 对该回归方程进行假设检验。

3. 预计下一年度该商品的价格水平为 1 800 元，家庭年平均收入为 30 000 元，预测该商品下一年的需求量，并求该商品年需求量的置信度为 90% 的预测区间。

4. 假定下一年度居民家庭年平均收入估计在 30 000 ~ 31 000 元之间。若要以 90% 的概率使该商品的年需求量不低于 12 万台，则应将价格控制在什么范围内？

【操作示范】

1. "家电需求与居民收入"表中的数据因变量为"某家电商品需求量"，自变量有"价格"和"收入"，需要建立一个多元线性回归方程。在 Excel 中，多元线性回归方程可通过"数据分析"工具中的"回归"得到各系数。在如图 5 – 20 所示选定"Y 值输入区域"和"X 值输入区域"，以及设定了"输出选项"后，点击"确定"，得到回归分析结果，如图 5 – 21 所示。

根据回归分析结果，得到商品需求量与价格和收入的多元线性回归方程为 $\hat{y} = 11.167 - 1.90x_1 + 0.17x_2$，其中 x_1 是"价格"因素，x_2 是"收入"因素。

2. 对建立的回归方程进行统计检验，包括拟合优度检验、回归方

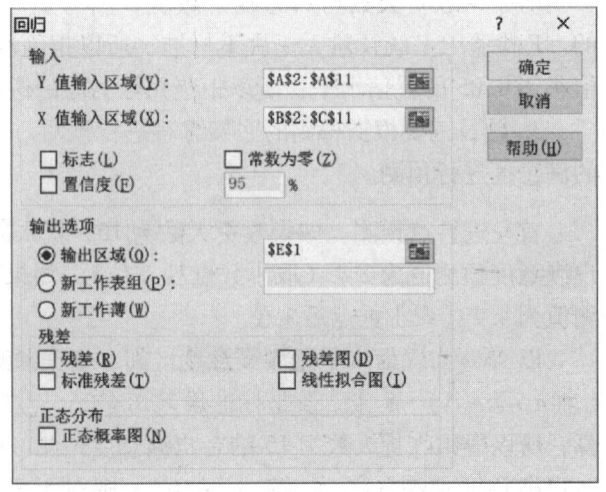

图 5 – 20　多元线性回归分析设置

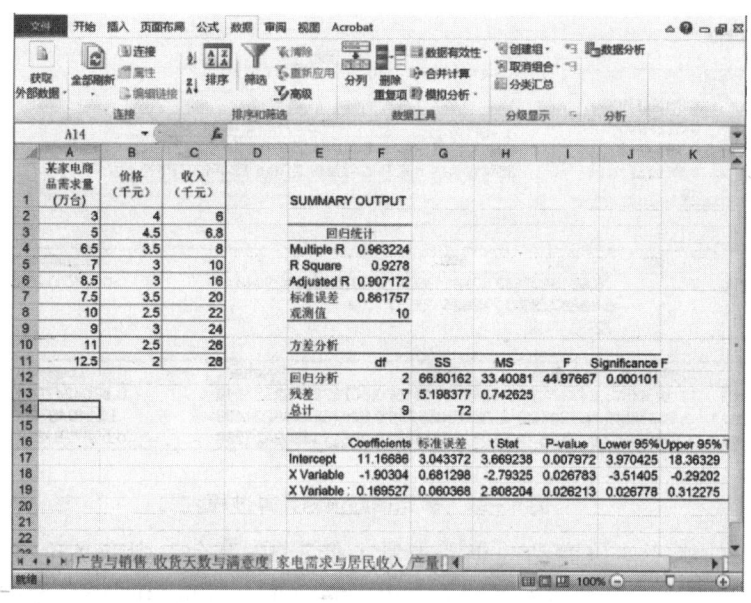

图5-21 商品需求量与价格和收入的回归分析结果

程的显著性检验及回归系数的显著性检验。

建立的回归方程的 R^2 值为0.9278，接近于1，方程的拟合程度较好。

回归方程的显著性检验。假设：$H_0: \beta_1 = \beta_2 = 0$，$H_1: \beta_1$，$\beta_2$ 不全为0，根据方差分析结果，回归方程的显著性检验通过 F 统计量进行。F 统计量的值为44.98，决策标准0.0001，所以拒绝回归方程所有系数均为0的假设。

对建立的回归方程的系数进行统计检验。首先对 x_1 的系数进行检验。假设：$H_0: \beta_1 = 0$，$H_1: \beta_1$ 不为0，t 统计量的值为 -2.793，相应的 p - 值为0.0268，小于 $\alpha = 0.05$ 的显著水平，所以拒绝原假设。类似地，对 x_2 的系数进行检验，假设：$H_0: \beta_2 = 0$，$H_1: \beta_2$ 不为0，t 统计量的值为2.808，相应的 p - 值为0.0262，小于 $\alpha = 0.05$ 的显著水平，所以拒绝原假设。

3. 如果下一年度该商品的价格水平为1 800元，家庭年平均收入为30 000元，将其代入多元线性回归方程，计算得到该商品下一年的需求量的点预测值为8.2。根据预测区间式 $\left[y_i - t_{\alpha/2}(n-k-1) \cdot S_{e_0}, \ y_i + t_{\alpha/2}(n-k-1) \cdot S_{e_0} \right]$，$S_{e_0}$ 是标准误差0.8618，$t_{\alpha/2}(n-k-1)$ 利用函数 T. INV. 2T( ) 计算，所以得到置信度为90%的商品需求量预测区间为 (7.7, 8.8)，计算过程如图5-22所示。

4. 此题目需要通过因变量的值，预测其中一个自变量的值。假定下一年度居民家庭年平均收入估计在30 000~31 000元之间，所以 x_2 的值在 (3, 3.1) 范围（单位为千元）。以90%的概率使该商品的年需求量不低于12万台，则对于 (3, 3.1) 范围的年收入，预测的商品年需求量的下限均需大于12万台。至此，有 $11.17 - 1.90x_1 + 0.17 \times 3 - t_\alpha(n-k-1) \cdot S_{e_0} > 12$ 和 $11.17 - 1.90x_1 + 0.17 \times 3.1 - t_\alpha(n-k-1) \cdot S_{e_0} > 12$。$t_\alpha(n-k-1)$ 由函数 T. INV( ) 计算，由此得到当居民家庭年收入在30 000元

SUMMARY C

回归统计	
Multiple R	0.9632239
R Square	0.9278003
Adjusted R S	0.9071718
标准误差	0.8617571
观测值	10

预测	
价格	1.8
收入	30
点预测值	=F17+F18*I3+F19*I4
90%置信度下限	=I5-T.INV.2T(0.5,F8-F12-1)*F7
90%置信度上限	=I5+T.INV.2T(0.5,F8-F12-1)*F7

方差分析

	df	SS	MS	F	Significance F
回归分析	2	66.8016227	33.4008113534	44.9766660429549	0.0001011284968138
残差	7	5.19837729	0.742625327577		
总计	9	72			

	Coefficients	标准误差	t Stat	P-value	Lower 95%
Intercept	11.166856	3.04337235	3.66923776945	0.00797227625537846	3.97042470898786
X Variable 1	-1.903036	0.68129798	-2.79325065735	0.0267828419294106	-3.51404976004389
X Variable 2	0.1695267	0.06036840	2.80820364856	0.0262134669425266	0.0267781817772857

图 5-22　多元回归预测计算过程

时，要以90%的概率使该商品的年需求量不低于12万台，则商品价格应低于1.59（千元），即1590元，居民家庭年收入在30 000元时，要以90%的概率使该商品的年需求量不低于12万台，则商品价格应低于1.68（千元），即1680元，所以预测商品价格为1590~1680元。具体计算过程如图5-23所示。

SUMMARY C

回归统计	
Multiple R	0.9632239
R Square	0.9278003
Adjusted R S	0.9071718
标准误差	0.8617571
观测值	10

价格控制	
收入	30~31
90%置信度商品	>12
$t_\alpha(n-k-1)$	=ABS(T.INV(0.1,7))
x_1=30	=(12+I5*F7-F19*30-F17)/F18
x_1=31	=(12+I5*F7-F19*31-F17)/F18

$$11.17-1.90x_1+0.17\times30-t_\alpha(n-k-1)*S_{e_0}>12$$
$$11.17-1.90x_1+0.17\times31-t_\alpha(n-k-1)*S_{e_0}>12$$

方差分析

	df	SS	MS	F	Significance
回归分析	2	66.8016227	33.4008113534	44.9766660429549	0.0001011
残差	7	5.19837729	0.742625327577		
总计	9	72			

	Coefficients	标准误差	t Stat	P-value	Lower 95%	Upper 95%
Intercept	11.166856	3.04337235	3.66923776945	0.00797227625537846	3.9704247	18.363288844560
X Variable 1	-1.903036	0.68129798	-2.79325065735	0.0267828419294106	-3.5140497	-0.292022304708
X Variable 2	0.1695267	0.06036840	2.80820364856	0.0262134669425266	0.0267781	0.3122753823965

图 5-23　由因变量预测一个自变量的计算过程

五、能力拓展：国家税收分析

1. 分析的目的

随着经济体制改革的深化和经济的快速增长，中国的财政收支状况发生很大变化。有必要分析中央和地方税收收入的增长规律，以预测中国税收未来的增长趋势。

影响中国税收收入增长的因素很多，但据分析主要的因素可能有：（1）从宏观经济看，经济整体增长是税收增长的基本源泉。（2）公共财政的需求，税收收入是财政收入的主体，社会经济的发展和社会保障的完善等都对公共财政提出要求，因此对预算支出所表现的公共财政的需求对当年的税收收入可能会有一定的影响。（3）物价水平。我国的税制结构以流转税为主，以现行价格计算的 GDP 等指标和经营者的收入水平都与物价水平有关。（4）税收政策因素。因此，可以从以上几个方面，分析各种因素对中国税收增长的具体影响。

2. 数据。从"中国国家统计局"网站收集到以下数据，如表 5 – 5 所示。

表 5 – 5　　　　　　　　　　　1995—2014 年国家税收收入数据

年份	国家税收收入（亿元）（Y）	国内生产总值（亿元）（X1）	财政支出（亿元）（X2）	商品零售价格指数（上年 = 100）（X3）
1995	6 038. 04	61 129. 8	6 823. 72	114. 8
1996	6 909. 82	71 572. 3	7 937. 55	106. 1
1997	8 234. 04	79 429. 5	9 233. 56	100. 8
1998	9 262. 8	84 883. 7	10 798. 18	97. 4
1999	10 682. 58	90 187. 7	13 187. 67	97
2000	12 581. 51	99 776. 3	15 886. 5	98. 5
2001	15 301. 38	110 270. 4	18 902. 58	99. 2
2002	17 636. 45	121 002	22 053. 15	98. 7
2003	20 017. 31	136 564. 6	24 649. 95	99. 9
2004	24 165. 68	160 714. 4	28 486. 89	102. 8
2005	28 778. 54	185 895. 8	33 930. 28	100. 8
2006	34 804. 35	217 656. 6	40 422. 73	101
2007	45 621. 97	268 019. 4	49 781. 35	103. 8
2008	54 223. 79	316 751. 7	62 592. 66	105. 9
2009	59 521. 59	345 629. 2	76 299. 93	98. 8
2010	73 210. 79	408 903	89 874. 16	103. 1
2011	89 738. 39	484 123. 5	109 247. 79	104. 9
2012	100 614. 28	534 123	125 952. 97	102
2013	110 530. 7	588 018. 8	140 212. 1	101. 4
2014	119 175. 31	635 910. 2	151 785. 56	101

3. 分析。要求有图和文字说明。

（1）近 20 年税收变化；

（2）税收与国内生产总值之间的关系；

（3）税收与财政支出的关系；

（4）税收与商品价格指数之间的关系；

（5）税收与三者共同作用的关系。

4. 预测。如果 GDP 增长 1.5%，财政支出增长 1%，商品价格指数为 103，以95% 为置信度预测该年的国家税收收入，单位是亿元。

互联网金融系列教材
HULIANWANG JINRONG XILIE JIAOCAI

项目六

从数据看未来

一、学习目标

◇ 理解时间序列的概念
◇ 理解时间序列分析的概念
◇ 掌握时间序列分析的常见方法
◇ 掌握剔除季节性的方法
◇ 能够利用 Excel 完成时间序列分析的计算

二、项目背景　互联网金融的趋势

互联网的出现，被业界称为继蒸汽机和电之后的"第三次工业革命"，互联网对人们生产生活乃至思维模式等各个方面的影响已经显现。在金融领域，互联网成为推动金融发展的重要动力，2013 年被业界称为互联网金融元年，中国几家大型互联网企业都在这一年同时大规模地介入金融行业，涵盖了支付、贷款、基金、保险、理财等几乎所有金融领域。马云曾说："如果银行不改变，我们改变银行。"截至 2016 年 8 月，我国有互联网金融平台 8 490 家，互联网金融的活跃用户达到了 6.18 亿。互联网金融呈蓬勃发展态势，也在全方位地改变公众的生活方式。

从 2008 年互联网金融模式在中国出现，至 2013 年中国互联网金融迅猛发展，再到 2015 年互联网金融规范化推进，互联网金融逐步摆脱了野蛮发展的模式，进入法制的、规范的、市场的互联网金融模式。

（一）互联网金融规范化发展

中国互联网金融自诞生以来，行业不够规范化就一直为人所诟病。一些打着互联网金融旗号进行的特大诈骗事件所造成的不良影响，也让社会各界对互联网金融产生颇多质疑。早在 2014 年 4 月 3 日，由中国人民银行牵头组建的中国互联网金融协会就已正式获得国务院批复。该协会由央行条法司牵头筹建，旨在对互联网金融（ITFIN）行业进行自律管理。2015 年 7 月，央行等十部门联合印发《关于促进互联网金融健康发展的指导意见》，明确提出"人民银行会同有关部门，组建中国互联网金融协会"。协会成立后，主要职能为按业务类型制定经营管理规则和行业标准，推动机构之间的业务交流和信息共享；明确自律惩戒机制，提高行业规则和标准的约束力；强化守法、诚信、自律意识，树立从业机构服务经济社会发展的正面形象，营造诚信规范发展的良好氛围。2016 年 10 月 13 日，国务院办公厅发布的《关于互联网金融风险专项整治工作实施方案的通知》（以下简称《通知》），是国家目前关于互联网金融的最新一份规范文件。《通知》要求整治违法违规行为，规范各类互联网金融业态，规范各类互联网金融业态，优化市场竞争环境，扭转互联网金融某些业态偏离正确创新方向的局面，遏制互联网金融风险案件高发频发势头，提高投资者风险防范意识，建立和完善适应互联网金融发展特点的监管长效机制，实现规范与发展并举、创新与防范风险并重，促进互联网金融健康可持续发展，切实发挥互联网金融支持大众创业、万众创新的积极作用。

（二）金融科技引领互联网金融的新发展

互联网金融行业规范化地发展，在监管套利消失的背景下，没有技术背景的公司将会丧失生存能力，科技将成为推动金融发展的重要动力，金融科技也将成为未来互联网金融发展的主要趋势，创新成为互联网金融行业发展的核心动力。

金融科技强调技术革新对金融的赋能作用，利用有影响力的"核心技术"，渐进式地改变传统金融业，运行速度、运营成本、业务数据、传播媒介等方面是其切入的重点。例如移动互联改变了金融的触达能力和便捷性，大数据改变了信息搜集的成本和处理效率，并进而改变了甄别风险的能力，云计算改变了金融的成本和效率，区块链技术从技术层面建立了去中心化的信任，颠覆传统金融信用中心式的服务模式。金融科技企业利用技术和模式的创新，正在提高金融各个领域和环节的效率和能力。

金融科技强调的技术赋能金融其实只是开端，技术让金融更好地服务和推动商业和生活才是真正发展的方向，所以，金融成功的标准就不应该只是技术的先进，先进的技术是金融的基石，但金融成功的终局是在多大程度上能够服务实体、便利消费、发展经济。

（三）场景金融是互联网金融的重要发展方向

传统的产业金融是基于单一行业的上下游供应链整合，所对应的传统金融服务创新是供应链金融服务模式。例如手机等移动终端产业链、汽车行业的产业链，在产业链上所做的供应链金融模式是同质化的，即上游零部件供应商＋核心整机企业（整车汽车）＋下游分销商的供应链金融模式。而以满足用户最终需求场景为核心诉求的"互联网＋"将通过互联网改变传统行业的产销模式，以更高效率和更低的成本触达最终用户。

场景金融是人们在某一活动场景中的金融需求体验。传统的金融渠道已经完全不能适应互联网时代的需求。终端用户的场景需求能否有效融合和匹配场景的需求，或将成为金融机构差异化经营的体现和优势。金融服务的提供者必须通过各种生活场景、供应链场景、交易场景触达潜在的客户群，将金融服务牵到各类场景中去。以"场景"的角度来观察金融需求，找到日常生活中高频次场景，并成功实施对传统行业的互联网化改造的企业，就可能成为行业的领军者，例如，京东和淘宝找到了"购物"这个场景，而滴滴出行瞄准了"出行"这一场景。

场景化交易有可能就是未来金融盈利的中枢，终端用户的场景需求往往需要复杂和多元的金融服务，而能否有效融合和匹配场景需求，将成为未来银行差异化的体现和成功的关键。

（四）移动支付的趋势不可逆转

智能终端的普及和移动互联网的全面快速兴起使得移动支付市场迅猛发展。到2014年底，全球移动支付交易金额将达到3 252亿美元，而在2010年仅有529亿美元，复合增长率达58%，预计到2017年全球移动支付交易金额将达7 210亿美元。2015年，移动商务类应用成为拉动网络经济增长的新引擎。2015年上半年，手机支付、手机网购、手机旅行预订用户规模分别达到2.76亿元、2.70亿元和1.68亿元，半年度增长率分别为26.9%、14.5%和25.0%。

在未来的几年里，移动支付工具应用于更多的支付场景中。未来金融支付工具会从单纯的金融工具，发展为涉及一些行业垂直领域里面的一些服务，手机钱包将逐渐接近实体钱包的使用范围。同时，移动支付助力O2O产业实现线上线下的结合，助力手机应用拓展更为广泛的商业模式。移动支付将成为商户营销的重要工具，并且在小城镇和乡村的渗透率迅速提升。

（五）互联网金融资产交易蓬勃发展

我国金融机构总体金融资产规模已经超过200万亿元，但其中绝大部分都是缺乏流动性的信贷和非标债权资产。中国的资产证券化的规模大概占GDP的1%左右，美国已经达到了60%，英国达到了15%，所以我们的资产交易和资产证券化还是有很大的发展空间。

尽管目前不少地方政府都成立了金融资产交易所，比较有代表性的有北京金融资产交易所、天津金融资产交易所等，这些交易所的业务偏线下，虽然也有线上的网站等平台，但更多定位于信息的发布和展示，信息化数据化的水平不高。互联网金融资产交易所运用大数据、云计算为投资人匹配相应的资产，运用各种征信数据判断资产推荐机构、融资方的信用状况，解决投资人与融资方信息的不对称问题，为金融资产交易更广泛的发展提供了新思路。

三、知识要点

2003年度诺贝尔经济学奖的获得者是美国经济学家罗伯特·恩格尔和英国经济学家克莱夫·格兰杰，"今年的获得者发明了处理许多经济时间序列两个关键特性的统计方法：时间变化的变更率和非平稳性。"罗伯特·恩格尔和克莱夫·格兰杰是时间序列经济学的奠基人。时间变化的变更率指方差随时间变化而变化的频率，这主要是指恩格尔在1982年发表的条件异方差模型（ARCH），最初主要用于研究英国的通货膨胀问题，后来广泛用作金融分析的高级工具。而格兰杰的贡献主要是在非平稳过程假定下所进行的严格计量模型的建立。

（一）时间序列

时间序列（Time Series）也称为时间数列，指将反映某一现象的同一指标在不同时间上的取值，按时间的先后顺序排列所形成的一个动态数列。时间序列中的数值是现实的、真实的一组数据，而不是数理统计中做实验得到的。时间序列背后是某一现象的变化规律。经济领域中每年的产值、国民收入、商品在市场上的销量、股票数据的变化情况等，社会领域中某一地区的人口数、医院患者人数、铁路客流量等，自然领域的太阳黑子数、月降水量、河流流量等，都形成了一个时间序列。人们希望通过对这些时间序列的分析，从中发现和揭示现象的发展变化规律，或从动态的角度描述某一现象和其他现象之间的内在数量关系及其变化规律，从而尽可能多地从中提取出所需要的准确信息，并将这些知识和信息用于预测，以掌握和控制未来行为。

1. 时间序列的分类。时间序列根据其所研究的依据不同，可有不同的分类：

（1）按所研究对象的多少来分，有一元时间序列和多元时间序列。如某种商品的销售量数列，即为一元时间序列；如果所研究对象不仅仅是这一数列，而是多个变量，如按年、月顺序排序的气温、气压、雨量数据等，每个时刻对应着多个变量，则这种序列为多元时间序列。

（2）按时间的连续性，可将时间序列分为离散时间序列和连续时间序列两种。如果某一序列中的每一个序列值所对应的时间参数为间断点，则该序列就是一个离散时间序列；如果某一序列中的每个序列值所对应的时间参数为连续函数，则该序列就是一个连续时间序列。

（3）按序列的统计特性分，有平稳时间序列和非平稳时间序列两类。所谓时间序列的平稳性，是指时间序列的统计规律不会随着时间的推移而发生变化。平稳序列的时序图直观上应该显示出该序列始终在一个常数值附近随机波动，而且波动的范围有界、无明显趋势及无周期特征；从理论上讲，分为严平稳与宽平稳两种。相对地，时间序列的非平稳性，是指时间序列的统计规律随着时间的推移而发生变化。

（4）按序列的分布规律来分，有高斯型（Guassian）和非高斯型（non‑Guassian）时间序列。

2. 影响时间序列的因素。时间序列的变化受许多因素的影响，有些起着长期的、决定性的作用，使其呈现出某种趋势和一定的规律性；有些则起着短期的、非决定性的作用，使其呈现出某种不规则性。在分析时间序列的变动规律时，事实上不可能对每个影响因素都一一划分开来，分别去作精确分析。但我们能将众多影响因素，按照对现象变化影响的类型，划分成若干时间序列的构成因素，然后对这几类构成要素分别进行分析，以揭示时间序列的变动规律性。影响时间序列的构成因素可归纳为以下四种。

（1）长期趋势（T）。长期趋势：是指客观社会经济现象在一个相当长的时期内，由于受某种基本因素的影响所呈现出来的一种基本走势。尽管在这个时期内，事物的发展仍有波动，但基本趋势不变。如股票市场的“牛市”和“熊市”。

（2）季节变动（S）。季节变动：是指由于自然条件、社会条件的影响，社会经济现象在一年内或更短的时间内，随着季节的转变而引起的周期性变动。如农产品收购、农业生产资料和其他季节性商品的销售、几大节日的客运量等，就有明显的季节性，而且年复一年地呈规律性变动。

季节变动一般以一年为周期。此外，有的社会季节现象是以一日、一周、一月为周期而产生变动，亦称为准季节变动。如市内公共汽车的乘客，早晨逐渐增多，上、下班时间达到高峰，入夜以后逐渐减少，是以一日为周期的变动；市内商店的顾客、影剧院的售票，星期六和星期日最多，是以一周为周期的变动；由于机关、团体、企业习惯上在月初发工资，因此，银行活期储蓄存款月初增加，月末减少，这是以一月为周期的变动。

（3）循环变动（C）。循环变动：是指社会经济现象以若干年为周期的涨落起伏相同或基本相同的一种波浪式的变动。如股票市场由牛市到熊市的周期再到下一个牛市与熊市的周期；资本主义经济由危机、萧条、复苏、繁荣的一个周期再到下一个危机、萧条、复苏、繁荣的周期。虽然每一个周期可能长短不同，但盛衰起伏周而复始。事物的循环变动，也是由事物发展的内在原因决定的。

（4）不规则变动（I）。不规则变动：指客观社会经济现象由于天灾、人祸、战乱等突发事件或偶然因素引起是无周期性波动。

时间序列一般是以上几种变化形式的叠加或组合出现的，如图6-1所示的几种组合形式。

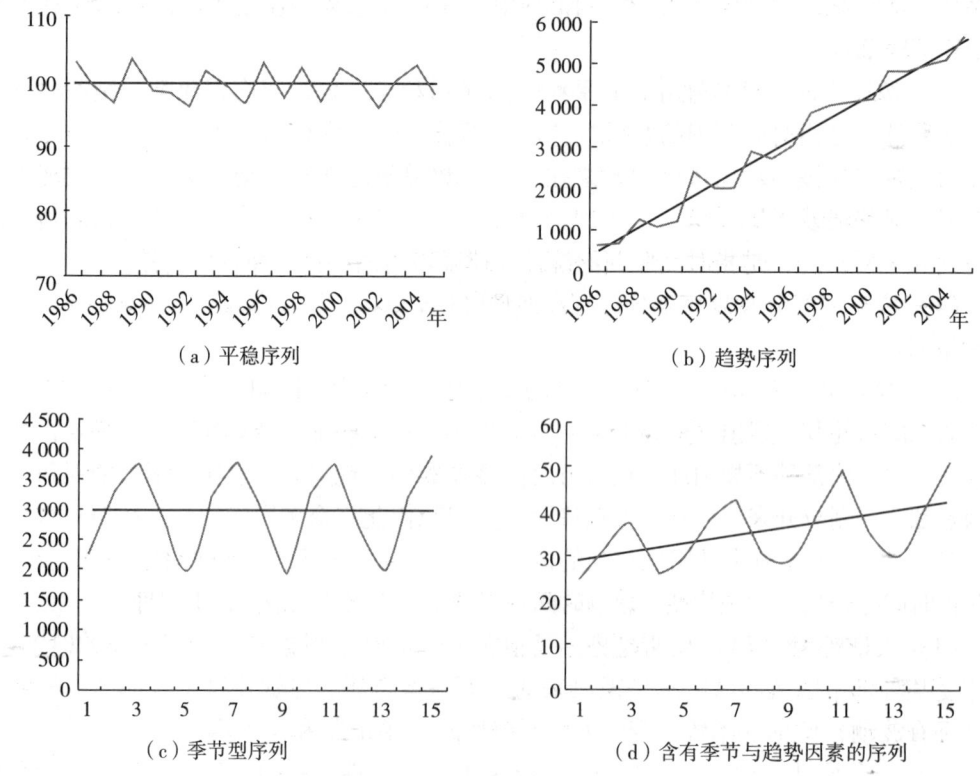

图6-1　几种常见的时间序列形式

对于多种因素作用的合成结果，在统计分析中，将这些因素一般概括为以下两种模型：加法模型和乘法模型。

加法模型中各个组成部分所具有的变动数值是各自独立、彼此相加的，从而整个时间数列数值与各种构成之间的数量关系应该表现为

$$Y_i = T_i + S_i + C_i + I_i \tag{6.1}$$

乘法模型中各个组成部分所具有的变动数值是相互依存、彼此相乘的，从而整个时间数列数值与各种构成之间的数量关系应该表现为下列公式：

$$Y_i = T_i \times S_i \times C_i \times I_i \tag{6.2}$$

模型中当时间数列是年度资料，无法反映季节变动影响，则模型公式为 $Y_i = S_i \times C_i \times I_i$；如果时间序列不存在循环波动时，模型公式为 $Y_i = T_i \times S_i \times I_i$；当时间序列是月度或季度资料时，$Y_i = S_i \times I_i$。

（二）时间序列分析

时间序列分析（Time Series Analysis）是一种根据动态数据揭示系统动态结构和规律的统计方法。它的基本思想是根据系统有限长度的运行记录，建立能够比较精确地反映序列中所包含的动态依存关系的数学模型，并借以对系统的未来进行预报。尽管影响现象发展的因素无法探求，但其结果之间却存在着一定的联系，可以用相应的模型表示。

时间序列分析的方法需要根据时间序列的特征进行选择。对于长期趋势变化的时间序列，使用的分析方法有移动平均法、指数平滑法、模型拟合法等。对于季节性周期变化的数据，采用季节指数法。对于数据的随机变化，则采用模型拟合的方法。

对同一组数据，有时会采用多种时间序列分析方法对其进行分析预测，方法之间需要比较预测的精度。预测精度的评定由均方误差（MSE）表示，预测的均方误差为预测误差平方的平均数，其中预测误差是实际值与预测值之间的差。MSE 的值越小，表示预测精度越高。

1. 长期趋势的分析方法。在相当长的时期内，受某种基本因素的影响，持续增长或不断下降的趋势。例如，各国经济的发展，多半具有向上增长的趋势，主要是由于人口的增加，而非技术的进步以及财富的积累等因素的结果。

测定长期趋势的基本方法是对时间数列进行修匀，修匀的基本目的就是消除影响事物变化的非基本因素。修匀的方法很多，但比较常用的是移动平均法、指数平滑法和数学模型法。

下面以××汽车配件销售公司去年 1 月至 12 月的销售数据，分别用不同方法，预测今年 1 月的销售量，数据如表 6-1 所示。

表 6-1　长期趋势的分析方法示例数据

月份	实际销售量
1	423
2	358
3	434
4	445
5	527
6	429
7	426
8	502
9	480
10	384
11	427
12	446

（1）移动平均法。移动平均法的基本思想：通过扩大原时间序列的时间间隔，并按一定间隔长度逐期移动，分别计算出一系列移动平均数，这些平均数形成的新的时间序列对原时间序列的波动起到一定的修匀作用，削弱了原时间序列中季节周期、循环周期及短期偶然因素的影响，从而呈现出现象发展的变动趋势。移动平均法较常用的有一次移动平均法、加权移动平均法、指数平滑法等。

①简单移动平均。简单移动平均的各元素的权重都相等。简单的移动平均的计算公式如下：

$$\hat{y}_t = (y_{t-1} + y_{t-2} + y_{t-3} + \cdots + y_{t-n})/n \tag{6.3}$$

式中，$\hat{y}_t$ 表示对 t 期的预测值，n 是移动平均的时期个数，$y_{t-1}, y_{t-2}, y_{t-3}, \cdots, y_{t-n}$ 分别表示前一期、前两期、前三期到前 n 期的实际值。

以表 6-1 数据为例，采用简单移动平均的方法，取 $n=3$，预测公式为 $\hat{y}_t = (y_{t-1} + y_{t-2} + y_{t-3})/3$，预测值如表 6-2 所示。

计算均方误差：$MSE = \dfrac{\sum\limits_{t=4}^{12}(y_t - \hat{y}_t)^2}{9} = 3\,210.3$。

②加权移动平均法。加权移动平均给固定跨越期限内的每个变量值以不相等的权重。其原理是：历史各期产品需求的数据信息对预测未来期内的需求量的作用是不一样的。除了以 n 为周期的周期性变化外，远离目标期的变量值的影响力相对较低，故应给予较低的权重。

加权移动平均法的计算公式如下：

$$\hat{y}_t = w_1 y_{t-1} + w_2 y_{t-2} + w_3 y_{t-3} + \cdots + w_n y_{t-n} \tag{6.4}$$

表 6-2　简单移动平均预测数据

月份	实际销售量	$n=3$ 简单移动平均预测值 $\hat{y}_t$
1	423	—
2	358	—
3	434	—
4	445	405
5	527	412
6	429	469
7	426	467
8	502	461
9	480	452
10	384	469
11	427	456
12	446	430
—	—	419

式中，$w_1, w_2, \cdots, w_n$ 表示第 $t-1$ 期、$t-2$ 期到 $t-n$ 期实际销售额的权重，$w_1 + w_2 + \cdots + w_n = 1$。

在运用加权平均法时，权重的选择是一个应该注意的问题。经验法和试算法是选择权重的最简单的方法。一般而言，最近期的数据最能预示未来的情况，因而权重应大些。例如，根据前一个月的利润和生产能力比起根据前几个月能更好地估测下个月的利润和生产能力。但是，如果数据是季节性的，则权重也应是季节性的。

以表 6 – 1 数据为例, 采用加权移动平均的方法, 取 $n = 3$, $w_1 = 0.5, w_2 = 0.3$, $w_3 = 0.2$ 进行, 预测公式为 $\hat{y}_t = (0.5y_{t-1} + 0.3y_{t-2} + 0.2y_{t-3})/3$, 预测值如表 6 – 3 所示。

计算均方误差: $MSE = \dfrac{\sum\limits_{t=4}^{12} (y_t - \hat{y}_t)^2}{9}$

$= 3\,148.2$。

比较表 6 – 1 数据分别采用 $n = 3$ 简单移动平均和加权移动平均的均方误差, 加权移动平均的预测精度要高于简单移动平均。

移动平均法的特点如下:

移动的项数越多, 对原数列波动的曲线修匀得越光滑, 也就越能显示出现象的长期发展趋势。

表 6 – 3 加权移动平均预测数据

月份	实际销售量	$n = 3$ 移动移动平均预测值 $\hat{y}_t$
1	423	—
2	358	—
3	434	—
4	445	409
5	527	424
6	429	484
7	426	462
8	502	447
9	480	465
10	384	476
11	427	436
12	446	425
—	—	428

移动的项数越多, 首尾丢失的项数也就越多, 进行趋势外推测时的误差也就越大。

移动项数的多少要依据现象发展的特点和统计分析的要求确定。实际应用中, 移动平均法主要用来有效地消除不规则变动和季节变动对原数列的影响。

移动平均采用奇数项移动能一次对准被移动数据的中间位置, 若采用偶数项移动平均, 一次移动平均后的数值将置于居中的两项数值之间。

(2) 指数平滑法。指数平滑法是对过去的观测值加权平均进行预测, 使第 $t + 1$ 期的预测值等于 t 期的实际观测值与第 t 期指数平滑值的加权平均值, 一次指数平滑法预测模型为

$$\hat{y}_{t+1} = \alpha y_t + (1 - \alpha)\hat{y}_t \tag{6.5}$$

式中, $\hat{y}_t$ 是第 t 期预测值, y_t 是第 t 期实际观测值, α 是平滑系数, 且 $0 < \alpha < 1$。

简单指数平滑法用于预测实际上是根据本期预测误差对本期预测值作出一定的调整后得到的下一个预测值, 新的预测值 = 老的预测值 + α × 老预测值的误差, 对老预测值所作的调整的幅度视 α 的大小而定。

平滑系数 α 的取值对平滑效果影响很大, α 越小平滑效果越显著。α 取值的大小决定了在平滑值中起作用的观察值的项数的多少, 当 α 取值较大时, 各观察值权数的递减速度快, 因此在平滑值中起作用的观察值的项数就较少; 而当 α 取值较小时, 各观察值权数的递减速度很慢, 因此在平滑值中起作用的观察值的项数就较多。

一般来说, α 取值的大小应当视所预测对象的特点及预测期的长短而定。一般情况下, 观测值呈较稳定的水平发展, α 值取在 $0.1 \sim 0.3$ 之间; 观测值波动较大时, α 值取

在 0.3 ~ 0.5 之间；观测值呈波动很大时，α 值取在 0.5 ~ 0.8 之间。

以表 6 - 1 数据为例，采用平滑系数 $\alpha = 0.3$ 计算预测值，结果如表 6 - 4 所示。

计算均方误差：$MSE = \dfrac{\sum\limits_{t=2}^{12}(y_t - \hat{y}_t)^2}{11}$

$= 2\,664.1$，与前面 $n = 3$ 简单移动平均和加权移动平均相比，均方误差值最小，预测精度相对最高。

（3）数学模型法。数学模型法就是根据时间数列发展形态的特点，选择一种合适的数学方程式，进而以自变量 x 代表时间，y 代表实际观测值，然后依据此方程式来分析长期趋势的方法。用数学模型法测定长期趋势，首先是要科学地选择模型。数学模型有直线型和曲线型两种类型，而每一种类型又有很多种具体形式。因此，在建立模型之前首先要判断趋势的形态。方法有两种：

表 6 - 4　　　　　指数平滑预测数据

月份	实际销售量	$\alpha = 0.3$ 计算预测值 $\hat{y}_t$
1	423	—
2	358	423
3	434	404
4	445	413
5	527	422
6	429	454
7	426	446
8	502	440
9	480	459
10	384	465
11	427	441
12	446	437
—	—	439

一种是散点图法，即用直角坐标系作两个变量的散点图，然后根据散点图的形状来确定数学模型；

另一种是指标法，即通过计算时间数列的动态分析指标来确定时间数列的类型，基本结论是：若时间数列的环比增长量大体相等，则其趋势线近似于一条直线，即 $y = a + bt$；若时间数列的二次增长量大体相等（即逐期增长量大体上呈等量递增或递减态势），则其趋势线近似于一条抛物线 $y = a + bt + ct^2$；若时间数列的各期环比发展速度大体相等，则其趋势线近似于一条指数曲线 $y = ab^t$。抛物线、指数曲线等都属于曲线型模型。在社会经济现象的客观现实中，有很多是按照曲线的轨迹演进，因此曲线模型在经济社会中是大量存在的。

2. 季节周期性数据的分析方法

季节变动是指某些社会经济现象，由于受自然因素和社会条件、人们的消费习惯等因素的影响，在一年之内或更短的时间，随着季节更换而引起的一种有规律的变动。在现实生活中，季节变动是一种极为普遍的现象。例如：商业经营中时令商品的销售量，农业生产中的蔬菜、水果、禽蛋的生产量，工业生产中的服装、水力发电等，都受生产条件和气候变化等因素的影响而形成有规则的周期性重复变动。

季节变动是一种各年变化强度大体相同且每年重现的有规律的变动。根据这一基本特征，可以将其归纳为一种典型的季节模型。所谓季节模型，就是指一时间序列在各年中所呈现出的典型状态，这种状态年复一年以基本相同的形态出现。季节模型是由一套指数组成的，各指数刻画了现象在一个年度内各月或各季的典型特征。如果所分析的是月份数据，季节模型就由 12 个指数组成；若为季度数据，季节模型就由 4 个指数组成。其中各个指数是以全年月或季度资料的平均数为基础计算的，因而 12 个月（或 4 个季度）指数的平均数应等于 100%，而各月（或季）的指数之和应等于 1 200%（或 400%）。季节模型正是以各个指数的平均数等于 100% 为条件而构成的，它反映了某一月份或季度的数值占全年平均数的大小。如果现象的发展没有季节变动，则各期的季节指数应等于 100%；如果某一月份或季度有明显的季节变化，则各期的季节指数应大于或小于 100%。因此，分析季节变动，也就是对一个时间序列计算出该月（或季）指数，即所谓季节指数，然后根据各季节指数与其平均数（100%）的偏差程度来测定季节变动的程度。这就是季节变动分析的基本原理。

与长期趋势通过平均的方法将其他三个因素消除（抵消）的分析方法不同，季节变动则采用季节指数法消除季节变动以外的三个因素。

同期平均法，可以分两种情况来选择：在现象不存在长期趋势或长期趋势不明显的情况下，一般是直接用平均的方法通过消除循环变动和不规则变动来测定季节变动，在统计学中将这种方法称为"同期平均法"；在现象具有明显的长期趋势时，一般是先消除长期趋势，然后再用平均的方法消除循环变动和不规则变动，统计学中，把这种方法称为"移动平均趋势剔除法"。

（1）同期平均法。同期平均法是在现象不存在长期趋势或长期趋势不明显的情况下，测定季节变动的一种最基本的方法。它的基本思想和长期趋势测定中的移动平均法的思想是相同的。实际上，"同期平均法"就是一种特殊的"移动平均法"，即：一方面它是平均；另一方面，这种平均的范围是仅仅局限在不同年份的相同季节中，季节不同，平均数的范围也就随之而"移动"。因此所谓"同期平均"就是在同季（月）内"平均"，而在不同季（月）之间"移动"的一种"移动平均"法。"平均"是为了消除非季节因素的影响，而"移动"则是为了测定季节因素的影响程度。用同期平均法来测定其季节变动。步骤如下：

第一，计算各年同季（月）的平均数，目的是要消除非季节因素的影响。这种方法主要是因为同样是旺季或者淡季，有些年份的旺季更旺或更淡，这就是非季节因素的影响。因为假设没有长期趋势，所以这些因素通过平均的方法就可以相互抵消。

第二，计算各年同季（或同月）平均数的平均数，也即时间数列的序时平均数，目的是计算季节比率。因为就从测定季节变动的目的来讲，只计算"异年同季的平均数"已经可以反映现象的季节变动趋势了：平均数大，表明是旺季，越大越旺；平均数小，表明是淡季，越小越淡。但是，这种大与小、淡与旺的程度只能和其他季节相比才能有个准确的认识，因此，就需要将"各年同季的平均数"进行相对化变换，即计算季节比率，对比的标准就应该是时间数列的序时平均数。

第三，计算季节比率。将各年同季的平均数分别和时间数列的序时平均数进行对比。一般用百分数表示，用公式表示为

$$季节指数(S) = \frac{同月（或季）平均数}{总月（或季）平均数} \times 100\% \qquad (6.6)$$

下面以××灯具公司近三年各月销售量为例，用按月（或季）平均法计算各月的季节指数，如表6-5所示。

表6-5　　　　　　　　　　　　　季节指数计算示例

月份	前年销量	去年销量	今年销量	合计	同月平均	季节指数（%）
1 月	80	120	320	520	173.3	13.8
2 月	120	200	400	720	240	19.0
3 月	200	350	700	1 250	416.7	33.1
4 月	500	850	1 500	2 850	950	75.4
5 月	800	1 500	2 400	4 700	1 566.7	124.3
6 月	2 500	4 500	6 800	13 800	4 600	364.9
7 月	2 400	6 400	7 200	16 000	5 333.3	423.1
8 月	600	900	1 500	3 000	1 000	79.3
9 月	200	400	600	1 200	400	31.7
10 月	100	250	400	750	250	19.8
11 月	60	100	200	360	120	9.5
12 月	40	80	110	230	76.7	6.1
合计	7 600	15 650	22 130	45 380	15 126.7	1 200
平均	633.3	1 304.2	1 844.2	3 781.67	1 260.56	100

表6-5中的季节指数一栏，是以指数形式表现的典型销售量。每个指数代表各年间每个月份的平均销售量。比如，1月的季节指数为13.8%，表示该月份销售量为全年平均销售量的13.8%，而全年平均销售量则作为100%。这样从各月的季节指数序列，可以清楚地表明该服装公司销售量的季节变动趋势。即1月、2月、3月、4月是销售淡季，5月、6月、7月为销售旺季，7月比全年平均销售量高323.1%（432.1%-100%），8月开始下降，到12月降到最低点，比全年平均销售量低93.9%（6.1%-100%）。

同期平均法计算简单，易于理解。应用该方法的基本假定是：原时间序列没有明显的长期趋势和循环波动，因而，通过若干年同期数值的平均，不仅可以消除不规则波动，而且当平均的周期与循环周期一致时，循环波动也可以在平均过程中得以消除，但实际上，许多时间序列所包含的长期趋势和循环波动，很少能够通过平均予以消除。因此，当时间序列存在明显的长期趋势时，该方法的季节指数不够准确。当存在剧烈的上升趋势时，年末季节指数明显高于年初的季节指数；当存在下降趋势时，年末的季节指数明显低于年初的季节指数。只有当序列的长期趋势和循环波动不明显或影响不重要，可忽略不计时，应用该方法比较合适。

（2）移动平均长期趋势剔除法。移动平均长期趋势剔除法是在现象具有明显长期趋势的情况下，测定季节变动的一种基本方法。基本思路是先从时间数列中将长期趋势剔除掉，然后再应用"同期平均法"剔除循环变动和不规则变动，最后通过计算季节比率来测定季节变动的程度。剔除长期趋势的方法一般用移动平均法。

用"移动平均趋势剔除法"来测定季节变动趋势的基本步骤如下：

第一，先根据各年的季度（或月度）资料（Y）计算四季（或 12 个月）的移动平均数，然后为了"正位"，再对 12 月的移动平均值计算 $n = 2$ 的移动移动平均数，作为各期的长期趋势值（T）。

第二，将实际数值（Y）除以相应的移动平均数（T），得到各期的 Y/T。这就是消除了长期趋势影响的时间数列，它是一个相对数，称为季节指数。

第三，将 Y/T 重新按同期平均法计算季节比率的方式排列。然后，按照该方法要求，先计算"异年同季平均数"，再计算"异年同季平均数的平均数"，即消除长期趋势变动后，新数列的序时平均数。

仍以表 6 – 5 数据为例，按移动平均趋势剔除法计算销售量的季节指数。首先求出12 个月移动平均趋势值 T，并求得季节指数，计算结果如表 6 – 6 所示。

表 6 – 6　　　　　　　　　　　　移动平均趋势剔除计算示例

年份	月份	前年销售量	移动平均 $n = 12$	移动平均 $n = 2$（T）	Y/T（%）
前年	1 月	80	—	—	—
	2 月	120	—	—	—
	3 月	200	—	—	—
	4 月	500	—	—	—
	5 月	800	—	—	—
	6 月	2 500	—	—	—
	7 月	2 400	633	635	378.0
	8 月	600	637	640	93.8
	9 月	200	643	650	30.8
	10 月	100	656	670	14.9
	11 月	60	685	714	8.4
	12 月	40	743	827	4.8
去年	1 月	120	910	1 077	11.1
	2 月	200	1 243	1 256	15.9
	3 月	350	1 268	1 277	27.4
	4 月	850	1 285	1 291	65.8
	5 月	1 500	1 298	1 299	115.5
	6 月	4 500	1 301	1 303	345.5
	7 月	6 400	1 304	1 313	487.6
	8 月	900	1 321	1 329	67.7
	9 月	400	1 338	1 352	29.6
	10 月	250	1 367	1 394	17.9
	11 月	100	1 421	1 458	6.9
	12 月	80	1 496	1 592	5.0

续表

年份	月份	前年销售量	移动平均 $n=12$	移动平均 $n=2$（T）	Y/T（%）
今年	1 月	320	1 688	1 721	18.6
	2 月	400	1 754	1 779	22.5
	3 月	700	1 804	1 813	38.6
	4 月	1 500	1 821	1 827	82.1
	5 月	2 400	1 833	1 838	130.6
	6 月	6 800	1 842	1 842	369.2
	7 月	7 200	—	—	—
	8 月	1 500	—	—	—
	9 月	600	—	—	—
	10 月	400	—	—	—
	11 月	200	—	—	—
	12 月	110	—	—	—

将表 6 – 6 中的 Y/T 按照同期平均法重新排列，求出各年同月平均数，使不规则变动消除，已是季节指数，但由于 12 个月的总和不等于 1 200%，需进行调整。其调整系数为：调整系数 $= \dfrac{1\,200\%}{1\,194.1\%} = 1.005$，用调整系数乘以同月平均数，得到季节指数，计算过程如表 6 – 7 所示。

表 6 – 7　　　　　移动平均趋势剔除后计算季节指数示例　　　　　单位：%

月份	前年	去年	今年	合计	同月平均	季节指数
1 月	—	11.1	18.6	29.7	14.871	14.9
2 月	—	15.9	22.5	38.4	19.204	19.3
3 月	—	27.4	38.6	66.0	33.018	33.2
4 月	—	65.8	82.1	147.9	73.963	74.3
5 月	—	115.5	130.6	246.1	123.035	123.6
6 月	—	345.5	369.2	714.7	357.360	359.1
7 月	378.0	487.6	—	865.6	432.786	434.9
8 月	93.8	67.7	—	161.5	80.731	81.1
9 月	30.8	29.6	—	60.4	30.186	30.3
10 月	14.9	17.9	—	32.9	16.427	16.5
11 月	8.4	6.9	—	15.3	7.629	7.7
12 月	4.8	5.0	—	9.9	4.932	5.0
合计	—	—	—	2 388.3	1 194.1	1 200.0

在计算得到季节指数后，将每年个月的销售量中季节指数剔除，即

$$\frac{Y}{S} = \frac{T \times C \times S \times I}{S} = T \times C \times I \qquad (6.6)$$

再观察其他特征的影响，这称为季节变动的调整。剔除了季节因素的数据，反映了没有季节因素影响下的时间序列变化形态。

对于表 6 - 5 数据，剔除季节指数后的销售量如表 6 - 8 所示，对这些数据计算其线性回归方程，得到 $\hat{y}_t = 287.67 + 57t$，预测数据如表 6 - 8 所示。

表 6 - 8　　　　　　　　　　剔除季节指数后的销售量

年份	序列编号	月份	前年销售量	季节指数 (S)（%）	剔除季节指数后的销售量（Y/S）	剔除季节指数后的趋势值（$\hat{y}$）
前年	1	1 月	80	14.9	535	345.01
	2	2 月	120	19.3	622	400.96
	3	3 月	200	33.2	603	456.91
	4	4 月	500	74.3	673	512.86
	5	5 月	800	123.6	647	568.81
	6	6 月	2 500	359.1	696	624.76
	7	7 月	2 400	434.9	552	680.71
	8	8 月	600	81.1	740	736.66
	9	9 月	200	30.3	659	792.61
	10	10 月	100	16.5	606	848.56
	11	11 月	60	7.7	783	904.51
	12	12 月	40	5.0	807	960.46
去年	13	1 月	120	14.9	803	1 016.41
	14	2 月	200	19.3	1 036	1 072.36
	15	3 月	350	33.2	1 055	1 128.31
	16	4 月	850	74.3	1 144	1 184.26
	17	5 月	1 500	123.6	1 213	1 240.21
	18	6 月	4 500	359.1	1 253	1 296.16
	19	7 月	6 400	434.9	1 472	1 352.11
	20	8 月	900	81.1	1 109	1 408.06
	21	9 月	400	30.3	1 319	1 464.01
	22	10 月	250	16.5	1 514	1 519.96
	23	11 月	100	7.7	1 304	1 575.91
	24	12 月	80	5.0	1 614	1 631.86
今年	25	1 月	320	14.9	2 141	1 687.81
	26	2 月	400	19.3	2 073	1 743.76

续表

年份	序列编号	月份	前年销售量	季节指数 （S）（%）	剔除季节指数后的 销售量（Y/S）	剔除季节指数后的 趋势值（$\hat{y}$）
今年	27	3 月	700	33.2	2 110	1 799.71
	28	4 月	1 500	74.3	2 018	1 855.66
	29	5 月	2 400	123.6	1 941	1 911.61
	30	6 月	6 800	359.1	1 894	1 967.56
	31	7 月	7 200	434.9	1 656	2 023.51
	32	8 月	1 500	81.1	1 849	2 079.46
	33	9 月	600	30.3	1 978	2 135.41
	34	10 月	400	16.5	2 423	2 191.36
	35	11 月	200	7.7	2 609	2 247.31
	36	12 月	110	5.0	2 219	2 303.26

四、项目任务

【任务概览】

本项目通过样本数据，对两个总体之间的相关程度分别用散点图、相关系数进行表示，通过图示或数据给出数据之间相关程度的准确表达，并对其进行可靠性检验。利用线性回归方法，根据样本数据作出回归方程，再利用方程进行预测。

1. 根据样本数据，对数据之间的相关性进行表示，并进行可靠性检验。

2. 根据样本数据，计算得到线性回归方程，并对其进行可靠性检验。

3. 利用线性回归方程进行预测。

4. 利用同一样本数据，对几种回归方程进行比较。

任务1　移动平均法预测时间序列

【任务清单】

根据统计数据，绘制时间序列图，正确判断时间序列模式。利用移动平均的方法对序列进行预测，并能够评判方法的准确度。

【具体要求】

"Chap6 数据 . xlsx"的"投资组合"表中的数据是 2013—2015 年 9 个季度一个投资组合中股票所占的比例。

（1）绘制时间序列图。分析数据呈现何种类型的时间序列模式。

（2）用 $n = 3$ 的简单移动平均法，以及 $n = 3$，$w_1 = 0.5, w_2 = 0.3, w_3 = 0.2$ 的加权移动平均法来预测这个时间序列，并计算判断哪个能够提供更准确的预测。

（3）根据（2）的结果，选择较好的方法预测 2015 年第二个季度投资组合中股票所占比例。

【操作示范】

（1）选中数据后，插入"带有直线和数据标志的散点图"，删除图例项，得到如图 6-2 所示时间序列图。

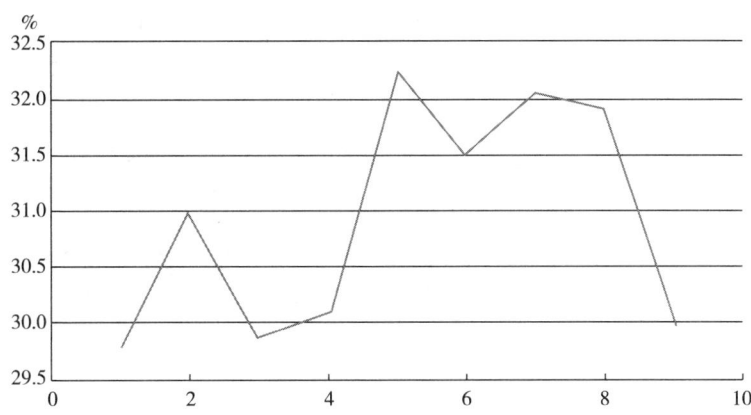

图 6-2　投资组合中股票所占比例的时间序列图

根据时间序列的分类，分析的对象是一元的、离散的、非平稳的时间序列。

（2）在 Excel 中，简单移动平均法可以通过直接计算得到，也可以通过"数据分析"工具中的"移动平均"实现。加权移动平均需要通过公式进行计算。

对两种方法均以公式的方式实现，计算公式如图 6-3 所示。

	A	B	C	D	E	F
1	季度	股票所占比例(%)	n=3移动平均	MSE	加权移动平均 $w_1=0.5, w_2=0.3, w_3=0.2$	MSE
2	2013年第1季度	29.8				
3	2013年第2季度	31				
4	2013年第3季度	29.9				
5	2013年第4季度	30.1	=AVERAGE(B2:B4)	=(C5-B5)^2	=0.5*B4+0.3*B3+0.2*B2	=(E5-B5)^2
6	2014年第1季度	32.2	=AVERAGE(B3:B5)	=(C6-B6)^2	=0.5*B5+0.3*B4+0.2*B3	=(E6-B6)^2
7	2014年第2季度	31.5	=AVERAGE(B4:B6)	=(C7-B7)^2	=0.5*B6+0.3*B5+0.2*B4	=(E7-B7)^2
8	2014年第3季度	32	=AVERAGE(B5:B7)	=(C8-B8)^2	=0.5*B7+0.3*B6+0.2*B5	=(E8-B8)^2
9	2014年第4季度	31.9	=AVERAGE(B6:B8)	=(C9-B9)^2	=0.5*B8+0.3*B7+0.2*B6	=(E9-B9)^2
10	2015年第1季度	30	=AVERAGE(B7:B9)	=(C10-B10)^2	=0.5*B9+0.3*B8+0.2*B7	=(E10-B10)^2
11			=AVERAGE(B8:B10)		=0.5*B10+0.3*B9+0.2*B8	
12				=AVERAGE(D5:D11)		=AVERAGE(F5:F11)

图 6-3　移动平均的计算过程

对比图 6-4 所示计算结果，$n=3$ 的简单移动平均法和 $n=3$，$w_1=0.5, w_2=0.3$，$w_3=0.2$ 的加权移动平均法的均方误差 MSE 分别是 1.3113 和 1.3054，相比而言，加权移动平均比简单移动平均稍好，但相差不大。

两种方法的预测值和实际值之间的图表表示如图 6-5 所示。

（3）根据（2）的结果，选择加权移动平均法对数据进行预测，预测 2015 年第二个季度投资组合中股票所占比例为 31.0%。

	A	B	C	D	E	F
1	季度	股票所占比例(%)	n=3移动平均	MSE	加权移动平均	MSE
2	2013年第1季度	29.8			$w_1=0.5, w_2=0.3, w_3=0.2$	
3	2013年第2季度	31.0				
4	2013年第3季度	29.9				
5	2013年第4季度	30.1	30.2	0.0178	30.2	0.0121
6	2014年第1季度	32.2	30.3	3.4844	30.2	3.9204
7	2014年第2季度	31.5	30.7	0.5878	31.1	0.1521
8	2014年第3季度	32.0	31.3	0.5378	31.4	0.3249
9	2014年第4季度	31.9	31.9	0.0000	31.9	0.0001
10	2015年第1季度	30.0	31.8	3.2400	31.9	3.4225
11			31.3		31.0	
12				1.3113		1.3054

图 6－4　移动平均的计算结果

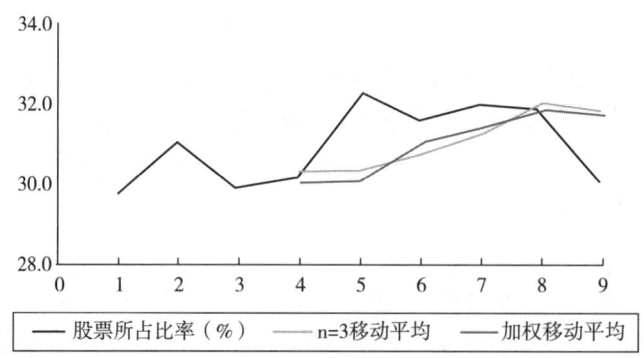

图 6－5　移动平均的实际值和预测值比较

任务 2　长期趋势的分析方法

【任务清单】

根据统计数据，利用长期趋势分析中的指数平滑和线型趋势外推的方法，对时间序列进行预测。

【具体要求】

××商场因为临近长江，所以在保险公司购买了保险，以保证在遭遇洪水不能正常营业时，可以最大限度地降低商场损失。1998 年，由于洪水，该商场被迫在 7—8 月停业，该商场需要确定由此而损失的销售额。当年 1—6 月销售额数据见"Chap6 数据.xlsx"的"保险理赔"表。

（1）绘制时间序列图，数据呈现何种类型的模式？

（2）利用 $\alpha = 0.4$ 的指数平滑法预测 7 月的销售额。

（3）利用线型趋势外推法预测 7 月和 8 月的销售额。

（4）如果保险公司提出的理赔金额为 240 000 元，这个数额合理吗？如果不合理，合适的金额为多少？

【操作示范】

（1）选中数据后，插入"带有直线和数据标志的散点图"，删除图例项，得到如图 6 - 6 所示时间序列图。

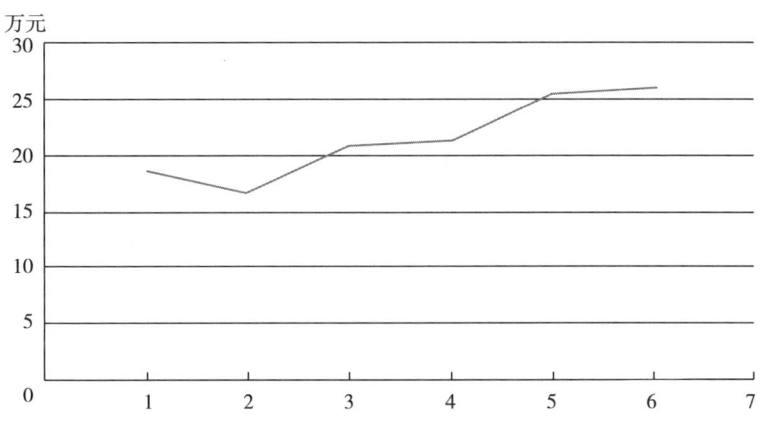

图 6 - 6　商场销售额时间序列图

根据时间序列的分类，分析的对象是一元的、离散的、非平稳的时间序列。

（2）利用指数平滑的方法预测商场的销售数据。在 Excel 中，"数据分析"工具下有"指数平滑"分析工具，如图 6 - 7 所示。

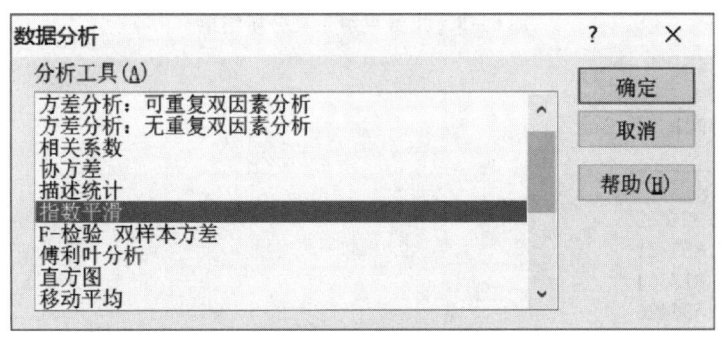

图 6 - 7　Excel 的指数平滑分析工具

点击"确定"后，在弹出的"指数平滑"设置对话框中，选择"输入区域"为"销售额"对应的数据，如果带有标志行，则勾选"标志"。对话框中的"阻尼系数"是 $1 - \alpha$，所以当 α 为 0.4 时，阻尼系数为 0.6。选择输出区域并勾选"图表输出"项，得到结果如图 6 - 8 所示。

进而预测 7 月销售数据为 23. 6969 万元（保留 4 位小数）。

（3）利用线型趋势外推法对销售额和月份之间建立线型回归模型，利用"数据分析"工具中的"回归"工具，得到结果如图 6 - 9 所示。线型回归方程为

$\hat{y} = 14.9719 + 1.8451t$。该方程的 R^2 值为 0.8539；F 统计量为 23.3769，大于 F 检验标准 0.0084；对回归方程系数的假设检验 p - 值分别为 0.0006 和 0.0084，均小于 0.05 的显著水平。

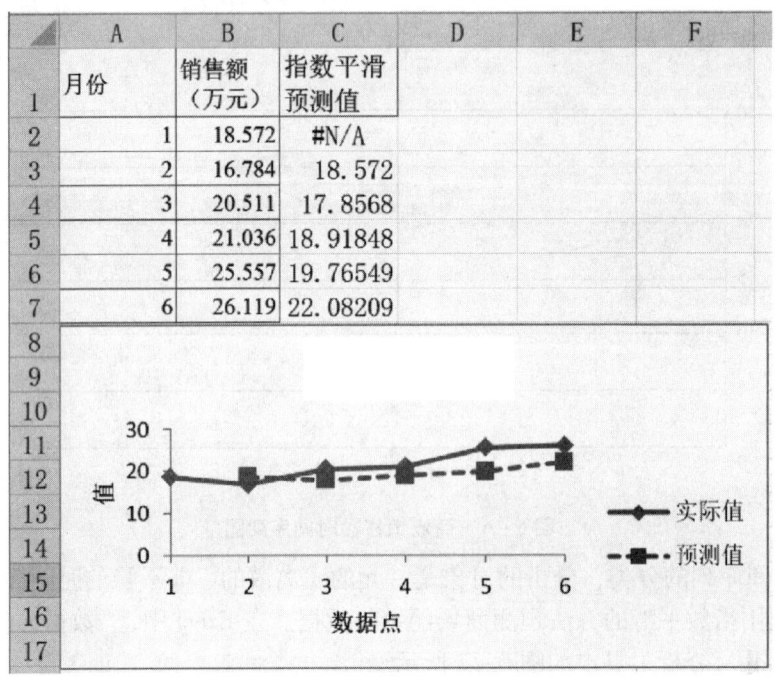

图 6 - 8　指数平滑工具分析结果

SUMMARY OUTPUT

回归统计	
Multiple	0.924062
R Square	0.853891
Adjusted	0.817364
标准误差	1.596426
观测值	6

方差分析

	df	SS	MS	F	Significance F
回归分析	1	59.57782	59.57782	23.37689	0.008431
残差	4	10.19431	2.548577		
总计	5	69.77213			

	Coefficient	标准误差	t Stat	P-value	Lower 95%	Upper 95%	下限95.0%	上限 95.0%
Intercept	14.97193	1.486192	10.07402	0.000546	10.8456	19.09826	10.8456	19.09826
月份	1.845114	0.381619	4.834966	0.008431	0.78557	2.904658	0.78557	2.904658

图 6 - 9　销售量和月份之间的线型回归分析结果

利用该方程预测 7 月和 8 月的销售额分别为 27.8877 万元和 29.7329 万元。

（4）利用（2）和（3）两种方法进行时间序列分析，均方误差 MSE 分别是 23.70 和 1.70，线型趋势外推分析法均方误差远小于指数平滑的方法。以线型趋势外推的方法进行预测，7 月和 8 月的销售额均在 270 000 元以上，所以如果保险公司提出的理赔金额为 240 000 元，这个数额不合理，理赔金额应大于 27 万元。

任务 3　季节周期性数据的分析

【任务清单】

根据统计数据，对季节周期性数据进行分析，利用趋势提出法对时间序列进行预测。

【具体要求】

对"Chap6 数据.xlsx"的"纺织品出口"表进行季节周期性数据分析。

（1）绘制时间序列图，数据呈现何种类型的模式？

（2）计算季节指数，并对季节指数用图表描述。

（3）从原数据中剔除季节指数，建立线型趋势外推模型。

（4）利用季节指数对剔除了季节指数后建立的模型预测值进行还原，通过图表对比预测数据与原数据的拟合度。

【操作示范】

（1）"纺织品出口"表中数据以二维数据表形式呈现，要建立数据和时间序列之间的关系，需要首先将其转换为一维数据表形式。在 Excel 中，方法如下。

在键盘上按"Alt + D"再按"P"，在打开的"数据透视表和数据透视图向导"对话框中，如图 6 - 10 所示，选择"多重合并计算数据区域"和"数据透视表"，点击"下一步"。

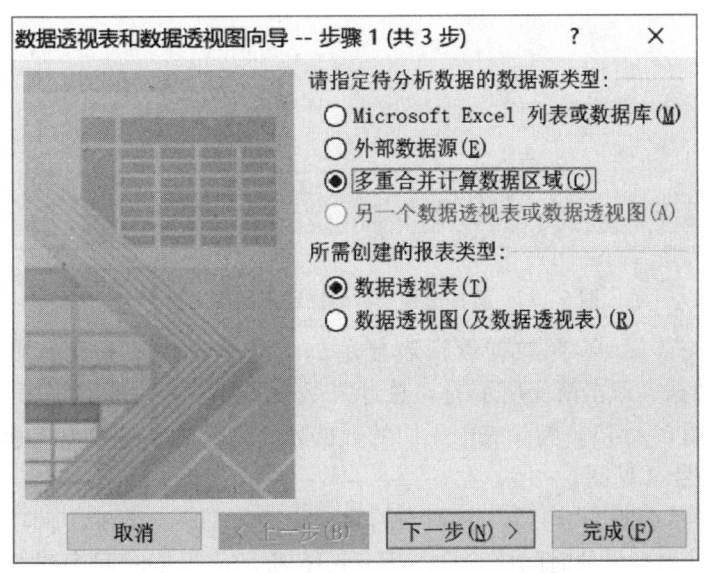

图 6 - 10　数据透视表和数据透视图向导

在"步骤2a"中选择"创建单页字段",如图6-11所示。

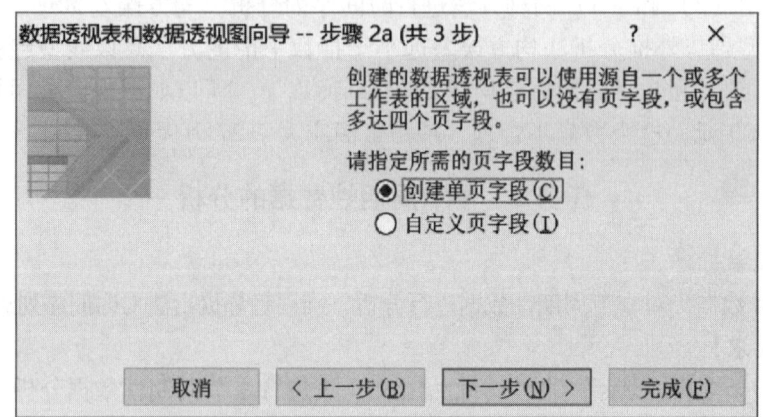

图6-11 数据透视表和数据透视图向导步骤2a

再点击"下一步",打开"步骤2b",选择数据区域,点击"添加",如图6-12所示。

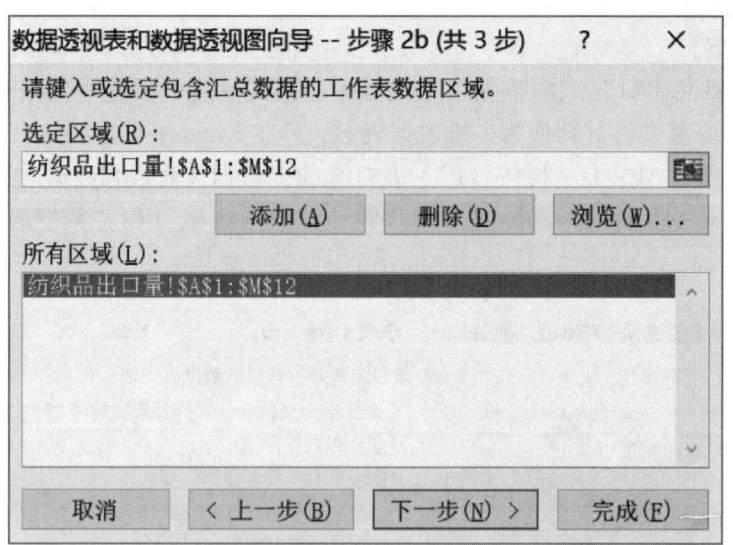

图6-12 数据透视表和数据透视图向导步骤2b

点击"下一步",选择数据透视表显示的位置,选择"新工作表",则得到如图6-13所示数据。双击箭头所示的"总计"数据,则在一张新工作表中得到一维排列的数据(见图6-14)。删除表中无用的数据列,并添加"序列"数据列,以1、2、3…作为序列编号(见图6-15)。

选择"序列"和"出口量"两列中的数据,插入图表,删除图例项,修改图标标题,得到纺织品出口量的时间序列图如图6-16所示。根据时间序列的分类,分析的对象是一元的、离散的、非平稳的、具有季节周期性的时间序列。

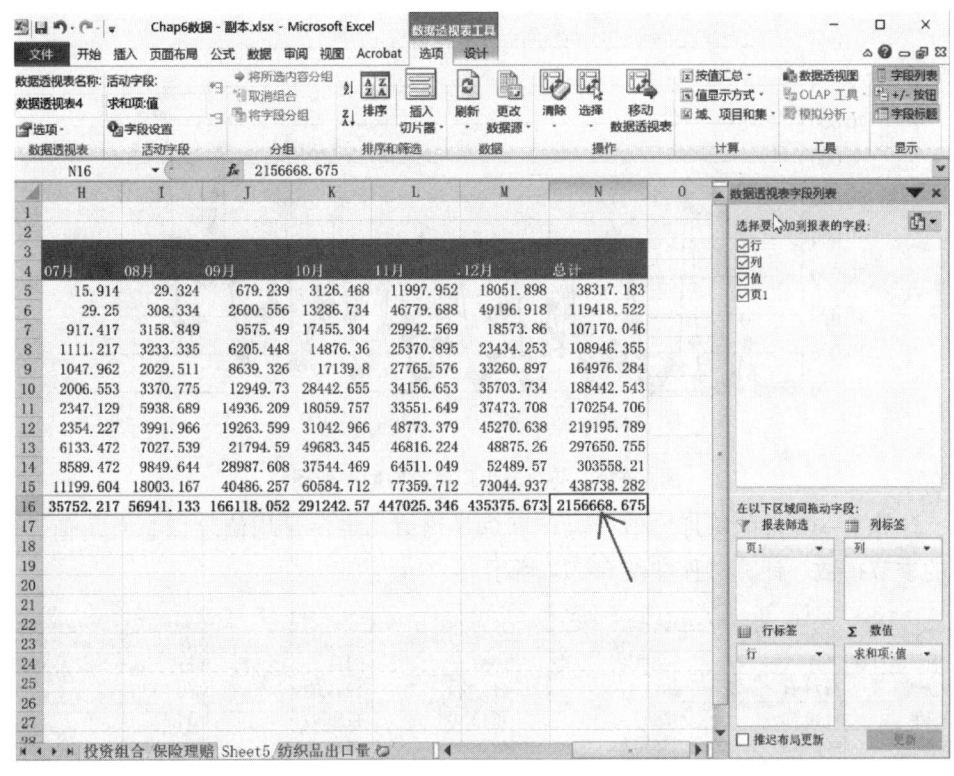

图 6-13　数据透视表数据结果

	A	B	C	D
1	行 ▼	列 ▼	值 ▼	页1 ▼
2	2002年	01月	347.984	项1
3	2002年	02月	611.519	项1
4	2002年	03月	983.749	项1
5	2002年	04月	1849.029	项1
6	2002年	05月	560.33	项1
7	2002年	06月	63.777	项1
8	2002年	07月	15.914	项1
9	2002年	08月	29.324	项1
10	2002年	09月	679.239	项1
11	2002年	10月	3126.468	项1
12	2002年	11月	11997.95	项1
13	2002年	12月	18051.9	项1
14	2003年	01月	1140.72	项1
15	2003年	02月	2863.45	项1

图 6-14　一维转换后的数据

	A	B	C	D
1	序列	年份 ▼	月份 ▼	出口量 ▼
2	1	2002年	01月	347.984
3	2	2002年	02月	611.519
4	3	2002年	03月	983.749
5	4	2002年	04月	1849.029
6	5	2002年	05月	560.33
7	6	2002年	06月	63.777
8	7	2002年	07月	15.914
9	8	2002年	08月	29.324
10	9	2002年	09月	679.239
11	10	2002年	10月	3126.468
12	11	2002年	11月	11997.95
13	12	2002年	12月	18051.9
14	13	2003年	01月	1140.72
15	14	2003年	02月	2863.45

图 6-15　修改了数据列后的一维数据

（2）计算季节指数。根据公式（6.5），季节指数$(S) = \dfrac{\text{同月（或季）平均数}}{\text{总月（或季）平均数}} \times$ 100%，所以季节指数的计算需要通过二维的数据表进行。在"纺织品出口量"数据

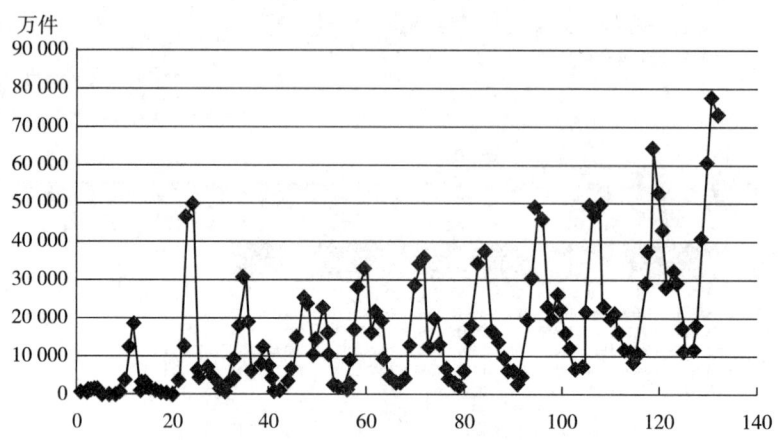

图 6 - 16　纺织品出口量的时间序列图

表中，计算 1—12 月的每月均值，再计算总月均值，将每月均值除以总月均值，得到每月的季节指数，计算过程如图 6 - 17 所示。

	A	B	C	D	E	F	G
1	纺织品出口量	01月	02月	03月	04月	05月	06月
2	2002年	347.984	611.519	983.749	1849.029	560.33	63.777
3	2003年	1140.72	2863.45	1212.202	1255.99	654.53	90.15
4	2004年	5614.136	4616.69	6212.365	5376.326	2890.851	2836.189
5	2005年	5377.71	7008.705	11669.308	7097.86	3204.559	356.705
6	2006年	10034.34	14108.511	22616.864	15970.068	10240.064	2123.365
7	2007年	15525.002	22462.953	18598.219	8879.314	4139.676	2207.279
8	2008年	11898.41	19257.646	13212.551	6586.078	4376.798	2616.082
9	2009年	16605.936	16510.849	14074.414	8977.468	6272.331	6058.016
10	2010年	22825.745	19583.854	25406.48	22527.823	15405.425	11570.998
11	2011年	22563.002	20024.116	20741.516	15635.938	11373.941	11247.885
12	2012年	42516.022	27584.383	31440.819	28628.763	17211.558	10678.348
13	每月均值	=AVERAGE(B2:B12)	=AVERAGE(C2:C12)	=AVERAGE(D2:D12)	=AVERAGE(E2:E12)	=AVERAGE(F2:F12)	=AVERAGE
14	总月均值	=AVERAGE(B2:M12)					
15	季节指数	=B13/$B$14	=C13/$B$14	=D13/$B$14	=E13/$B$14	=F13/$B$14	=G13/$B$1

图 6 - 17　季节指数计算过程

对计算所得的季节指数添加图表，选择"带有直线和数据标记的散点图"，得到如图 6 - 18 所示的季节指数曲线。

（3）将计算所得的 1—12 月的季节指数复制到一维数据表中，利用 Y/S 从原数据中剔除季节指数，结果如图 6 - 19 所示。

利用"数据分析"的"回归"工具，对"剔除季节指数后的出口量"和"时间序列"之间建立线性回归方程，得到结果如图 6 - 20 所示。线型回归方程为：$\hat{y} = -1\,930.81 + 274.725t$。该方程的 R^2 值为 0.7118；F 统计量为 321.006，大于 F 检验标准 6.326E - 37；对回归方程系数的假设检验 p - 值分别为 0.1028 和 6.3258E - 37，拒绝 t 的系数为 0 的假设，但不能拒绝截距系数为 0 的假设。

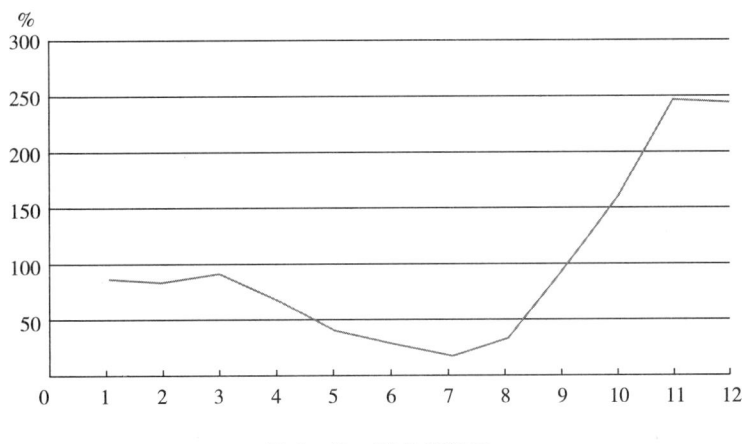

图 6 – 18　季节指数图

	A	B	C	D	E	F
1	序列	年份 ▼	月份 ▼	出口量 ▼	季节指 ▼	剔除季节指数后的值 ▼
2	1	2002年	01月	347.984	86%	404.93
3	2	2002年	02月	611.519	86%	710.74
4	3	2002年	03月	983.749	92%	1063.99
5	4	2002年	04月	1849.029	68%	2706.46
6	5	2002年	05月	560.33	42%	1319.32
7	6	2002年	06月	63.777	28%	229.94
8	7	2002年	07月	15.914	20%	80.00
9	8	2002年	08月	29.324	32%	92.55
10	9	2002年	09月	679.239	92%	734.87
11	10	2002年	10月	3126.468	162%	1929.31
12	11	2002年	11月	11997.95	249%	4823.67
13	12	2002年	12月	18051.9	242%	7451.79
14	13	2003年	01月	1140.72	86%	1327.38
15	14	2003年	02月	2863.45	86%	3328.06
16	15	2003年	03月	1212.202	92%	1311.08

图 6 – 19　添加季节指数列兵剔除季节指数后的出口量数值

（4）利用剔除了季节指数的出口量数据和时间序列建立的线性模型进行预测，得到的结果如图 6 – 21 中所示的 G 列数据。将季节指数还原到预测数据，得到结果如图 6 –21所示的 H 列数据。选中"序列""出口量"和"还原季节指数的预测值"三列数据，插入图表，调整图例位置，修改坐标轴的最小值，得到预测数据与原数据的对比图，如图 6 – 22 所示。

回归统计	
Multiple R	0.843656
R Square	0.7117555
Adjusted R	0.7095382
标准误差	6712.7332
观测值	132

方差分析

	df	SS	MS	F	Significance F
回归分析	1	1.45E+10	1.45E+10	321.006	6.33E-37
残差	130	5.86E+09	45060787		
总计	131	2.03E+10			

	Coefficient	标准误差	t Stat	P-value	Lower 95%	Upper 95%
Intercept	-1930.812	1175.208	-1.64295	0.102809	-4255.82	394.196
X Variable	274.72498	15.33351	17.91664	6.33E-37	244.3895	305.0605

图 6－20　剔除季节指数后的出口量和时间序列之间的回归分析

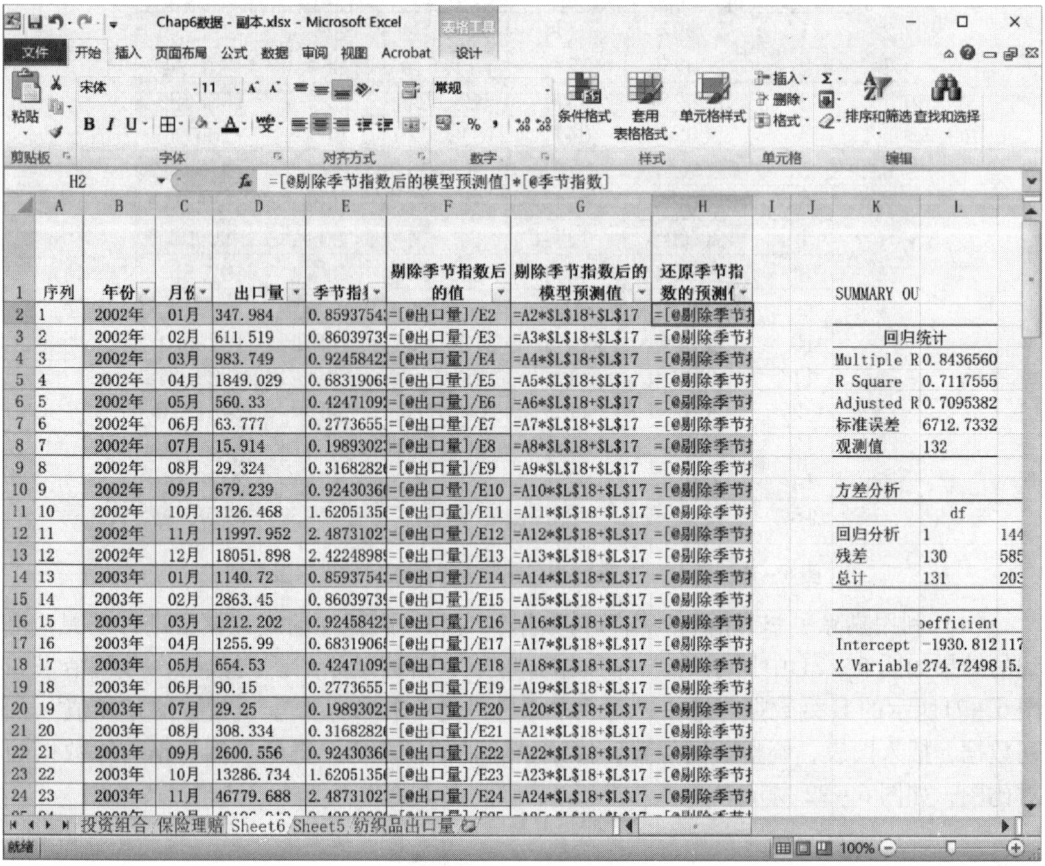

序列	年份	月份	出口量	季节指数	剔除季节指数后的值	剔除季节指数后的模型预测值	还原季节指数的预测值
1	2002年	01月	347.984	0.8593754	=[@出口量]/E2	=A2*$L$18+$L$17	=[@剔除季节指
2	2002年	02月	611.519	0.8603973	=[@出口量]/E3	=A3*$L$18+$L$17	=[@剔除季节指
3	2002年	03月	983.749	0.9245842	=[@出口量]/E4	=A4*$L$18+$L$17	=[@剔除季节指
4	2002年	04月	1849.029	0.6831906	=[@出口量]/E5	=A5*$L$18+$L$17	=[@剔除季节指
5	2002年	05月	560.33	0.4247109	=[@出口量]/E6	=A6*$L$18+$L$17	=[@剔除季节指
6	2002年	06月	63.777	0.2773655	=[@出口量]/E7	=A7*$L$18+$L$17	=[@剔除季节指
7	2002年	07月	15.914	0.1989302	=[@出口量]/E8	=A8*$L$18+$L$17	=[@剔除季节指
8	2002年	08月	29.324	0.3168282	=[@出口量]/E9	=A9*$L$18+$L$17	=[@剔除季节指
9	2002年	09月	679.239	0.9243036	=[@出口量]/E10	=A10*$L$18+$L$17	=[@剔除季节指
10	2002年	10月	3126.468	1.6205135	=[@出口量]/E11	=A11*$L$18+$L$17	=[@剔除季节指
11	2002年	11月	11997.952	2.4873102	=[@出口量]/E12	=A12*$L$18+$L$17	=[@剔除季节指
12	2002年	12月	18051.898	2.4224898	=[@出口量]/E13	=A13*$L$18+$L$17	=[@剔除季节指
13	2003年	01月	1140.72	0.8593754	=[@出口量]/E14	=A14*$L$18+$L$17	=[@剔除季节指
14	2003年	02月	2863.45	0.8603973	=[@出口量]/E15	=A15*$L$18+$L$17	=[@剔除季节指
15	2003年	03月	1212.202	0.9245842	=[@出口量]/E16	=A16*$L$18+$L$17	=[@剔除季节指
16	2003年	04月	1255.99	0.6831906	=[@出口量]/E17	=A17*$L$18+$L$17	=[@剔除季节指
17	2003年	05月	654.53	0.4247109	=[@出口量]/E18	=A18*$L$18+$L$17	=[@剔除季节指
18	2003年	06月	90.15	0.2773655	=[@出口量]/E19	=A19*$L$18+$L$17	=[@剔除季节指
19	2003年	07月	29.25	0.1989302	=[@出口量]/E20	=A20*$L$18+$L$17	=[@剔除季节指
20	2003年	08月	308.334	0.3168282	=[@出口量]/E21	=A21*$L$18+$L$17	=[@剔除季节指
21	2003年	09月	2600.556	0.9243036	=[@出口量]/E22	=A22*$L$18+$L$17	=[@剔除季节指
22	2003年	10月	13286.734	1.6205135	=[@出口量]/E23	=A23*$L$18+$L$17	=[@剔除季节指
23	2003年	11月	46779.688	2.4873102	=[@出口量]/E24	=A24*$L$18+$L$17	=[@剔除季节指

图 6－21　还原季节指数的预测数据计算过程

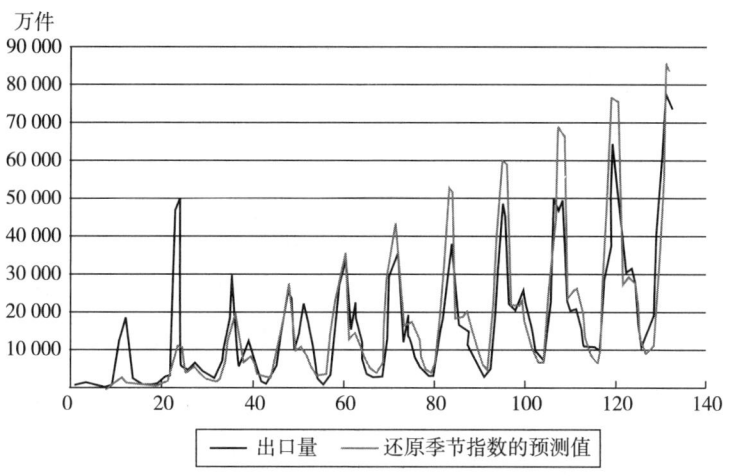

图 6 - 22　还原季节指数的预测值和实际出口量之间的对比图

五、能力拓展

杭州地区 2006 年 5 月至 2012 年 12 月接待游客人次数如表 6 - 9 所示，利用时间序列分析法，分别运用简单移动平均、$\alpha = 0.3$ 的指数平滑、趋势剔除法对数据建立分析模型，比较模型对原数据的拟合程度，选择均方误差最小的方法对 2013 年杭州接待游客人次数进行预测。

表 6 - 9　　　　　　　　　　　杭州地区接待游客人次数据表

时间	杭州接待游客（人次）	时间	杭州接待游客（人次）
2006 - 05	630 037	2007 - 10	1 742 613
2006 - 06	852 941	2007 - 12	2 085 997
2006 - 07	1 006 225	2008 - 04	685 438
2006 - 08	1 130 002	2008 - 05	870 521
2006 - 09	1 327 067	2008 - 06	1 060 349
2006 - 10	1 497 230	2008 - 07	1 246 589
2006 - 11	1 663 909	2008 - 08	1 431 216
2006 - 12	1 820 420	2008 - 09	1 620 193
2007 - 02	226 405	2008 - 10	1 816 150
2007 - 03	390 639	2008 - 11	2 006 109
2007 - 04	612 689	2008 - 12	2 213 319
2007 - 05	797 992	2009 - 01	108 276
2007 - 06	995 413	2009 - 02	230 951
2007 - 07	1 193 604	2009 - 03	444 081
2007 - 08	1 397 704	2009 - 04	691 534
2007 - 09	1 580 832	2009 - 05	874 453

续表

时间	杭州接待游客（人次）	时间	杭州接待游客（人次）
2009 – 06	1 061 608	2011 – 04	847 163
2009 – 07	1 252 603	2011 – 05	1 103 204
2009 – 08	1 452 533	2011 – 06	1 398 256
2009 – 09	1 660 998	2011 – 07	1 690 442
2009 – 10	1 878 984	2011 – 08	1 967 577
2009 – 11	2 091 132	2011 – 09	2 266 378
2009 – 12	2 304 045	2011 – 10	2 564 964
2010 – 01	114 186	2011 – 11	2 816 045
2010 – 02	247 158	2011 – 12	3 063 140
2010 – 03	479 173	2012 – 02	293 740
2010 – 04	754 404	2012 – 03	574 848
2010 – 05	971 992	2012 – 04	926 828
2010 – 06	1 228 780	2012 – 05	1 214 406
2010 – 07	1 493 733	2012 – 06	1 543 420
2010 – 08	1 749 302	2012 – 07	1 848 573
2010 – 09	2 017 885	2012 – 08	2 140 063
2010 – 10	2 286 488	2012 – 09	2 459 651
2010 – 11	2 521 552	2012 – 10	2 784 446
2010 – 12	2 757 147	2012 – 11	3 051 869
2011 – 03	533 112	2012 – 12	3 311 225

项目七

综合实训

综合实训目标

◇ 理解金融数据分析中的基本概念
◇ 掌握金融数据分析中的基本方法
◇ 掌握金融数据分析过程
◇ 能够利用 Excel 完成金融数据分析

综合项目一　货币的时间价值

知识要点

（一）货币的时间价值

量化投资之父詹姆斯·西蒙斯曾说："粒子的行动看似杂乱无章，实际上却存在着内在的规律。"量化投资研究就是用方程式来描述看似混乱的证券市场中隐藏的数学规律。

你的钱，是现在值钱还是以后值钱？

货币的时间价值是指当前持有的一定量的货币比未来获得的等量货币具有更高的价值。这是因为，货币用于投资可获得收益，存入银行可获得利息，货币的购买力会因通货膨胀的影响而改变。例如，若银行存款年利率为 10%，将今天的 1 元钱存入银行，一年以后就会是 1.10 元。可见，经过一年时间，这 1 元钱发生了 0.1 元的增值，今天的 1 元钱和一年后的 1.10 元钱等值。货币时间价值的实质是资金周转使用后的增值额，是资金所有者让渡资金使用权而参与社会财富分配的一种形式。

从经济学的角度而言，现在的一单位货币与未来的一单位货币的购买力之所以不同，是因为要节省现在的一单位货币不消费而改在未来消费，则在未来消费时必须有大于一单位的货币可供消费，作为弥补延迟消费的贴水。

从社会资源消耗的角度而言，经济和社会的发展要消耗社会资源，现有的社会资源构成现存社会财富，利用这些社会资源创造出来的物质和文化产品构成了将来的社会财富，由于社会资源具有稀缺性特征，又能够带来更多社会产品，所以现在物品的效用要高于未来物品的效用。在货币经济条件下，货币是商品的价值体现，现在的货币用于支配现在的商品，将来的货币用于支配将来的商品，所以现在货币的价值自然高于未来货币的价值。市场利息率是对平均经济增长和社会资源稀缺性的反映，也是衡量货币时间价值的标准。

货币的时间价值有两种表现形式。一种是绝对数表现形式，指的是在不同时间点货币价值的差额，如利息。另一种是相对数表现形式，用不同时间点货币价值的差额除以本金，用得到的比例来表示货币的时间价值，如利率。

1. 货币的时间价值的计算。在货币的时间价值计算过程中，会用到一些变量，这些变量及其在本书中的英文标识如表7－1所示。

货币的时间价值的计算基础有两种，分别是单利计算和复利计算。

（1）单利。

方法：每期只通过本金计算利息。

终值的计算公式为 $FV = PV(1 + i \cdot n)$；

表7－1　　货币时间价值计算的几个常用变量

变量	英文标识
计息期	n
利率	i
利息	I
现值	PV
终值	FV
年金	A
付款额	PMT

现值的计算公式为 $PV = \dfrac{FV}{1 + i \cdot n}$。

（2）复利。

方法：每经过一个计息期，要将所产生的利息加入本金再计算利息，俗称"利滚利"。

终值的计算公式：$FV = PV(1 + i)^n$；

现值的计算公式：$PV = FV(1 + i)^{-n}$。

目前，多数的货币时间价值的计算多采用复利。

2. 名义年利率和有效年利率。复利的计息期不一定总是一年，有可能是按照季度、月或者是日。当利息在一年内要复利多次时，给出的年利率就叫作名义年利率（Annual Percentage Rate，APR），而通过实际所得利息计算的利率为有效年利率（Effective Annual Yield，EAY）。

例如，有本金1 000元，投资5年，年利率为8%，每季度复利一次，则5年后的终值为多少？

因为是按照季度复利，所以首先计算每季度利率 = 8% ÷ 4 = 2%。5年的复利次数为20次，所以 $FV = PV(1 + i)^n = 1\ 000 \times (1 + 2\%)^{20} = 1\ 486$ 元，实际产生的利息是486元，通过复利公式 $FV = PV(1 + i)^n$ 计算有效年利率有：$1\ 486 = 1\ 000 \times (1 + i)^5$，得到8.24%。当计息周期短于一年时，有效年利率大于名义年利率。

名义年利率和有效年利率的关系式为：有效年利率 $= \left(1 + \dfrac{名义年利率}{m}\right)^m - 1$，其

中 m 是一年内的复利次数。

3. 年金。年金是指一定期间内每期相等金额的收付款项。例如，某金融产品每年年末会向投资者支付 100 元，共支付 8 年，这就是一个年金。

年金按照付款时间点的不同分为后付年金和先付年金。

（1）后付年金。后付年金也称为普通年金，它是在每期期末等额的系列收款、付款的年金。通常没有特别说明的年金均指后付年金。

后付年金的终值是一定时期内每期期末收付款项的复利终值之和，其计算公式为

$$FV = A \cdot \sum_{t=1}^{N} (1 + i)^{t-1}$$

银行储蓄存款中的零存整取是典型的后付年金终值计算。例如，某人每年年末存入银行 1 000 元，假设年利率为 8% 不变，3 年后可获得本利的和是多少？根据公式，得到 $FV = 100 + 100 \times (1 + 6\%) + 100 \times (1 + 6\%)^2 = 318.36$ 元。

后付年金现值是一定时期内每期期末发生等额收付款项的复利现值之和，其公式为

$$PV = A \cdot \sum_{t=1}^{N} (1 + i)^{-t}$$

例如某人打算连续 5 年在每年年末从银行取出 20 000 元，如果年利率是 10%，则现在应该一次性存入多少钱？根据后付年金现值公式计算，得到 $PV = 20\ 000 \times (1 + 10\%)^{-1} + \cdots + 20\ 000 (1 + 10\%)^{-5} = 75\ 815.74$ 元。

（2）先付年金。先付年金是指在一定时期内每期起初发生的一系列收付款项。

先付年金与后付年金的差别仅在于首付款时间的不同。

先付年金的终值计算公式为

$$FV = A \cdot \sum_{t=1}^{N} (1 + i)^{t}$$

现值计算公式为

$$PV = A \cdot \sum_{t=1}^{N} (1 + i)^{-(t-1)}$$

（3）永续年金。永续年金是指无限期发生的等额系列收付款项。现实生活中，完全意义上的永续年金形式并不多见，对那些收付款期限较长的年金，或者收付款期限长到无法估计的情形，我们将其看作是永续年金，例如养老保险金支付、股利稳定的普通股股利、商誉等无形资产产生的收益等。

永续年金的现值公式为

$$PV = A \cdot \frac{1}{i}$$

例如，拟建立一项永久性的奖学金，每年计划颁发 10 000 元奖金。若利率为 10%，则现在应该存入多少钱？根据永续年金现值公式计算，得到 $PV = 10\ 000/10\% = 100\ 000$ 元。

（二）投资项目决策

投资项目决策是由有关部门、单位或个人等投资主体在调查、分析、论证的基础

上，对个别投资项目的根本性问题作出的判断和决定。进行投资项目决策常用的方法有净现值法（NPV）、内部收益率法（IRR）等一系列方法。

1. 收益率（Earnings Rate/Earnings Yield/Rate of Return）。收益率是指投资的回报率，又称投资回报率或投资报酬率，是用来衡量每单位投资创造多少净利润的指标。对公司而言，收益率指净利润占使用的平均资本的百分比。计算公式为

$$资产收益率 = 净利润 / 平均资产总额 \times 100\%$$

在实际工作中，由于工作角度和出发点不同，收益率可以有以下一些类型。

（1）实际收益率（Real Rate of Return）。实际收益率表示已经实现或者确定可以实现的资产收益率，表述为已实现或确定可以实现的利息（股息）收益率与资本利得收益率之和。当然，当存在通货膨胀时，还应当扣除通货膨胀率的影响，才是真实的收益率。

（2）预期收益率

①单项资产的预期收益率。预期收益率也称为期望收益率，是指在不确定的条件下，预测的某资产未来可能实现的收益率。计算公式为

$$E[R] = \sum_i P_i R_i$$

式中，$E(R)$ 为预期收益率，P_i 表示情况 i 可能出现的概率，R_i 表示情况 i 出现时的收益率。

②证券资产组合的预期收益率。证券资产组合的预期收益率就是组成证券资产组合的各种资产收益率的加权平均数，其权数为各种资产在组合中的价值比例。即

$$E[R_p] = \sum_i W_i \cdot E[R_i]$$

式中，$E[R_p]$ 表示证券资产组合的预期收益率；$E[R_i]$ 表示组合内第 i 项资产的预期收益率；W_i 表示第 i 项资产在整个组合中所占的价值比例。

（3）必要收益率（Required Rate of Return）。必要收益率也称为最低必要报酬率或最低要求的收益率，表示投资者对某资产合理要求的最低收益率。必要收益率由两部分构成：无风险收益率和风险收益率，公式为

$$R = R_f + \beta(R_m - R_f)$$

式中，R 表示某资产的必要收益率；β 表示该资产的系统性风险系数；R_f 表示无风险收益率，通常以短期国债的利率来近似替；R_m 表示市场投资组合收益率，通常用股票价格指数收益率的平均值或所有股票的平均收益率来代替。

①无风险收益率。无风险收益率也称无风险利率，它是指无风险资产的收益率，它的大小由纯粹利率（资金的时间价值）和通货膨胀补贴两部分组成。无风险资产一般满足两个条件：一是不存在违约风险；二是不存在再投资收益率的不确定性。实际上，满足这两个条件的资产几乎是不存在的，一般用与所分析的资产的现金流量期限相同的国债来表示。因此，一般用国债的利率表示无风险利率，该国债应该与所分析的资产的现金流量有相同的期限。

②风险收益率。

$$风险收益率 = \beta(R_m - R_f)$$

风险收益率是指某资产持有者因承担该资产的风险而要求的超过无风险利率的额外收益。风险收益率衡量了投资者将资金从无风险资产转移到风险资产而要求得到的"额外补偿"，它的大小取决于以下两个因素：一是风险的大小；二是投资者对风险的偏好。

　　2. 净现值（Net Present Value，NPV）。净现值指标是反映项目投资获利能力的指标，是一项投资所产生的未来现金流的折现值与项目投资成本之间的差值。用公式表示为

$$NPV = \frac{CF_1}{(1+r)^1} + \frac{CF_2}{(1+r)^2} + \cdots + \frac{CF_N}{(1+r)^N} - CF_0$$

式中，CF_t 是预期 t 时刻的现金流，r 是每个复利期间的投资收益率，CF_0 是期初投资额。

　　例如，一个项目的期初投资为 1 万元，前三年的收益分别为 3 000 元、4 200 元和 6 000 元。假定市场上的投资收益率预期为年 10%，计算该项目的净现值。

　　根据公式有：$NPV = \dfrac{3\,000}{(1+10\%)^1} + \dfrac{4\,200}{(1+10\%)^2} + \dfrac{6\,000}{(1+10\%)^3} - 10\,000 = 706.24$

　　利用净现值进行投资评估时，对于独立的一个投资计划，如果 NPV > 0，则可以选择该投资；如果 NPV < 0，则不可以选择该投资。如果是多个投资计划进行对比，利用净现值的方法进行评估，则需要选择 NPV 最大的项目。

　　净现值的方法计算简单，考虑货币的时间价值和投资期内所有的现金流，符合价值相加定理，能够给出明确客观的接受或拒绝的标准，但其存在的缺点是：远期的现金流难以准确预估，而且市场投资的收益率难以适当决定。同时，净现值的方法只能衡量财富的多少，而不能衡量成本效益的大小。例如，有两个投资项目 A 和项目 B，项目 A 的期初投资额是 100 万元，期末收益是 150 万元，项目 B 的期初投资额是 10 000 万元，期末收益是 10 100 万元，则项目 A 的净现值 50 万元小于项目 B 的净现值 100 万元，但项目 A 的收益率是 50%，而项目 B 的收益率只有 1%。所以单以净现值法作为决策依据，容易产生偏差。

　　3. 内部收益率。投资的内部收益率（Initial Rate of Return，IRR）是指能使投资净现值为零的折现率。当 NPV = 0 时，有

$$CF_0 = \frac{CF_1}{(1+IRR)^1} + \frac{CF_2}{(1+IRR)^2} + \cdots$$
$$+ \frac{CF_N}{(1+IRR)^N}$$

　　用图形表示如图 7 - 1 所示。其中横轴表示折现率，纵轴表示净现值。

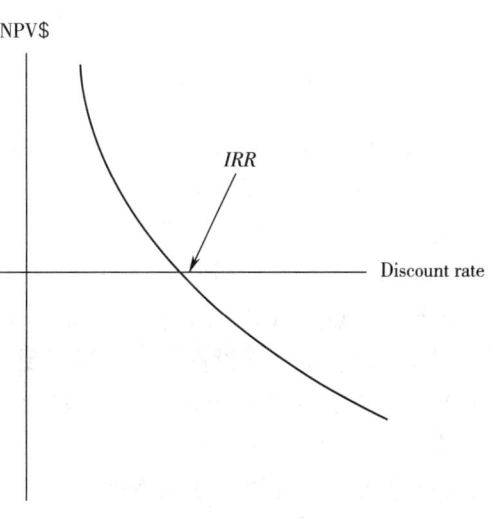

图 7 - 1　内部收益率

内部收益率可以看作是项目的预测收益率，它的评估需要有一比较基准。通常决策方会先设定一个基本的内部收益率，再针对不同性质的投资项目订立不同的风险调整数，两者相加后成为投资回报率的门槛，当投资项目的内部收益率大于回报率门槛时，表示可以接受该投资项目。当面对多项投资项目进行选择时，则先以回报率门槛筛选合格的投资项目，再按照内部收益率的大小，决定优先级。

根据内部收益率的定义，运用高次方程求解 IRR 较为烦琐。一般采用试算法求解。当折现率的变化范围很小时，近似认为净现值函数曲线为一段直线，则可以使用直线插值法求出 IRR，如图 7 - 2 所示，求解公式为

$$IRR = r_a + \frac{NPV_a}{NPV_a + |NPV_b|}(r_b - r_a)$$

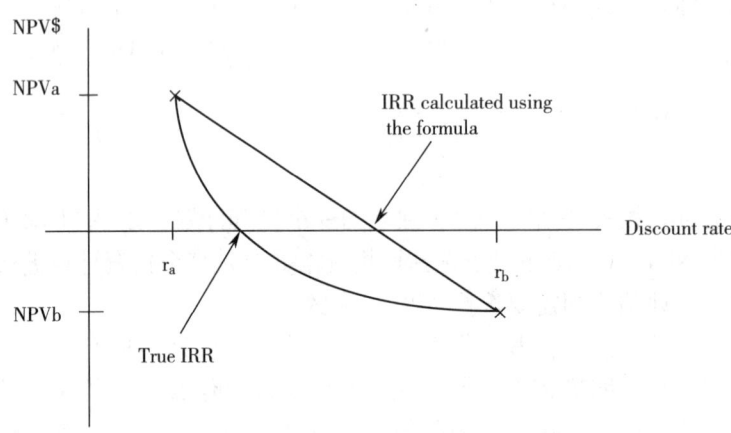

图 7 - 2　直线插值法计算 IRR

如果一个投资项目在折现率为 7% 时的净现值为 3 003 万元，折现率为 12% 时，净现值为负的 303 万元，利用直线插值法可以得出内部收益率约为

$$IRR = 7\% + \frac{3\ 003}{[3\ 003 - (-303)]} \times (12\% - 7\%) \approx 11.5\%$$

如果该值大于预期的投资回报率，则该项目值得投资。

4. 净现值和内部收益率的比较。如果投资项目的现金流量为传统型，即在投资有效期内只改变一次符号，即先有初始投资现金流出，之后都是收益的现金流入，则 NPV 是折现率的单调减函数，即随着折现率的增大，NPV 单调减少。此时，NPV 曲线与横轴的交点是 IRR。以图 7 - 3 所示 NPV 和 IRR 为例，当折现率为 10%，按两种指标判断，均应接受该投资项目。当折现率为 30% 时，IRR 小于投资必要收益率，同时 NPV < 0，按两种指标判断，均应放弃该投资项目。显然，在 IRR 点左边的 NPV 均为正数，而在 IRR 点右边的 NPV 均为负数。这表明，如果 NPV 大于零，IRR 必然大于投资必要收益率；反之，如果 NPV 小于零，IRR 必然小于投资必要收益率。由此可见：对单一的投资项目而言，如果 NPV 的评价标准得到满足，则 IRR 的评价标准也必然得到满足，反之则相反。不论采取哪个指标判断，其结论是一致的。

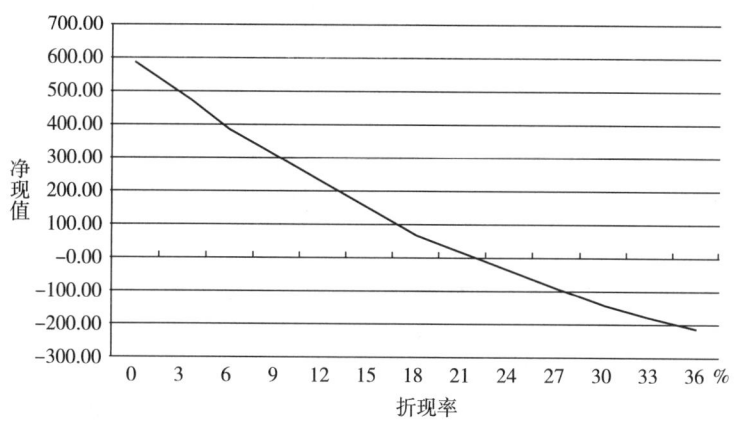

图 7 - 3　单调 NPV 和 IRR

投资决策中 NPV 与 IRR 判断的矛盾主要表现在对于互斥方案的评价中。所谓互斥方案，是指互不相容、互相排斥的方案，即一组方案中的各个方案彼此可以相互替代，采纳方案组中的某一方案，就会自动排斥这组方案中的其他方案。在互斥项目的比较分析中，特别是在项目的投资规模不同或现金流量模式不同的情况下，采用 NPV 或 IRR 指标进行项目排序时，有时会得出相反的结论。

假设有两个投资项目 A 和项目 B，其现金流如表 7 - 2 所示。

表 7 - 2　　　　　　　　　两个投资项目的现金流

项目	CF_0	CF_1	CF_2	CF_3	CF_4	IRR（％）	NPV（12％）
A	- 26 900	10 000	10 000	10 000	10 000	18	3 470
B	- 55 960	20 000	20 000	20 000	20 000	16	4 780

上述 A 和 B 两个投资项目的 IRR 均大于资本成本或投资必要收益率（12％），NPV 均大于零，如果企业资金充裕，两者都应接受。如果两个项目只能选取一个，按 IRR 的评价标准应选择 A 项目；按 NPV 的评价标准应选择 B 项目，这两种指标的评价结论是矛盾的。此时，这两个项目的 NPV 曲线如图 7-4 所示。

在图 7 - 4 中，两个项目 NPV 曲线与横轴的交点分别代表各自的 IRR。从图中可以看出，不论投资者要求的收益率为多少，按 IRR 排序，项目 A 总是优于项目 B。而按 NPV 排

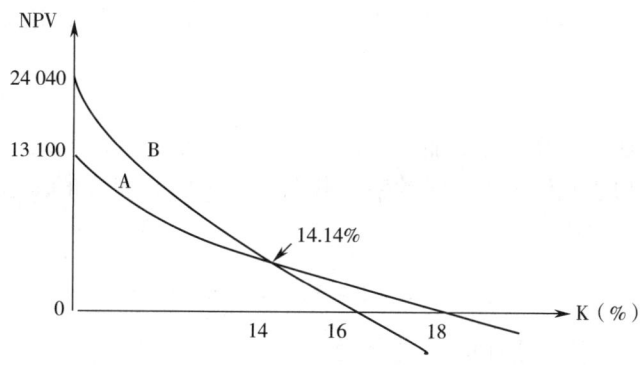

图 7 - 4　互斥项目 NPV 和 IRR 的变化

序，结果将与所选择的折现率有关，如果折现率小于14.14%，项目B优于项目A；如果折现率大于14.14%，项目A优于项目B；当折现率为14.14%时，两项目的NPV相等，或者说14.14%代表了两个项目具有相同NPV时的收益率。这个折现率被称作"费希尔交点"，这一折现率非常重要，因为当投资者要求的收益率或资本成本等于或大于费希尔交点时，按NPV或IRR两种指标排序的结论是一致的；如果投资者要求的收益率或资本成本小于费希尔交点时，则按NPV排序与按IRR排序的结论会发生矛盾。

NPV与IRR在互斥投资方案的评价中产生矛盾的根本原因是这两个指标隐含的再投资利率不同。NPV假设投资项目在第t期流入的现金以资本成本或投资者要求的收益率进行再投资；IRR假设再投资利率等于项目本身的IRR。

对于两个互斥的项目，如果NPV方法和IRR方法得到的结果相反，则通常选取NPV方法，即总是选择NPV较大的项目。这是因为，在没有其他更确切的信息时，NPV关于再投资利率的假设是一种较为客观、合理的预期。但是，IRR假设的再投资利率是以所要考虑的各个项目的现金流量为转移，投资项目的IRR高，假设的再投资利率也高，反之则相反，这对未来的项目投资来说是不现实的。由于各项目的IRR不同，各项目的再投资利率也不同，这不仅影响评价指标的客观性，也不利于各项目间的比较。

5. 持有期收益率（Holding Period Yield/Holding Period Return，HPY）。持有期收益率是忽略货币时间价值的、简单的计算收益率的方法。其计算公式为

$$r_{HPY} = \frac{期末资产价值 - 期初投资额 + 期间收入}{期初投资额}$$

持有期收益率可以是一年的，也可以是任意一段时间的，如天、周、月等。

例如，一张现价90元的债券，3个月后到期的面值是100元。但3个月后这张债券以95元的价格被卖掉，则持有期收益率是（95 − 90）/90。

有效年收益率是指按照每年365天的标准，将t天的持有期收益率以复利的方式年化而得到的收益率。其计算公式为

$$r_{EAY} = (1 + r_{HPY})^{365/t} - 1$$

例如，上面例子中债券3个月的持有期收益率为5.56%，其有效年收益率为$(1 + 5.56)^{365/90} - 1 = 24.52\%$。

6. 时间加权收益率（Time-weighted Return）。时间加权收益率是指在每单位时间期间计算其金额加权收益率后，计算整个时间期间收益率的几何平均数。它是一种类似于几何平均的收益率，考虑了资金的时间价值，运用了复利思想的收益率，其计算公式为

$$r_{TW} = (1 + r_1)(1 + r_2)\cdots(1 + r_n) - 1 = \prod_{t=1}^{n}(1 + r_t) - 1$$

式中，r_t是时间t的收益率。

例如，一项投资期初投入 1 000 000 元，前三个季度的持有期收益率分别是 10%、9% 和 3%，一年到期后投资者收到 20 000 元分红，此时该项投资的价值为 940 000 元。计算该项投资在这一年的时间加权收益率。

根据题目首先计算第四个季度的持有期收益率为 (940 000 − 1 000 000 + 20 000)/ 1 000 000 = − 4.0%。根据这四个季度的持有期收益率，计算得到资金在一年内的时间加权收益率为 $(1 + 10\%)(1 + 9\%)(1 + 3\%)(1 - 4\%) - 1 = 18.56\%$。

7. 货币加权收益率（Money − weighted Return）。货币加权收益率就是内部收益率。它受到投资项目资金流入和流出的影响。

货币加权收益率表明所有投入在整个投资期内产生的平均收益率，而时间加权收益率表明单位投入在整个投资期内所产生的收益率。货币加权收益率使期初投入加期间现金流与期末价值相等，而时间加权收益率消除了现金流的影响，只测定评价期内始终存在的那部分资金产生的收益，可作为纯粹评价基金管理人资产管理能力的标准，因此大多数欧美资产管理评价机构都采用时间加权收益率作为衡量的指示。

实训任务

任务 1 利率、现值、终值和年金

【任务清单】

（1）一项投资初期投入 500 万元，然后连续 10 个月陆续在每月月末投入 20 万元，年利率为 12%，计算该项投资一年后的终值。

（2）某个人想给自己建立一个退休账户，这样他在退休后 25 年里每年能够使用 80 000 元。为了建立这个账户，他需要在他工作的时候每年存入 6 608 元。那么他至少要存入几次才能满足他退休后的愿望（统一采用 6% 的复合年利率计算。）

（3）某项目初始投资 145 万元，接下来的 5 年，每年收益的净现金流量分别为 100 万元、100 万元、100 万元、100 万元、− 275 万元，找出该投资项目盈利的折现率区间。

【操作示范】

（1）根据题目描述，按月进行投资，计息的月利率为 12%/12，各期支付金额不同。在 Excel 中，可以通过函数 FV 来计算某项投资的未来值，具体语法如下：

FV(rate,nper,pmt,[pv],[type])

FV 函数语法具有下列参数：

Rate：必需。各期利率。

Nper：必需。年金的付款总期数。

Pmt：必需。各期所应支付的金额，其数值在整个年金期间保持不变。通常，pmt 包括本金和利息，但不包括其他费用或税款。如果省略 pmt，则必须包括 pv 参数。

Pv：可选。现值，或一系列未来付款的当前值的累积和。如果省略 pv，则假设其值为零，并且必须包括 pmt 参数。

Type：可选。数字 0 或 1，用以指定各期的付款时间是在期初还是期末。如果省略 type，则假设其值为零。0 表示支付时间为期末，1 表示支付时间为期初。

该投资计算公式和结果如图 7-5 所示。

（2）根据题目描述，首先需要计算出退休时需要储存多少资金，才能够在退休后的 25 年中每年使用 80 000 元。再根据退休前每年能够存入的钱数，计算存入的次数。

在 Excel 中，通过 PV 计算一系列未来付款的当前值的累积和，具体语法如下：

	C7			f_x	=FV($B$1/12, 12-A7, 0, B7)
	A	B	C	D	E
1	年利率	12%			
2					
3	投资期	投资额	每次投资终值		
4	0	-500	¥563.4125		
5	1	-20	¥22.3134		
6	2	-20	¥22.0924		
7	3	-20	¥21.8737		
8	4	-20	¥21.6571		
9	5	-20	¥21.4427		
10	6	-20	¥21.2304		
11	7	-20	¥21.0202		
12	8	-20	¥20.8121		
13	9	-20	¥20.6060		
14	10	-20	¥20.4020		
15			投资终值	¥776.8626	

图 7-5　投资终值计算过程

PV(rate, nper, pmt, [fv], [type])

各参数描述如下：

Rate：必需。各期利率。例如，如果按 10% 的年利率借入一笔贷款来购买汽车，并按月偿还贷款，则月利率为 10%/12（即 0.83%）。

Nper：必需。年金的付款总期数。例如，对于一笔 4 年期按月偿还的汽车贷款，共有 4×12 个偿款期。可以在公式中输入 48 作为 nper 的值。

Pmt：必需。各期所应支付的金额，其数值在整个年金期间保持不变。通常，pmt 包括本金和利息，但不包括其他费用或税款。如果省略 pmt，则必须包含 fv 参数。

Fv：可选。未来值，或在最后一次支付后希望得到的现金余额，如果省略 fv，则假设其值为 0。可以根据保守估计的利率来决定每月的存款额。如果省略 fv，则必须包含 pmt 参数。

Type：可选。数字 0 或 1，用以指定各期的付款时间是在期初还是期末。0 表示支付时间为期末，1 表示支付时间为期初。

计算可供退休后使用的储蓄金的公式和结果如图 7-6 所示。

在 Excel 中，通过 NPER 计算基于固定利率和等额分期付款方式的投资总期数，具体语法如下：

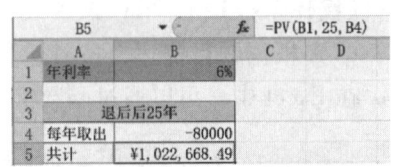

	B5			f_x	=PV(B1, 25, B4)
	A	B	C	D
1	年利率	6%		
2				
3	退后后25年			
4	每年取出	-80000		
5	共计	¥1,022,668.49		

图 7-6　需要储备的金额计算

NPER(rate,pmt,pv,[fv],[type])

各参数描述如下：

Rate：必需。各期利率。

Pmt：必需。各期所应支付的金额，其数值在整个年金期间保持不变。通常，pmt包括本金和利息，但不包括其他费用或税款。

Pv：必需。现值，或一系列未来付款的当前值的累积和。

Fv：可选。未来值，或在最后一次付款后希望得到的现金余额。如果省略fv，则假设其值为0。

Type：可选。数字0或1，用以指定各期的付款时间是在期初还是期末。0表示支付时间为期末，1表示支付时间为期初。

计算在退休前需存储的次数的公式和结果如图7-7所示。

（3）实验中描述的场景包含多次投资，假设折现率以2%的步长从0增长到40%，计算相应的净现值如图7-8所示，图形描述如图7-9所示。Excel中计算净现值的函数为NPV，其语法如下：

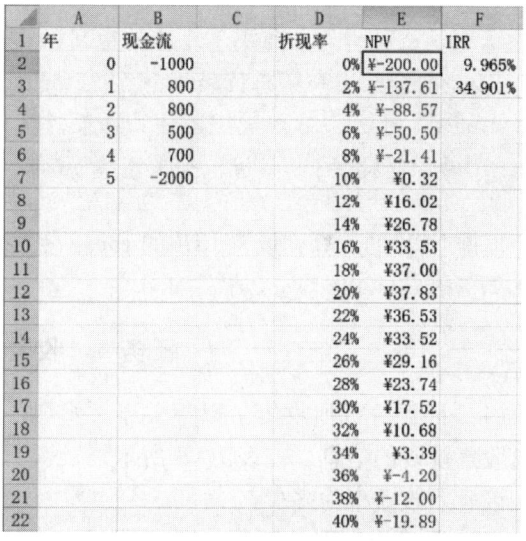

图7-7　需存储的次数计算

图7-8　净现值计算

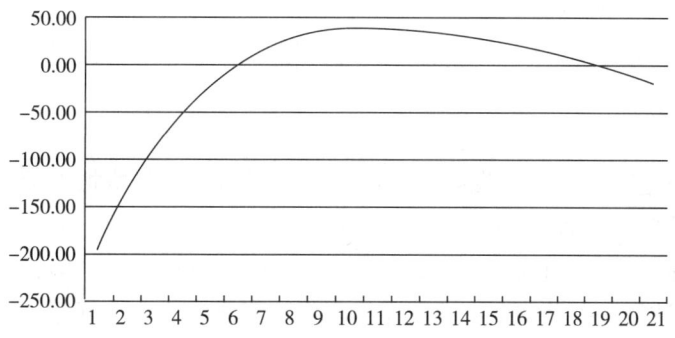

图7-9　净现值与折现率

> NPV(rate,value1,[value2],…)
>
> 其参数分别为：
>
> Rate：必需。某一期间的贴现率。
>
> Value1，value2，…：Value1 是必需的，后续值是可选的。这些是代表支出及收入的 1 到 254 个参数。Value1，value2，…在时间上必须具有相等间隔，并且都发生在期末。Value1，Value2，…顺序用来解释现金流的顺序，所以支出和收入的数额必须按正确的顺序输入。

根据净现值与折现率的关系，有两个净现值为零的折现率点，可以通过 Excel 折现率计算函数 IRR 得到准确的内部收益率的值。IRR 函数的语法为

> IRR(values,[guess])
>
> 其参数为
>
> Values：必需。数组或单元格的引用，这些单元格包含用来计算内部收益率的数字，必须包含至少一个正值和一个负值，以计算返回的内部收益率。
>
> Guess：可选。对函数 IRR 计算结果的估计值。在大多数情况下，并不需要为函数 IRR 的计算提供 guess 值，如果省略 guess，假设它为 0.1（10%）。

根据 NPV 的计算，设置 IRR 的 guess 参数分别为 10% 和 36%，计算得到 IRR 分别为 9.97% 和 34.90%。

任务 2 收益率计算

（1）证券分析师收集了以下关于一些普通股票投资的信息，如表 7－3 所示。

该股票收益率为多少？

（2）通过金融网站下载一只股票近三年的数据，计算该股票的日收益率，并计算该股票过去三年日收益率的算术平均值

表 7－3 股票投资信息

	日期	价格
买入股票	2007 年 1 月 15 日	48
现金股利	2007 年 7 月 14 日	4
卖出股票	2007 年 7 月 15 日	54

和几何平均值，并分别用两个平均值对收盘价进行估计，比较它们与实际收盘价之间的差异。

【操作示范】

（1）此实例是一个简单的收益率计算。收益率为卖出价格加上期间收益，减去买入价格，再除以买入价格，所以该股票收益率为：（54 + 4 － 48）/48 = 20.83%。

（2）通过雅虎金融（finance. yahoo. com）下载 google 从 2014 年 1 月 1 日至 2016 年 12 月 31 日股票数据，共获得 756 条记录，部分数据如图 7－10 所示。

计算收益率。将日期和收盘价保留，其余字段隐藏。收益率为当日收盘价减去上一日收盘价再除以上一日收盘价。如果数据以日期从低到高排序，则收益率字段第一

	A	B	C	D	E	F	G
1	Date	Open	High	Low	Close	Adj Close	Volume
2	2014/1/2	555.6473	556.788	552.0607	1110.072388	554.481689	3656400
3	2014/1/3	555.4182	556.3796	550.402	1101.974609	550.436829	3345800
4	2014/1/6	554.4269	557.3409	551.1541	1114.260864	556.573853	3551800
5	2014/1/7	560.3995	567.717	558.4866	1135.741821	567.303589	5124300
6	2014/1/8	570.8603	571.5178	564.529	1138.105347	568.484192	4501700
7	2014/1/9	569.5851	569.9736	560.6785	1127.145508	563.009705	4184500
8	2014/1/10	567.4132	567.4132	559.0296	1127.085571	562.979797	4302900
9	2014/1/13	561.1317	571.3136	556.4991	1119.905396	559.39325	4855800
10	2014/1/14	566.8503	573.351	561.9387	1146.253052	572.553955	4983700
11	2014/1/15	574.3422	575.3434	569.7594	1145.47522	572.165405	3915000
12	2014/1/16	572.4045	576.803	571.8566	1153.054321	575.951172	3380300
13	2014/1/17	576.265	578.1479	569.9636	1147.379883	573.116821	5422800
14	2014/1/21	578.2974	579.8267	573.5004	1160.513916	579.677246	3974500
15	2014/1/22	581.1268	581.7644	577.2662	1161.830322	580.334778	3154500
16	2014/1/23	577.8341	579.0745	575.0297	1156.923706	577.883972	3912700
17	2014/1/24	573.3559	574.6212	559.4032	1120.75293	559.81665	7814000

图 7 - 10 以 google 为例的股票原始数据

个单元格为空。

计算算数平均数。对所有的收益率取平均数,在 Excel 中用 AVERAGE( ) 函数即可完成。

计算几何平均数。收益率的几何平均数公式为 $r_{TW} = \sqrt[n]{\prod_{t=1}^{n}(1 + r_t)} - 1$,也表示投资在 n 期内的平均收益率。几何平均数小于等于算数平均数。Excel 中有函数 GEOMEAN( ) 可以实现几何平均数的计算。根据公式,收益率的几何平均数计算公式如图 7 - 11 所示。

通过复利计算的方式,利用算术平均

	B760		f_x =GEOMEAN(J3:J757)-1		
	A	B	F	I	J
1	No.	Date	Close	收益率	收益率+1
745	743	2016/12/13	796.099976	0.008654	1.00865351
746	744	2016/12/14	797.070007	0.001218	1.001218479
747	745	2016/12/15	797.849976	0.000979	1.000978545
748	746	2016/12/16	790.799988	-0.00884	0.991163767
749	747	2016/12/19	794.200012	0.004299	1.004299474
750	748	2016/12/20	796.419983	0.002795	1.002795229
751	749	2016/12/21	794.559998	-0.00234	0.997664568
752	750	2016/12/22	791.26001	-0.00415	0.995846773
753	751	2016/12/23	789.909973	-0.00171	0.998293814
754	752	2016/12/27	791.549988	0.002076	1.002076205
755	753	2016/12/28	785.049988	-0.00821	0.991788263
756	754	2016/12/29	782.789978	-0.00288	0.99712119
757	755	2016/12/30	771.820007	-0.01401	0.985986061
758					
759	算数平均数	-0.000104716			
760	几何平均数	-0.000481247			

图 7 - 11 算术平均数和几何平均数的值

数和几何平均数分别估计日收盘价,与真实收盘价比较而言,几何平均数估计的效果更好,如图 7 - 12 所示。

	L757		f_x =$F$2*(1+$B$760)^A757				
	A	B	F	I	J	K	L
1	No.	Date	Close	收益率	收益率+1	通过算数平均数预测	通过几何平均数预测
745	743	2016/12/13	796.099976	0.008654	1.00865351	1026.9742	776.2912162
746	744	2016/12/14	797.070007	0.001218	1.001218479	1026.866658	775.9176282
747	745	2016/12/15	797.849976	0.000979	1.000978545	1026.759129	775.54422
748	746	2016/12/16	790.799988	-0.00884	0.991163767	1026.65161	775.1709914
749	747	2016/12/19	794.200012	0.004299	1.004299474	1026.544103	774.7979425
750	748	2016/12/20	796.419983	0.002795	1.002795229	1026.436607	774.4250731
751	749	2016/12/21	794.559998	-0.00234	0.997664568	1026.329122	774.0523832
752	750	2016/12/22	791.26001	-0.00415	0.995846773	1026.221648	773.6798726
753	751	2016/12/23	789.909973	-0.00171	0.998293814	1026.114186	773.3075413
754	752	2016/12/27	791.549988	0.002076	1.002076205	1026.006735	772.9353892
755	753	2016/12/28	785.049988	-0.00821	0.991788263	1025.899295	772.5634161
756	754	2016/12/29	782.789978	-0.00288	0.99712119	1025.791866	772.1916221
757	755	2016/12/30	771.820007	-0.01401	0.985986061	1025.684449	771.820007
758							
759	算数平均数	-0.000104716					
760	几何平均数	-0.000481247					

图 7 - 12 利用平均值估计收盘价的结果

综合项目二　金融风险价值评估

知识要点

美国银行业在 20 世纪 80 年代末到 90 年代初遭受商业风险的困扰，金融机构的坏账逐年增加，普遍认为是《巴塞尔协议》的信贷评估公式扭曲了贷款决策。在这种背景下，JP 摩根公司所发明的风险价值方法由于能够定量地分析市场风险而获得重视。1993 年 7 月 G30 国成员曾发表了一个关于金融衍生工具的报告，首次建议用"风险价值系统"（Value at Risk System，VaRS）来评估金融风险。2004 年发布的《巴塞尔新资本协议》中，委员会把风险管理的对象扩大到市场风险、信用风险和操作风险的总和，并进一步主张用 VaR 模型对商业银行面临的风险进行综合管理。2008 年全球金融危机爆发，直接催生了第三版《巴塞尔协议》，又在 2013 年 1 月 6 日发布了最新的规定。

金融风险是指由于金融市场因素变化而对企业的现金流产生负面的影响，导致企业的金融资产或收益发生损失，并引起企业价值下降的可能性。企业面临的主要金融风险有：金融市场风险、信用风险、操作风险、流动性风险和法律风险等。金融市场风险管理是指为改变企业所面临的金融风险状况而采取的一系列管理行为，包括四个方面：风险辨识、风险测量、风险控制、风险防范，其中风险测量是金融风险管理的基础和核心。目前，金融市场风险的测量模型和技术主要有：灵敏度分析、波动性方法、VaR 模型、压力测试和极值理论，其中 VaR 模型和压力测试是《巴塞尔协议》的内部模型法。

VaR 模型作为现代商业银行风险管理最重要的方法之一，存在不少优点。首先，VaR 使用规范的数理统计技术和现代工程方法来度量银行风险，与以往靠定性和主观经验的风险度量技术相比更具客观性；其次，它使用单一指标对风险进行衡量，具有直观性，即使没有专业背景的投资者和管理者，也能通过这一指标评价风险的大小；再次，它不仅可以衡量单一金融资产的风险，还能衡量投资组合的风险；而且，它对风险的衡量具有前瞻性，是对未来风险的衡量，不像以往对风险的衡量都是在事后进行；最后，VaR 把对未来预期损失的规模和发生的可能性结合起来，使管理者不仅能了解损失的规模，还能了解在这一规模上损失的概率。并且通过对不同置信区间的选择，可以得到不同的最大损失规模，便于管理者了解在不同可能程度上的风险大小。

（一）VaR 模型的定义

从经济学角度的定义 VaR，是指是在一定的持有期和一定的置信度区内，一个投资组合最大的潜在损失是多少，以及资产在正常的市场条件中的风险值。VaR 要计算的实际上是正常情况下投资组合的预期价值与在一定置信水平下的最低价值之差。比如某投资组合的 VaR 为（100，95%），表明这一投资组合有 95% 的可能性损

失金额不超过 100 元；换句话说，就是只有 5% 的可能性损失超过 100 元。用公式表示为

$$P\{损失额 > M\} < \alpha$$

置信度的选择显得尤为重要，它反映了一家银行的风险战略和经营特点，例如大通银行采用 97.5% 的置信度，而花旗银行的置信度为 95.4%，美洲银行与摩根则采用 95% 的置信度。

VaR 的另一要素是时间。它是一段时期内的可能最大损失值，可以是 1 天，也可以是 10 天，时间不同，所得到的 VaR 的值也会不同。从投资者的角度来说，资产组合的持有期应由资产组合自身的特点来决定。资产的流动性越强，相应的持有期越短；反之，流动性越差，持有期则越长。国外商业银行由于其资产的高流动性，一般选择持有期为一个交易日，而各种养老基金所选择的持有期则较长，一般为一个月。在应用正态假设时，持有期选择得越短越好，因为资产组合的收益率不一定服从正态分布，但在持有期非常短的情形下，收益率渐进服从正态分布，这时的持有期一般选为一天。巴塞尔委员会选择 10 个交易日作为资产组合的持有期，这反映了其对监控成本及实际监管效果的一种折中。持有期太短则监控成本过高，持有期太长，则不利于及早发现潜在的风险。

在证券市场上则可用 VaR 时间序列来预测风险。VaR 时间序列是将每日测算出的 VaR 值连接起来得到的一条曲线。每一个股票（或投资组合）不同时间的 VaR 值的大小是不同的，VaR 值由小变大，表明该股票风险由小变大；反之表明该股票风险逐渐由大变小。

（二）VaR 的计算方法

从 VaR 的定义可以看出，VaR 计算的核心在于估计资产组合未来损益的概率分布，但大多数情况下，直接估算资产组合未来损益的概率分布几乎是不可能的，因为资产组合往往包含种类繁多的金融工具，有些金融工具没有足够的历史数据可以使用。通常将资产组合用市场因子来表示。这些风险因子包括我们通常都会接触到的股票指数、利率、汇率等。利用统计方法计算出这些因子收益的概率分布，再利用金融工具和风险因子之间的函数关系得到金融工具的分布，最终求出 VaR 的估计值。VaR 的计算方法主要有参数法、历史模拟法和蒙特卡罗模拟法。

1. 参数法。参数法计算可以采用直接法、移动平均法和指数移动平均法等。

（1）直接法。直接法是直接计算所有 n 个样本的样本均值和样本标准差，再用单尾法计算置信度为 $1 - \alpha$ 的单位资产收益率的 VaR：

$$\text{VaR}_{1-\alpha} = \bar{x} - z_\alpha S$$

分别取置信水平为 95%、97.5% 和 99%，可得 z_α 分别为 1.65、1.96 和 2.33，利用样本均值和样本标准差，可以得到样本的 VaR 值。

（2）移动平均法。移动平均法只根据最近 m 个样本的样本均值和样本标准差，m 是移动窗口的宽度，可以根据总体的不同特性选用不同的值。

移动平均法能够为第 $m + 1$ 到 n 个数据根据离它最近的 m 个数据计算其 VaR 值，

以反映最近的数据变化情况。

（3）指数移动平均法。指数移动平均法是用最近的 m 个样本，以指数加权平均来计算样本均值和样本标准差，距离越近的样本权重越大。

参数法运用比较方便，计算相对来说比较简单，但结果依赖假设的正确与否。当假设不正确时，参数方法可能会有较大误差。通常假设收益率序列服从正态分布，但是实际中，根据大量文献表明，金融序列并不完全服从正态分布，通常是有偏的或是厚尾的。如果按照正态分布的假设计算 VaR，则会相应的低估风险额度。

2. 历史模拟法。历史模拟法的基本假设是过去的变化情况可能会在未来重现，所以用过去一段时间的历史数据进行重新抽样，模拟未来一段时间的变化情况。根据抽样区间和抽样方法的不同，形成不同的历史模拟法，主要有一般历史模拟法和 Bootstrap 方法。

历史模拟法假定投资组合的收益分布是独立同分布，市场因子的未来波动和历史波动完全一样，其核心是利用过去一段时间的资产回报率数据，估算资产回报率的统计分布，再根据不同的分位数求得相应置信水平的 VaR。

一般历史模拟法的步骤为：首先，将 k 个历史资产回报率按由小到大的顺序排列；再依照不同的置信水平 $1 - \alpha$ 找出相对应分位数的临界收益率，该值就是 VaR 的估计值。例如，全部模拟值排序后的收益率的第 5 分位和第 1 分位数等对应为置信度为 95% 的 VaR 和置信度为 99% 的 VaR。

Bootstrap 法在抽样时，只允许最近 m 个样本参与抽样，更早的历史数据不参加，其余与一般历史模拟法相同。

历史模拟法在业界的应用基础正在持续强化，在实践中，历史模拟法作为一种典型的"移动窗口类"VaR 方法，存在直观易懂、完全定价、计算量始终、分布无限制等诸多优势，是一种在银行市场风险内部模型法实践中很有吸引力的应用方案。

3. 蒙特卡罗模拟法。和历史模拟法一样，蒙特卡洛模拟法也是通过获得大量的样本来计算 VaR。所不同的是，历史模拟法是从历史数据中抽样，而蒙特卡洛模拟法则假定了收益率的分布，再从这个分布抽样。

蒙特卡洛模拟法的具体步骤是，首先识别基础的市场因子，并用市场因子表示出资产组合中各个金融工具的价值。其次，为市场因子选择合适的模型，经常使用的一个模型是几何布朗运动，选定模型后，在已有的历史数据基础上估计有关分布的参数。最后为模型中的随机变量选择较好的随机数产生方式，模拟市场因子未来变化的情形，模拟足够多次数后，根据定价公式计算资产组合在未来的价值及未来的潜在损益，根据潜在损益的分布，在给定置信度水平下计算 VaR 值。

蒙特卡罗方法的优点在于其不受金融工具类型复杂性、金融时间序列的非线性、厚尾性等问题的限制，能够较好地处理非线性问题，且估算精度好。其缺点在于计算量大，且受到模型选择的影响。由于金融产品的价格波动是个随机过程，不同产品的价格波动方式也不同，很难用一种特定的模型来刻画，所以模型选择会带来一定的选择误差。

（三）回溯检验

回溯测试主要用来估计 VaR 的准确，各种模型和模型参数需要进行测试。回溯测试除了检验参数设置的合理性、数据完整性、模型合理性之外，还能够对原有模型无法覆盖的新的投资或资产类型检验模型的合理性。

VaR 代表损益的某一特定分位点，我们将损失超过 VaR 称为一次"突破"事件。在 n 个样本中，定义 m 为 VaR 突破事件的次数。巴塞尔框架中对于回溯测试有明确的要求。对于样本容量为 250 的测试分区如表 7 - 4 所示。如果银行处于黄灯或者红灯区域，则对银行资本有更高的要求，体现在递增的增值因子上。

表 7 - 4　　　　　　　　　　　　巴塞尔框架突破次数规定

区域	突破事件次数			增值因子 k
	置信水平为99%	置信水平为97.5%	置信水平为95%	
绿灯区	0 ~ 4	0 ~ 9	0 ~ 17	0
黄灯区	5	10	18 ~ 19	0.4
	6	11	21 ~ 21	0.5
	7	12 ~ 13	22 ~ 23	0.65
	8	14	24 ~ 25	0.75
	9	15	26	0.85
红灯区	10 +	16 +	27 +	1

VaR 回溯检验里所要求的样本量较大，较低的样本量的检验结果极不准确，对独立性检验更是如此。

（四）VaR 模型的优劣

VaR 模型的度量结果只是衡量风险的众多指标之一，它把所有的风险银子用一个数据来呈现，是最简单直观的一种风险测度方式，在实际使用中也较为常用。

VaR 有其固有的缺点。首先 VaR 模型忽略了厚尾事件。VaR 描述了1%的可能性损失会比 VaR 值要大，但不能够对这1%的可能性的具体情况进行描述。同时，VaR 过于直接，容易产生误导，面对 VaR 值，很容易造成的错觉是"我最大可能的损失"，以至于产生幻觉的安全感。此外，VaR 的效率和精度随着数据复杂性和非线性的增加而大大降低，且不同的计算方法，结果往往会有显著的不同。

实训任务

【任务清单】

1. 选择股票、基金、外汇、国债、期货或黄金等金融市场的某种产品，下载相应的金融数据，对数据进行基本的数据清洗和规范化处理。

2. 分别用直接法、移动平均法计算 VaR，并对结果进行图形化描述。

3. 根据巴塞尔委员会和国际清算银行（BCBS）规定的惩罚区域，对各种模型方法的超限次数进行比较，讨论各种计算方法的优缺点。

【操作示范】

通过雅虎金融（finance. yahoo. com）下载 google 从 2014 年 1 月 1 日至 2015 年 12 月 31 日股票数据，共获得 503 条记录，用其作为建模的历史数据。同时下载 2016 年 1 月 1 日至 2016 年 12 月 30 日共 252 条有效数据，用其作为测试数据。分别将日期和收盘价保留，其余字段隐藏，计算日收益率。

（1）直接法计算 VaR。首先计算收益率的均值和标准差，再通过直接法的 VaR 公式分别计算置信度为 95%、97.5% 和 99% 的 VaR 值，结果如图 7-13 所示。

I	J	K	L	M	N
收益率					
=(F3-F2)/F2		收益率均值	=AVERAGE(I3:I505)		
=(F4-F3)/F3		收益率标准差	=STDEV.S(I3:I505)		
=(F5-F4)/F4		1-α	0.95	0.975	0.99
=(F6-F5)/F5		Z₁-α	=NORM. INV(L5, 0, 1)	=NORM. INV(M5, 0, 1)	=NORM. INV(N5, 0, 1)
=(F7-F6)/F6		VaR	=$L$2-L6*$L$3	=$L$2-M6*$L$3	=$L$2-N6*$L$3

图 7-13　通过直接法计算 VaR 的公式

再对于测试数据计算收益率突破 VaR 的次数。在 Excel 中，可以通过 COUNTIF( ) 函数计算满足条件的次数。COUNTIF( ) 的语法如下：

> COUNTIF(range, criteria)
>
> 　Range：必需。要对其进行计数的一个或多个单元格，其中包括数字或名称、数组或包含数字的引用。空值和文本值将被忽略。
>
> 　Criteria：必需。用于定义将对哪些单元格进行计数的数字、表达式、单元格引用或文本字符串。

对于条件的设定，因为有" > "或" < "符号，需要用英文双引号将其转为字符型格式。又因为需要与不同置信度下 VaR 的值进行比较，这些值在单元格中，所以需要用" & "符号将比较符与单元格进行连接。所以突破次数的计算如图 7-14 所示。

K	L	M	N	O	P	Q	U	X	Y	Z	AA
					No.	Date	Close	收益率	95%的VaR	97.5%的Va	99%的VaR
收益率均值	-0.000230512				0	2016/1/4	741.84				
收益率标准差	0.027824792				1	2016/1/5	742.58	0.000998	-0.046	-0.05477	-0.06496
					2	2016/1/6	743.62	0.0014	-0.046	-0.05477	-0.06496
1-α	95%	97.50%	99%		3	2016/1/7	726.39	-0.02317	-0.046	-0.05477	-0.06496
Z₁-α	1.6449	1.9600	2.3263		4	2016/1/8	714.47	-0.01641	-0.046	-0.05477	-0.06496
VaR	-0.0459982	-0.0547661	-0.0649607		5	2016/1/11	716.03	0.002184	-0.046	-0.05477	-0.06496
突破次数	2	0	0		6	2016/1/12	726.07	0.014022	-0.046	-0.05477	-0.06496
					7	2016/1/13	700.56	-0.03513	-0.046	-0.05477	-0.06496
					8	2016/1/14	714.72	0.020212	-0.046	-0.05477	-0.06496

图 7-14　统计收益率突破次数

再将收益率和直接法计算的不同置信度下的 VaR 作图表示。将不同置信度下的

VaR 选择性粘贴到 J2：L757 单元格，选中收益率和三个置信度下的 VaR 值，画折线图，结果如图 7 - 15 所示。

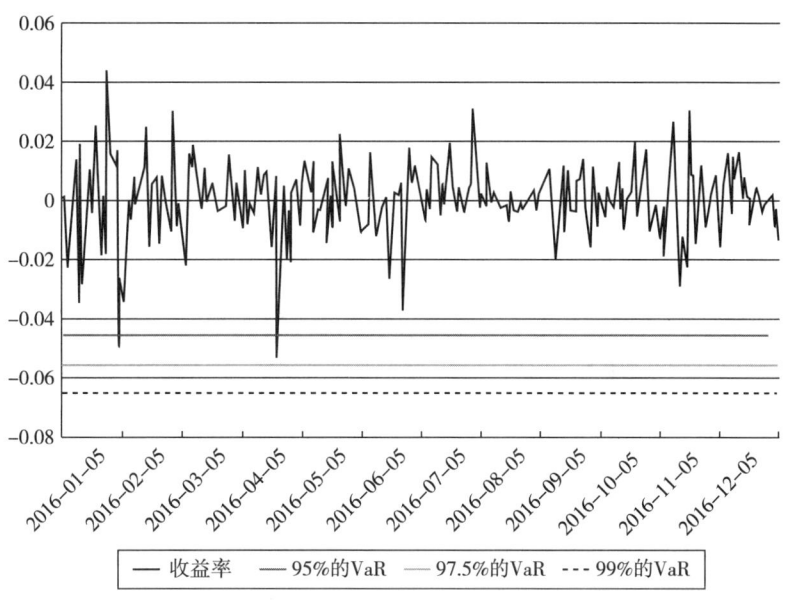

图 7 - 15 收益率与风险价值 VaR 的图形

（2）移动平均法计算 VaR。选取移动窗口宽度 $m=50$，从第 51 条数据开始，利用移动平均法计算收益率的平均值和样本标准差，再利用 VaR 公式计算不同置信度下每日的 VaR 值。将数据扩展填充，得到每日的收益率均值、标准差和不同置信度下的 VaR 值。结果如图 7 - 16 所示。

J	K	L	M	N	O	P	Q	R	S
m=50收益率均值	m=50收益率标准差	95%的VaR	97.5%的VaR	99%的VaR		1-α	0.95	0.975	0.99
						Z_t	=NORM. INV(Q1, 0, 1)	=NORM. INV(R1, 0, 1)	=NORM. INV(S1, 0, 1)
=AVERAGE(I3:I52)	=STDEV. S(I3:I52)	=J53-$Q$2*K53	=J53-$R$2*K53	=J53-$S$2*K53					
=AVERAGE(I4:I53)	=STDEV. S(I4:I53)	=J54-$Q$2*K54	=J54-$R$2*K54	=J54-$S$2*K54					
=AVERAGE(I5:I54)	=STDEV. S(I5:I54)	=J55-$Q$2*K55	=J55-$R$2*K55	=J55-$S$2*K55					
=AVERAGE(I6:I55)	=STDEV. S(I6:I55)	=J56-$Q$2*K56	=J56-$R$2*K56	=J56-$S$2*K56					
=AVERAGE(I7:I56)	=STDEV. S(I7:I56)	=J57-$Q$2*K57	=J57-$R$2*K57	=J57-$S$2*K57					
=AVERAGE(I8:I57)	=STDEV. S(I8:I57)	=J58-$Q$2*K58	=J58-$R$2*K58	=J58-$S$2*K58					
=AVERAGE(I9:I58)	=STDEV. S(I9:I58)	=J59-$Q$2*K59	=J59-$R$2*K59	=J59-$S$2*K59					
=AVERAGE(I10:I59)	=STDEV. S(I10:I59)	=J60-$Q$2*K60	=J60-$R$2*K60	=J60-$S$2*K60					

图 7 - 16 用移动平均法计算风险价值 VaR

对测试样本数据，通过 IF( ) 函数和 SUM( ) 函数统计收益率的突破次数，将收益率和窗口为 50 的移动平均法 VaR 作图，得到结果如图 7 - 17 所示。

当移动窗口的大小 m 为 100 时，得到的结果如图 7 - 18 所示。

（3）不同模型的比较。通过回溯法对不同模型进行比较，结果如表 7 - 5 所示。

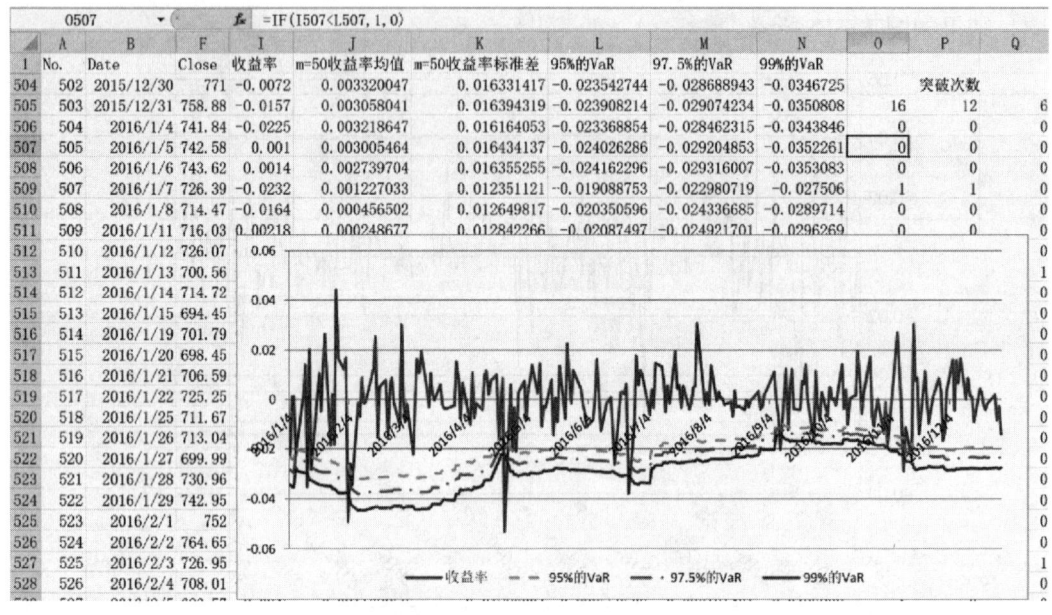

图 7 – 17　移动平均法 VaR 图形

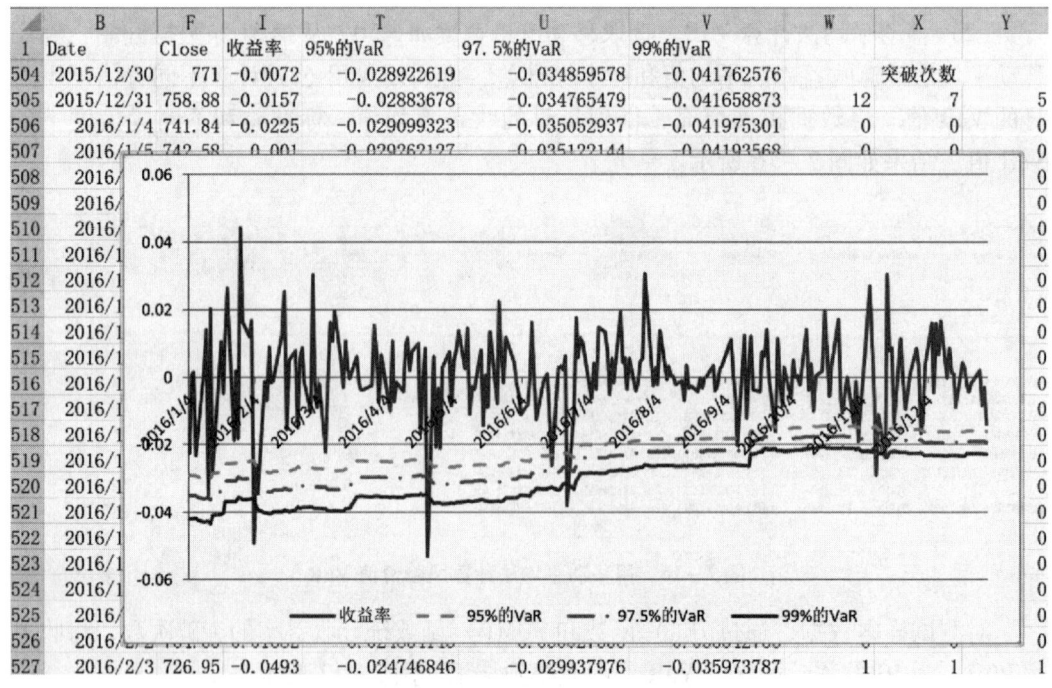

图 7 – 18　窗口为 100 时移动平均结果

表 7 – 5　　　　　　　　　　　　各种模型方法的突破次数比较

	置信水平为95%		置信水平为97.5%		置信水平为99%	
	突破次数	区域	突破次数	区域	突破次数	区域
直接法	2	绿灯	0	绿灯	0	绿灯
$m=50$ 移动平均	16	绿灯	12	黄灯	6	黄灯
$m=100$ 移动平均	12	绿灯	7	绿灯	5	黄灯

从表 7 – 5 中可以看出，对此股票而言，直接法在三种概率水平下均为绿灯。移动平均法根据窗口的大小对应不同的置信水平，有绿灯也有黄灯，置信水平越高，对窗口的大小越敏感。